La nuova Prova orale 2

Telis Marin
Francesco Di Paolo

Materiale per la conversazione
e la preparazione agli esami orali

B2 - C2

EDILINGUA

I edizione: ottobre 2020 (1ª ristampa)

ISBN: 978-88-99358-93-8

Redazione: Anna Gallo, Daniele Ciolfi

Impaginazione e progetto grafico: Edilingua

Foto: © Shutterstock

© Copyright edizioni Edilingua
Sede legale
Via Giuseppe Lazzati, 185
00166 Roma
Tel. +39 06 96727307
Fax +39 06 94443138
info@edilingua.it
www.edilingua.it

Deposito e Centro di distribuzione
Via Moroianni, 65 - 12133 Atene
Tel. +30 210 5733900
Fax +30 210 5758903

Telis Marin dopo una laurea in Italianistica ha conseguito il Master Itals (Didattica dell'italiano) presso l'Università Ca' Foscari di Venezia e ha maturato la sua esperienza didattica insegnando presso varie scuole d'italiano. È direttore di Edilingua e autore di diversi testi per l'insegnamento della lingua italiana: *Nuovo* e *Nuovissimo Progetto italiano 1, 2, 3* (Libro dello studente), *Via del Corso A1, A2, B1, B2* (Libro dello studente), *Progetto italiano Junior 1, 2, 3* (Libro di classe), *La nuova Prova orale 1, Primo Ascolto, Ascolto Medio, Ascolto Avanzato, Nuovo Vocabolario Visuale, Via del Corso Video*. Inoltre, è coautore di *Nuovo* e *Nuovissimo Progetto italiano Video*, di *Progetto italiano Junior Video* e di *La nuova Prova orale 2*. Ha tenuto numerosi workshop sulla didattica in tutto il mondo.

Francesco Di Paolo insegna italiano per stranieri in numerose realtà, sia in Italia che all'estero, e collabora con varie strutture come docente e coordinatore di corsi di formazione per insegnanti di italiano L2, di intercultura e CLIL. Per il Laboratorio ITALS dell'Università Ca' Foscari di Venezia, è docente nei corsi di preparazione alla certificazione CEDILS e nel "Master in didattica e promozione della lingua e della cultura italiane a stranieri". È correttore e valutatore delle prove PLIDA per la Società Dante Alighieri.

Edilingua sostiene
act:onaid

Grazie all'adozione di questo libro, Edilingua adotta a distanza dei bambini che vivono in Asia, in Africa e in Sud America. Perché insieme possiamo fare molto! Ulteriori informazioni nella sezione "Chi siamo" del nostro sito.

Gli autori apprezzerebbero, da parte dei colleghi, eventuali suggerimenti, segnalazioni e commenti sull'opera
(da inviare a redazione@edilingua.it)

Premessa

La nuova Prova orale 2, che fa la sua apparizione diversi anni dopo l'ultima edizione, mantiene la stessa filosofia e gli stessi obiettivi: dare agli studenti d'italiano la possibilità e gli spunti per esprimersi liberamente e spontaneamente, sviluppando l'abilità di *produzione orale* e, inoltre, dal momento che spesso uno degli obiettivi dello studente di lingua straniera è il conseguimento di una certificazione, preparare gli studenti d'italiano a superare la prova orale di questi esami.

Struttura del libro, tecniche e materiale

Il volume è diviso nelle seguenti parti:

a. **Le unità tematiche** costituiscono la parte centrale del libro. Presentano materiale fotografico, testi autentici, grafici o infografiche, coprendo in tal modo le tipologie testuali di vari esami di lingua. Le numerose domande che corredano questo materiale hanno lo scopo di dare a tutti gli studenti la possibilità di esprimersi quanto più possibile, scambiandosi idee tra di loro. L'obiettivo è rinnovare costantemente la discussione, prendendo spunto dal materiale presentato: dopo aver parlato di una foto, si riassume e si commenta un testo, poi si descrive un grafico, poi un'altra foto, infine il secondo testo. In tal modo l'interesse degli studenti e il ritmo della discussione si mantengono sempre vivi.

   I testi sono tratti dalla stampa, ma comprendono anche brani letterari e saggistici. Sono testi autentici, molto spesso adattati, facilitati o accorciati allo scopo di ridurre eventuali fattori di demotivazione e stimolare e favorire al meglio la discussione.

   Le domande, formulate come quelle di una certificazione e adatte ad esercitarsi sia nell'interazione sia nel monologo, non sono tutte della stessa difficoltà e "intensità": si parte sempre da domande semplici per arrivare pian piano ad approfondire l'argomento. Il motivo di tale scelta è dovuto al fatto che gli studenti hanno sempre bisogno di un "riscaldamento" e, di solito, non tutti gli studenti o tutte le classi sono dello stesso livello linguistico. Per questo motivo, figurano sempre domande meno complesse da porre ai meno "abili". Attenzione però: se questo diventa la norma, i discenti cui vengono fatte sempre le domande "facili", potrebbero sentirsi demotivati. Bisogna, dunque, dar loro ogni tanto la possibilità di confrontarsi anche con i quesiti più complicati. Inoltre, ne *La nuova Prova orale 2*, almeno una delle domande è ideata come un *task* o *role play* di una certificazione.

   Per ogni argomento viene presentato, nella stessa pagina delle domande, il *lessico utile*. Si è cercato di dare ogni volta sia le parole che faciliteranno la discussione sia alcune parole chiave dei testi, perché uno degli obiettivi del libro è portare gli studenti ad un'autonomia: devono poter capire dal contesto anche quando ci saranno parole sconosciute (e ce ne saranno sempre). Il lessico utile funge, quindi, più da spunto per il confronto che da glossario. Che queste parole facciano parte del vocabolario passivo o attivo degli studenti, lo scopo è averle sempre davanti per facilitare l'espressione libera, soprattutto nei momenti in cui ci si blocca perché manca una parola chiave.

b. **I compiti comunicativi** hanno lo scopo di preparare gli studenti ad affrontare situazioni comunicative verosimili, in cui saranno chiamati ad usare la lingua italiana in modo creativo per comunicare efficacemente: per chiedere aiuto, per protestare, per informare o essere informati, ecc. Durante lo svolgimento di questi *role play* ci sono alcuni "particolari" da tener conto: ogni intervento dell'insegnante dovrebbe mirare a incoraggiare gli studenti, a fornire idee e spunti e non a correggere eventuali errori commessi (di come trattare gli errori si parla in seguito). Un altro elemento da tener presente è che spesso alcuni studenti, specie i meno giovani, si trovano a disagio quando devono "recitare" un ruolo. Oltre a spiegare l'utilità di questa attività, potremmo lasciargli scegliere il ruolo che più gli interessa. Ovviamente, se svolgere un compito comunicativo fa parte della loro preparazione ad un esame di lingua, saranno - in teoria - loro stessi a sentirsi motivati. Ma anche in questo caso sta all'insegnante incoraggiarli quanto possibile.

c. **Le espressioni e le massime** hanno lo scopo di far riflettere su frasi celebri, anche spiritose, e commentarle. In seguito, viene fornita una serie di domande che approfondiscono l'argomento sollevato dalle frasi. Nonostante si tratti di una prova particolare, legata alla prova orale del Celi 5, è un'attività molto interessante e stimolante anche per chi non ha intenzione di sostenere questo esame. Il risultato sarà lo stesso: gli studenti rifletteranno, parleranno, penseranno in italiano.

d. **Il glossario** ha lo scopo di facilitare la preparazione della lezione da parte dei docenti, per i quali dover spiegare tutte le parole nuove è un compito che richiederebbe molto tempo. Gli studenti, dunque, possono consultare autonomamente il glossario ogni qualvolta ne avranno bisogno. Si è cercato di spiegare in modo semplice e contestualizzato tutte le parole e le espressioni, anche quando queste si ripetono più di una volta in quanto non è obbligatorio affrontare le unità tematiche seguendone la progressione.

Quando usare *La nuova Prova orale 2*

Il libro presenta una grande quantità e varietà di stimoli alla discussione. Questo significa che fornisce materiale sufficiente per oltre un anno scolastico. *La nuova Prova orale 2* si potrebbe adottare in classi che hanno completato circa 200 ore di lezione ed essere utilizzata per la preparazione di studenti di livello avanzato: dal B2 al C2. Può, comunque, essere inserita in curricoli scolastici diversi e in qualsiasi periodo del curricolo stesso. Ogni *unità tematica* può fornire da 60 a 90 minuti di conversazione, a seconda del tempo che si dedica alla lettura, di quanti studenti rispondono ad ogni domanda, di quanto discutono tra di loro, ecc.

Suggerimenti e idee per un miglior uso del libro / Riflessioni sulla produzione orale

Fateli parlare! La conversazione è probabilmente una delle abilità dell'apprendimento linguistico più difficile e delicata: lo studente è chiamato a comunicare, a farsi capire in una lingua straniera. L'insegnante, dovendo aiutare lo studente a superare ostacoli pratici e psicologici, ha bisogno di molte energie. Studenti timidi, deboli, senza la necessaria fiducia in se stessi (colpa forse anche nostra), hanno costantemente bisogno di essere motivati. Dunque, disporre di materiale didattico appropriato è importantissimo, ma altrettanto importante è l'abilità del professore nell'animare e guidare la discussione:

- *riformulando e arricchendo le domande* in modo da renderle più adeguate ai propri studenti quando non lo sono;
- *stando fisicamente vicino agli studenti,* diminuendo così le distanze psicologiche. L'insegnante deve "trasmettere" la sua energia e creare un'atmosfera amichevole, adatta ad una discussione informale, cosa che non si può fare "ex cathedra";
- *incoraggiando continuamente la partecipazione*, i commenti e gli interventi di tutti, facendo capire che ogni singola domanda può e deve dare avvio a scambi di idee. D'altra parte è importante che il parlante abbia il tempo necessario per organizzare e concludere il suo pensiero, senza sentirsi pressato dai compagni o dall'insegnante, il quale è bene che sostenga e motivi lo studente attraverso il linguaggio del corpo.

La scelta dell'argomento su cui discutere è molto importante. Nel libro le unità tematiche vengono presentate secondo un ordine determinato, con difficoltà progressiva. L'argomento di una discussione, però, deve anzitutto piacere ai parlanti, suscitare il loro interesse. Quindi, se vi rendete conto che il tema che avete scelto non entusiasma i vostri alunni, non insistete; lasciate che ogni tanto scelgano loro quello di cui preferiscono discutere. D'altra parte, però, se si preparano ad un esame orale, sarà utile per loro poter parlare anche di argomenti che non sono tra i loro preferiti.

Viva l'errore! La correzione degli errori è un argomento assai discusso che spesso crea problemi. "Sbagliando s'impara" esprime lo spirito con il quale si dovrebbe svolgere l'intera lezione e, soprattutto, la conversazione. Uno dei motivi per cui gli studenti non parlano è la nostra esagerazione nel correggerli, cosa che fa innalzare il filtro affettivo: non parlano perché hanno paura dell'errore. E quando lo studente vuole o deve parlare fuori dalla classe, spesso, nonostante la pressione psicologica sia minore, avverte lo stesso disagio.

Molti insegnanti hanno la tendenza a insistere troppo sulla precisione, senza tener conto che l'accuratezza è solo uno degli aspetti della produzione orale; altrettanto importante è l'abilità di farsi capire in diversi contesti, in altri termini di poter comunicare. E più lo studente parla e più impara a parlare bene. Secondo le istruzioni date agli esaminatori orali dei vari esami di lingua, nel corso di una prova orale non si dovrebbe intervenire in caso di errore e si dovrebbe evitare anche qualsiasi osservazione sull'andamento dell'esame, positivo o negativo che sia. Anche se questo riguarda la *fase di controllo*, la nostra filosofia durante la *fase di apprendimento* non dovrebbe essere molto diversa. La soluzione - se possiamo chiamarla così - si trova a metà strada: quello che si può fare è "monitorare" gli errori commessi più frequentemente allo scopo di revisionarli a tempo opportuno, senza ovviamente personalizzarli. Oppure, in caso di errore, ripetere passivamente la forma giusta, cercando di non interrompere il parlante. In questo modo lo studente non si blocca e i compagni si rendono conto dell'errore commesso. Così diventa più chiaro che l'errore è una cosa naturale, perdonabile e utile: un'opportunità per migliorarsi.

Buon lavoro
Telis Marin

Gli autori apprezzerebbero, da parte dei colleghi, qualsiasi suggerimento, commento o consiglio che potrebbe contribuire al completamento o al miglioramento del libro in edizioni future, nonché domande e dubbi sul suo uso.

Indice

01 Vacanze e turismo — pag. 7

02 Genitori e figli — pag. 9

03 Lavoro — pag. 11

04 Comunicazione e social media — pag. 13

05 Scuola — pag. 15

06 Sport e violenza — pag. 17

07 Televisione e pubblicità — pag. 19

08 Vecchie e nuove dipendenze — pag. 21

09 Razzismo e immigrazione — pag. 23

10 Arte e patrimonio artistico — pag. 25

11 Volontariato e solidarietà — pag. 27

12 Consumismo e crisi economica — pag. 29

13 Donne e politica — pag. 31

14 Automobili: presente e futuro — pag. 33

15 Divismo e privacy — pag. 35

16 Bellezza — pag. 37

17 Tecnologie tra presente e futuro — pag. 39

18 Giovani — pag. 41

19 Spazio e vita extraterrestre — pag. 43

20 Amore e violenza — pag. 45

21 Disturbi alimentari — pag. 47

22 Animali, questi nemici — pag. 49

23 Salute: come curarsi? — pag. 51

24 Guerra e servizio militare — pag. 53

Per capire l'indice

▪▪▪ *Livello e tipologia simili alle prove orali del CELI 3 (Perugia), del CILS 2 (Siena) o altri diplomi.*

▪▪▪▪ *Livello e tipologia simili alle prove orali del CELI 4 (Perugia), del CILS 3 (Siena) o altri diplomi.*

25 ■■■■ La terza età pag. 55

26 ■■■■ Droga pag. 57

27 ■■■■ Giustizia, carceri e pene pag. 59

28 ■■■■ Uomo e ambiente pag. 61

29 ■■■■◣ Matrimonio, separazione e divorzio pag. 63

30 ■■■■◣ Minori a rischio pag. 65

31 ■■■■◣ Stress e antistress pag. 67

32 ■■■■◣ Sport, affari e adrenalina pag. 69

33 ■■■■◣ Religione e credenze pag. 71

34 ■■■■◣ La nuova famiglia in Italia pag. 73

35 ■■■■◣ Emancipazione e libertà sessuale pag. 75

36 ■■■■■ Quando il gioco diventa malattia pag. 77

37 ■■■■■ Paesi in via di sviluppo pag. 79

38 ■■■■■ Genitori a tutti i costi pag. 81

39 ■■■■■ Piccoli delinquenti pag. 83

40 ■■■■■ In guerra con la natura pag. 85

41 ■■■■■ Economia e denaro pag. 87

42 ■■■■■ Criminalità e violenza pag. 89

43 ■■■■■ Bioingegneria e medicina pag. 91

44 ■■■■■ Politica pag. 93

45 ■■■■■ Alimentazione, ambiente e biotecnologie pag. 95

Compiti Comunicativi pag. 97

Espressioni e massime pag. 101

Glossario pag. 107

Per capire l'indice

■■■■■ *Livello e tipologia simili alle prove orali del CELI 5 (Perugia), del CILS 4 (Siena) o altri diplomi.*
Unità tematiche come p.e. **Bellezza** *(p. 37) o* **Minori a rischio** *(p. 65) possono essere utilizzate a più di un livello.*

Lessico utile

imprevisto
itinerario
"turista fai da te"
viaggio organizzato
agenzia di viaggi
dépliant ❶ opuscolo
truffa ❶ raggiro
last minute
low cost
organizzare un viaggio ❶ una vacanza
bagaglio ❶ bagaglio a mano
passaporto
carta di identità
meta turistica
villaggio turistico
campeggio
tenda
sacco a pelo
camper ❶ roulotte
nave da crociera
imbarcarsi ❷ sbarcare
isola esotica ❶ tropicale
Ferragosto
prendere le ferie
soggiorno ❶ pernottamento in albergo
alloggio ❶ sistemazione
vacanza studio
vacanza culturale
pacchetto turistico

1. Osserva e descrivi l'immagine in alto. A cosa ti fa pensare?

2. Sempre meno gente ormai ricorre alle agenzie di viaggi: siamo diventati sempre più "turisti fai da te", come citava una nota pubblicità. Quali sono secondo te i vantaggi e gli svantaggi di tale scelta? E tu cosa preferisci?

3. Quando devi partire per un viaggio come ti prepari alla partenza? Prendi informazioni sul posto dove vai e in che modo? Quali cose non devono assolutamente mancare nella tua valigia?

4. Spesso le vacanze possono nascondere imprevisti e sorprese non sempre piacevoli. Racconta qualche tua insolita esperienza, traumatica o divertente. Come ci possiamo proteggere da eventuali errori o truffe dei siti internet o delle agenzie di viaggi?

5. Osserva i grafici della pagina seguente e descrivili. Tu come rispondi alle due domande del sondaggio? Prova a intervistare anche i tuoi compagni.

6. Leggi e riassumi il primo testo della pagina seguente. L'Italia è ricca di paesaggi naturali e di siti archeologici, di centri storici e di città d'arte, di località di mare, di montagna e di lago, eppure numerosi italiani non conoscono le bellezze nazionali e si recano all'estero per scoprire altre bellezze. Tu che ne pensi?

7. Cosa ne pensi delle vacanze studio? Quali sono i loro vantaggi o gli eventuali svantaggi?

8. Le vacanze, oltre a farci divertire e riposare, possono ampliare la nostra mente e la nostra cultura se si affrontano con il giusto spirito. Leggi il secondo testo, esprimi la tua opinione su quanto esposto dall'autrice e parla di te e del tuo atteggiamento quando sei in viaggio.

9. Descrivi l'immagine a sinistra e commenta la frase di Marcel Proust: "Il vero viaggio di scoperta non consiste nel cercare nuove terre, ma nell'avere nuovi occhi".

"Il vero viaggio di scoperta non consiste nel cercare nuove terre, ma nell'avere nuovi occhi."

Marcel Proust

ha detto...

10. È estate, avevi organizzato un viaggio con un tuo amico che però, a causa di un imprevisto, si è tirato indietro all'ultimo momento. Non vuoi rinunciare al viaggio che aspetti da una vita e decidi di proporlo a un'altra persona che sai avere gusti molto diversi dai tuoi. Chiamala al telefono e:

- ◆ descrivile l'itinerario;
- ◆ chiedile che cosa ne pensa;
- ◆ convincila a fare il viaggio con te.

Con dieci giorni a disposizione che tipo di vacanza sceglierebbe?

Crociera	36 %
Soggiorno in albergo	26 %
Viaggio organizzato	24 %
Viaggio non organizzato	24 %
Villaggio turistico	24 %
Casa	19 %
Campeggio	10 %

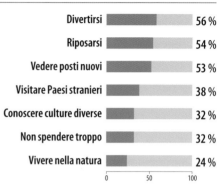

Nella scelta della vacanza quale aspetto conta di più?

Divertirsi	56 %
Riposarsi	54 %
Vedere posti nuovi	53 %
Visitare Paesi stranieri	38 %
Conoscere culture diverse	32 %
Non spendere troppo	32 %
Vivere nella natura	24 %

1

Le vacanze di Leo Gullotta: "Amo la provincia e impazzisco per la pasta alla siciliana."

di Boris Ambrosone

adattato da: *www.agendaonline.it*

Siciliano di nascita, romano d'adozione. Leo Gullotta, attore di teatro tra i più amati d'Italia e volto noto del cabaret televisivo d'autore, confida ad Agendaonline.it le sue grandi passioni: l'amore per la natura e per il cibo.

Che rapporto ha con la vacanza e qual è la vacanza ideale di Leo Gullotta?

Sembrerà strano, ma ognuno può scegliere il proprio stile di vita, anche in un lavoro stressante e ricco di impegni come il mio. Io intendo la vacanza come relax totale. Credo che in Italia anche la provincia, intesa come il luogo opposto alla grande città, abbia importanti "note di vita" da conoscere. Viaggiare, capire, conoscere i tanti luoghi dove il mio lavoro mi porta è una esperienza costruttiva. Se poi vuoi fare la vacanza per farti fotografare, tutti noi sappiamo quali sono i locali da frequentare.

Non ho un ideale di vacanza. Sono un amante della natura. La scorsa stagione sono stato ad Ischia per una vacanza di puro relax e serenità, per rimettermi in sesto. Dovrebbe essere questo l'obiettivo per cui si va in vacanza, rimettersi a posto.

Ricorda qualche luogo in maniera particolare?

Ho fatto di tutto. Grandi viaggi, ho visitato grandi terre. In Italia amo il Trentino per lo spettacolo della natura, il mare del Sud, la Sardegna. Le terme del Veneto immerse in boschi e pinete: sono bellezze ineguagliabili che si aprono dinanzi agli occhi e lasciano un'emozione.

Da amante della natura, avrà sicuramente un debole per l'enogastronomia italiana?

Premetto che sono astemio, quindi per gli alcolici non posso rispondere, ma ho un debole per il cibo. Mi piace conoscere anche attraverso i sapori e le tradizioni della tavola, la storia di un luogo. Non scelgo mai i locali con i neon o con le luminarie. Prediligo i luoghi autentici. Mi piace "l'impatto del piatto" e i piatti della tradizione meridionale sono una festa in tavola. Sono ricchi di colori, profumi, sono semplici ma possono essere elaborati allo stesso tempo e sono "antichi". Mi piace chiedere come è nata una ricetta, che rapporto ha con il territorio, con la tradizione e se ed in che modo è stata rivisitata. Capire meglio le radici di un piatto è come capire meglio se stessi.

2

Viaggiare

Se volete diventare un buon viaggiatore, dovete mirare a un primo grande obiettivo: che di voi non si dica mai: «Sembra un italiano all'estero». Non c'è infatti peggiore offesa, anche fatta a tre chilometri da casa, di questa frasetta che riassume tutta la provincialità, il disagio di chi si trova per la prima volta lontano dal suo ambiente e tende a ricreare tutte le abitudini di casa. Per cui non chiedere né spaghetti né cotolette alla milanese in un ristorante americano.

Se non siete una bellissima avventuriera che viaggia con gli occhi chiusi e il portafoglio (altrui) aperto o una nota mondana che è come un pacco postale sigillato che viene aperto solo al ballo, concentratevi su quello che vedete e informatevi sempre prima sui posti dove andrete. Immergersi nella cultura e nelle tradizioni del Paese in cui siete non vuol dire vestirsi per quindici giorni da cinese o da cacciatore bianco, ma tentare di capire, attraverso le abitudini, gli usi e i costumi locali, le sfumature e le diversità del Paese che vi ospita. Consideratelo come un gioco: tutto ha una ragione, voi dovrete scoprire il perché.

tratto da: *Cose da sapere* di Lina Sotis, Oscar Mondadori ed.

Lessico utile

	disciplina	ribelle ❶ trasgressivo
	responsabilizzare	educato ❷ maleducato
	dialogare ❶ discutere	diritto ❷ dovere
	atteggiamento	severo ❶ autoritario
crescere ❶ allevare	rapporto	genitore permissivo ❷ iperprotettivo
minorenne ❷ maggiorenne	autonomia ❶ indipendenza	genitore retrogrado ❶ all'antica ❷ moderno
adolescente ❷ adulto	trasgredire le regole	coccolare ❶ viziare
imporre un divieto	obbedire ❶ rispettare	rimproverare
vietare ❶ proibire	ubbidiente ❷ disubbidiente	maltrattare ❶ picchiare

1. Le immagini in basso si riferiscono a una nota linea di prodotti dolciari che dagli anni '70 viene pubblicizzata mostrando un'ideale di famiglia felice e perfetta, tanto che nel linguaggio comune è entrata in uso l'espressione "la famiglia del Mulino Bianco". Osserva le foto e confrontale, esponendo le tue considerazioni.

2. Osserva l'immagine a destra e descrivila. A che cosa ti fa pensare l'invito a giocare insieme? Quanto credi sia importante il gioco durante l'infanzia per poter crescere senza traumi?

3. I genitori di oggi sono giudicati spesso troppo permissivi. Secondo te, come è cambiato negli anni il rapporto genitori-figli? Come giudichi l'atteggiamento dei tuoi genitori? Pensi ci siano differenze tra il tuo Paese e l'Italia?

4. Il famoso regista Federico Fellini disse: "La più grande unità sociale del Paese è la famiglia. O due famiglie: quella regolare e quella irregolare". La condividi? Cosa intendeva secondo te con gli aggettivi "regolare" e "irregolare"? Secondo te, il peso sociale dei due tipi di famiglia è diverso?

5. Nella pagina seguente c'è una vignetta satirica di Altan, uno dei più noti fumettisti italiani. Osservala, commentala ed esponi le tue considerazioni.

6. Leggi il primo testo della pagina seguente e riassumilo con parole tue. Riconosci nella tua adolescenza comportamenti simili a quelli descritti e che ti sono serviti per distaccarti e crescere?

7. Immagina di dover scrivere la "Carta dei diritti e dei doveri degli adolescenti". Insieme a un compagno, pensa a cinque diritti e a cinque doveri che un adolescente dovrebbe avere.

#GIOCHIAMO INSIEME

8. Che qualità deve avere, secondo te, un buon genitore e come è possibile diventarlo? Pensi ci siano differenze tra le donne e gli uomini? Chi riesce meglio nel "mestiere di genitore"?

9. Secondo te, figli e genitori sanno dialogare tra di loro? Confrontati con i tuoi compagni.

La famiglia del Mulino Bianco NON ESISTE!

10. La posta del cuore. Sei lo speaker di una radio locale e nella tua rubrica dai consigli ai tuoi ascoltatori in relazione ai problemi della loro quotidianità. Oggi ti scrive Lena da Torino perché suo marito vizia le figlie e tratta male il maschio (secondo testo). Qual è la tua opinione? Che suggerimenti le daresti?

1

Sono molte le madri che raccontano quanto sia difficile stare accanto ai loro figli durante l'adolescenza, quando i ragazzi si dimostrano ribelli e adottano comportamenti molto provocatori. Valeria, 49 anni, dice che sua figlia di 15 anni si è fatta tatuaggi su tutto il corpo. «Fino a un anno fa era una ragazzina timida e gentile. Poi, all'improvviso, è cambiata e ha cominciato a mettere in discussione tutto ciò che si dice e si fa in famiglia». Genziana, 39 anni, racconta di come suo figlio Giacomo, 14 anni, sia diventato aggressivo. «Un giorno si è rapato i capelli e mi ha chiesto di acquistargli una maglietta con scritte naziste. Io mi sono rifiutata, così lui mi ha preso i soldi di nascosto e se l'è comprata». Vincenza, 35 anni, non sa come comportarsi con sua figlia Ginevra, che la contesta di continuo. «L'ho educata in modo attento e responsabile. Ma adesso, a 14 anni, si ribella apertamente: non obbedisce a nessuno, dice parolacce, risponde male agli adulti».

Mio figlio è diventato un ribelle

Mettono l'orecchino al naso, dicono parolacce, si fanno tatuare il corpo.

Comportamenti provocatori con cui i ragazzi esprimono il bisogno di staccarsi dalla famiglia. Come capirli?

Cercando di mettere da parte gli atteggiamenti troppo autoritari.

È normale che gli adolescenti si comportino in modo provocatorio, perché sono alla ricerca della loro identità. Che significa staccarsi dalla famiglia per trovare nuovi modelli con cui identificarsi. Così gli amici diventano il loro punto di riferimento. E, per non sentirsi diversi dagli altri, adottano i comportamenti del gruppo: nel modo di fare, di vestire, di parlare. Ma contestare le opinioni dei genitori è fondamentale in questo periodo della vita, che rappresenta il passaggio nel mondo degli adulti. Fatto di riti precisi: come i tatuaggi, il piercing, i capelli colorati. Ma questa fase di distacco può essere ancora più violenta se durante l'infanzia i ragazzi si sono sentiti incompresi, poco accettati o hanno avuto la sensazione che i loro veri bisogni non fossero soddisfatti.

adattato da: *Donna moderna*

BABBO, VOGLIO IL DIALOGO.

OK, SU CHE CANALE È?

© QUIPOS/ALTAN (2)

2 MIO MARITO VIZIA LE FIGLIE E TRATTA MALE IL MASCHIO

Sono una mamma di 42 anni, e ho tre figli: un maschio di 17 anni e due gemelle di 12. Il problema? Mio marito, che coccola le figlie e le vizia in tutti i modi, ha invece un atteggiamento autoritario e duro nei confronti del ragazzo. Non perde occasione per sgridarlo, gli lesina i soldi, fino a pochi mesi fa volavano anche delle sberle. Sono addolorata per questo suo modo di fare, e più volte abbiamo litigato. Lui dice che i maschi vanno educati con fermezza, perché non diventino dei delinquenti, mentre con le femmine si può essere più tolleranti. Care amiche, ho urgente bisogno di un consiglio, perché mi strazia il cuore vedere il cattivo rapporto che c'è tra i due uomini della mia famiglia. E ho tanta paura che Mauro se ne vada di casa appena maggiorenne. Aiutatemi.

Lena, Torino

Lessico utile

sciopero ➤ scioperare

lavoratore

professione ❶ mestiere

datore di lavoro ❶ imprenditore

dipendente ❶ impiegato

lavoratore autonomo ❶ libero professionista

pensionato

migrante

operaio

precario

posto di lavoro

occupato ➤ occupazione

inoccupato ➤ inoccupazione

disoccupato ➤ disoccupazione

requisito

qualifiche ❶ competenze

laurearsi ❶ specializzarsi

presentare la candidatura

retribuzione ❶ stipendio

turno festivo ➤ feriale

impegno ➤ impegnarsi

determinazione ❶ tenacia ❶ ostinazione

associazione

sindacato

tener duro

aspettativa

frustrazione

trucchi del mestiere

1. Osserva l'immagine sotto e descrivila. Cosa rappresenta secondo te il lavoro nella vita di una persona? E cosa rappresenta per te?

2. Osserva l'immagine in basso a destra, descrivila e commentala. Che cosa hanno in comune le condizioni lavorative e sociali dei cinque personaggi?

3. È molto sentito il problema della disoccupazione nel tuo Paese? Quali fasce di popolazione colpisce maggiormente? Sapresti indicarne le cause principali e come la si potrebbe combattere?

4. Leggi il primo testo alla pagina seguente e riassumilo. Cosa ne pensi della proposta che la ragazza fa a conclusione del proprio post?

5. In base a quali criteri si sceglie una professione e qual è quello più importante, secondo te?

6. Al giorno d'oggi, che requisiti bisogna avere e cosa bisogna fare per trovare un buon lavoro? Esprimi la tua opinione e riporta la tua esperienza.

7. Leggi il secondo testo e riassumilo con parole tue.

8. E tu, stai inseguendo o hai già raggiunto i tuoi sogni professionali? Parlane con un compagno.

9. Commenta le seguenti parole di Steve Jobs: "L'unico modo di fare un ottimo lavoro è amare quello che fai. Se non hai ancora trovato ciò che fa per te, continua a cercare, non fermarti, come capita per le faccende di cuore, saprai di averlo trovato non appena ce l'avrai davanti. E, come le grandi storie d'amore, diventerà sempre meglio col passare degli anni. Quindi continua a cercare finché non lo troverai. Non accontentarti. Sii affamato. Sii folle".

10. Ti presenti a un colloquio di lavoro, per un annuncio a cui hai risposto e in cui cercano una persona con qualifiche ed esperienza esattamente come le tue. Durante il colloquio però, dalle parole del selezionatore, ti accorgi che il lavoro offerto è molto diverso da quello che ti aspettavi e non completamente vicino alle tue esperienze, ma comunque molto allettante:

   ◆ chiedigli spiegazioni precise sul lavoro che offrono;
   ◆ spiegagli in che modo la tua esperienza è utile anche in questo lavoro;
   ◆ convincilo a valutare la tua candidatura.

IL LAVORO PRIMA DI TUTTO

6 SETTEMBRE SCIOPERO GENERALE

Bruno 55 anni — OPERAIO

Michele 75 anni — PENSIONATO

Andrea 18 anni — STUDENTE

Karina 25 anni — MIGRANTE

Lucia 35 anni — PRECARIA

www.reteglistudenti.it   www.udu.it

QUESTA VOLTA NOI NON PAGHIAMO

Dal Blog...

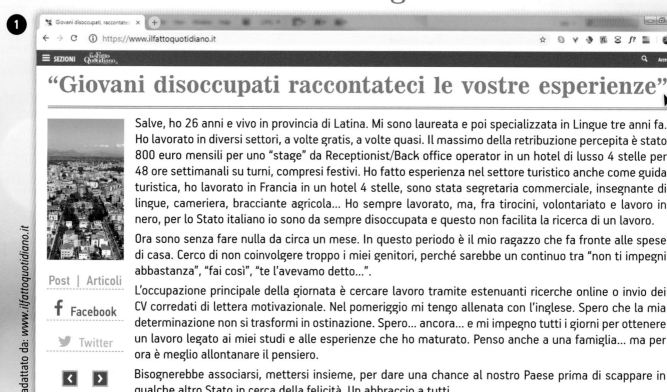

"Giovani disoccupati raccontateci le vostre esperienze"

Salve, ho 26 anni e vivo in provincia di Latina. Mi sono laureata e poi specializzata in Lingue tre anni fa. Ho lavorato in diversi settori, a volte gratis, a volte quasi. Il massimo della retribuzione percepita è stato 800 euro mensili per uno "stage" da Receptionist/Back office operator in un hotel di lusso 4 stelle per 48 ore settimanali su turni, compresi festivi. Ho fatto esperienza nel settore turistico anche come guida turistica, ho lavorato in Francia in un hotel 4 stelle, sono stata segretaria commerciale, insegnante di lingue, cameriera, bracciante agricola... Ho sempre lavorato, ma, fra tirocini, volontariato e lavoro in nero, per lo Stato italiano io sono da sempre disoccupata e questo non facilita la ricerca di un lavoro.

Ora sono senza fare nulla da circa un mese. In questo periodo è il mio ragazzo che fa fronte alle spese di casa. Cerco di non coinvolgere troppo i miei genitori, perché sarebbe un continuo tra "non ti impegni abbastanza", "fai così", "te l'avevamo detto...".

Post | Articoli

f Facebook

Twitter

L'occupazione principale della giornata è cercare lavoro tramite estenuanti ricerche online o invio dei CV corredati di lettera motivazionale. Nel pomeriggio mi tengo allenata con l'inglese. Spero che la mia determinazione non si trasformi in ostinazione. Spero... ancora... e mi impegno tutti i giorni per ottenere un lavoro legato ai miei studi e alle esperienze che ho maturato. Penso anche a una famiglia... ma per ora è meglio allontanare il pensiero.

Bisognerebbe associarsi, mettersi insieme, per dare una chance al nostro Paese prima di scappare in qualche altro Stato in cerca della felicità. Un abbraccio a tutti.

❷ Come cambiare vita e ottenere il lavoro dei sogni

Basta poco, ma è molto difficile: un piano strategico. Per uscire dall'impasse e trionfare. Come si fa a ottenere il lavoro dei propri sogni? Ci vuole tenacia, impegno, intelligenza, capacità. Anche fortuna, senza dubbio. Ma di sicuro serve anche un piano strategico: mille piccoli accorgimenti che aiutano a trasformare quello che è un'utopia in una realtà. Insomma, per cambiare le cose bisogna cambiare le cose. Vi proponiamo una sorta di breviario di regole e idee, un percorso per tener duro di fronte alle difficoltà e, alla fine, vincere. Perché la volontà è tutto, ma gli accorgimenti sono di più.

Prima di tutto, **serve fare chiarezza**. Sognare qualcosa spesso significa nutrire un'aspettativa irreale, lontana dalla realtà e utile solo per poter compensare le proprie frustrazioni quotidiane. In sostanza, si sogna di fare un lavoro (o di lavorare in un posto particolare) ma in realtà non lo si vuole davvero.

Poi, **scrivere su un foglietto** (questa è la parte più facile) cosa si vuole fare. Pilotare un aereo? Scalare il K2? Diventare influencer su Instagram? Scrivetelo, rileggetelo e pensateci bene: vi sembra ancora un obiettivo realizzabile? È davvero in sintonia con i vostri desideri?

Se sì, **appendetelo al muro**, al frigo, in un posto visibile dove lo potete "incontrare" sempre, ogni giorno. La necessità di cambiare le cose passa dalla necessità di costringersi a farlo, anche a costo di diventare assillanti con sé stessi.

Poi, cominciate a **elaborare un piano**: cosa si deve fare per ottenere il lavoro che volete? Cosa serve sa-

pere? Quali competenze occorre avere? Guardate ai limiti che avete: se volete diventare pompieri, tenete conto che serve un fisico abbastanza agile. Se volete occuparvi di fisica quantistica, è bene ricordarsi che sapere bene la matematica aiuta. Se volete diventare top manager di un'azienda, imparate a capire come funzionano i bilanci, capire le psicologie delle persone, pensare ai piani.

Datevi un tempo massimo. Meglio, una scaletta: una serie di scadenze da rispettare, contatti da sentire. Cambiare le cose non è facile. E richiede un minimo di fatica.

Infine, **dovete documentarvi**: preparatevi, scoprite i trucchi del mestiere, visitate i siti, entrate nell'ambiente, imparatene i tic, le cose strane, le storie. Poi, cominciate a capire dove volete andare. Quale struttura può accogliervi? Quale azienda? Quale casa editrice? Scegliete e inviate il curriculum o presentate il vostro progetto.

4 | Comunicazione e social media

1. Osserva l'immagine in alto, descrivila e commentala.

2. In che modo il cellulare, internet, i social hanno cambiato il modo di comunicare delle persone? Immagina di doverlo spiegare a una persona che si avvicina adesso a tali mezzi ed evidenzia quali sono, secondo te, i principali vantaggi e svantaggi.

3. Osserva l'immagine in basso. Credi sia un problema reale la violazione della privacy nell'era dei social media? A tuo parere, come ci si può difendere?

4. Tu come ti difendi dai mezzi tecnologici che spesso diventano delle presenze invadenti nelle nostre vite? Confrontati con un compagno.

5. Molto spesso i politici scelgono i social media per interagire con i propri elettori. Cosa ne pensi di questa strategia? La trovi utile e perché? Quali sono secondo te vantaggi e svantaggi?

6. Secondo una ricerca inglese, il 68% degli utenti dei social network "abbellisce" gli eventi della propria vita o inventa fatti mai accaduti. Leggi il primo testo alla pagina seguente e descrivi il fenomeno con parole tue, aggiungendo le tue considerazioni.

7. Osserva l'immagine in basso alla pagina seguente e descrivila. Cosa ti suggerisce?

8. È lecito comunicare le proprie emozioni utilizzando le emoticon nell'ambiente lavorativo? Leggi il secondo articolo, riassumilo con parole tue ed esprimi la tua opinione a riguardo.

9. Le nuove forme di comunicazione hanno i loro seguaci ma anche chi ne condanna l'uso. Da questi ultimi, i social network sono considerati dei mezzi quasi diabolici, che comandano le persone e le rendono dipendenti, allontanandole dai rapporti umani veri. Tu cosa ne pensi? Credi che tale rischio sia reale?

10. Sei il responsabile di un'agenzia pubblicitaria e ricevi un cliente che vuole promuovere i suoi prodotti o servizi. Secondo te, il modo migliore è quello di farlo attraverso una campagna social, ma lui non è molto convinto di questa strategia:

    ◆ spiegagli i vantaggi e gli eventuali svantaggi di tale opzione in confronto alle classiche pubblicità;

    ◆ convincilo della tua proposta.

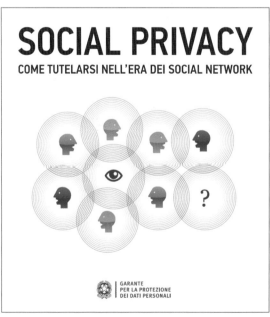

SOCIAL PRIVACY
COME TUTELARSI NELL'ERA DEI SOCIAL NETWORK

GARANTE
PER LA PROTEZIONE
DEI DATI PERSONALI

1 Vacanze stupende, feste mirabolanti, cene sopraffine, amici fantastici e una famiglia felice. Queste sono le "vite meravigliose" che molti descrivono sui social network, suscitando ammirazione e magari anche invidia. Peccato che due volte su tre sia tutto falso, o meglio "pettinato" per risultare migliore di quanto non sia in realtà.

È quanto sostiene una ricerca inglese della Society for Neuropsychoanalysis, che ha appurato come il 68% dei profili degli utenti dei social network abbellisce o falsifica direttamente gli eventi della propria vita. Una tendenza che non è innocua, anzi: l'abitudine di mostrare un'esistenza diversa da quella reale può impoverire l'identità personale. Voler sembrare migliori degli altri è nella natura umana, tuttavia questa competizione porta con sé il rischio di negare il nostro vero IO, al punto di sentirci distanti da quello che ci è realmente ac-

Perché sui social network le "vite degli altri" sono meravigliose

adattato da: www.vita.it

caduto. L'estrema conseguenza di tutto ciò, sempre secondo lo studio inglese, è la cosiddetta "amnesia digitale": chi ne soffre crede veramente che i fatti si siano svolti come raccontato sui social media, dimenticando quanto è successo nella vita vera.

Tra gli eventi più comunemente "pettinati" figurano le attività del tempo libero (molti fingono di essersi divertiti in giro mentre non hanno messo il naso fuori di casa), le amicizie, le vacanze e i successi lavorativi. Quanto ai motivi che

portano ad abbellire la propria vita, i più diffusi sono il timore di "apparire noiosi" e l'invidia per i post molto più eccitanti degli altri utenti. Sempre che anche quelli non siano tutti finti!

2 Ecco perché usare le EMOTICON nei contenuti e nei social media

I social media hanno notevolmente cambiato il modo di comunicare e questo a prescindere dal settore. Chi più chi meno ha compreso che è possibile accorciare le distanze tra azienda e clienti comunicando con loro in modo più umano e senza particolari "effetti speciali". In questo caso gli effetti speciali di cui parliamo sono "semplicemente" le emoticon ed è la scienza ad aver decretato l'efficacia delle faccine che esprimono emozioni.

Secondo quanto rilevato dallo studio condotto dalla University of Cambridge Computer Laboratory, vi sarebbe un forte legame tra utilizzo delle emoticon e potere sociale. L'utilizzo di emoticon positive può essere un indicatore del proprio "social media status". Un'emoticon sorridente ha sul nostro cervello lo stesso impatto che ha un volto umano che sorride. Ad attivarsi sono esattamente le stesse aree chiamate in causa quando il nostro interlocutore è in carne e ossa. Vanno bene anche in contesti di business, insomma sono professionali e lontani dal minare la credibilità di chi le inserisce in un'email.

All'interno di una comunicazione che abbia come scopo un rimprovero, diminuiscono la percezione di critica, mettendo i destinatari in condizione di essere più propensi a fare quanto richiesto. Il loro potere sembra sia anche quello di renderci agli occhi dei nostri interlocutori non solo più amichevoli ma anche più competenti; lo studio rintraccia nelle faccine anche la capacità di far ricordare più facilmente messaggi e comunicazioni. Il loro utilizzo all'interno delle comunicazioni andrebbe a compensare la "spersonalizzazione" che a volte la tecnologia inevitabilmente ci impone. L'utilizzo delle faccine per comunicare con le persone sui social media rende l'azienda più vicina, favorendo l'interazione e quindi riuscendo a replicare il reale nella vita virtuale.

adattato da: www.news.pmiservizi.it

Lessico utile

sistema scolastico
scuola dell'infanzia ❶ materna
scuola primaria ❶ elementare
scuola media
scuola superiore
liceo ❶ istituto tecnico ❶ professionale

educazione ❶ formazione
educare ❶ formare
scuola pubblica ❶ privata
scuola dell'obbligo
insegnante ❶ docente di sostegno
preside ❶ dirigente scolastico
scuola interculturale
alunno ❶ allievo
materia ❶ disciplina scolastica
interrogazione

compito per casa ❷ compito in classe
esame di maturità
commissione
test d'ingresso
essere promosso ❷ essere bocciato
superare un esame
anno scolastico
"secchione"
rappresentante di classe ❶ d'istituto

1. Osserva l'immagine in basso e descrivila. A cosa ti fa pensare?

2. Negli anni anche la scuola italiana ha accolto studenti provenienti da tutto il mondo e, anche se fra tante difficoltà, possiamo definire la nostra come una scuola interculturale. Quali sono, secondo te, i vantaggi di questa trasformazione? Pensi ci siano anche aspetti negativi?

3. Osserva l'immagine a destra e descrivila. Che cosa pensi della digitalizzazione dei libri di testo all'interno della scuola? Quali sono secondo te pregi e difetti di tale scelta?

4. Leggi il primo testo e riassumilo con parole tue.

5. Tra i punti su cui, secondo il MIUR (Ministero dell'Istruzione, Università e Ricerca), è necessario intervenire per rilanciare la scuola italiana si legge "welfare studentesco", traducibile con "benessere degli studenti". Come interpreti questa espressione, presente nella pubblicità alla pagina seguente, e in che modo secondo te la scuola può realizzarlo?

6. Giudichi efficiente la scuola del tuo Paese o no? Perché? Fai un confronto con quella italiana.

7. Leggi il secondo testo e riassumilo con parole tue. Hai vissuto un'esperienza simile quando andavi a scuola?

8. Nel passato, scuola significava disciplina, spesso eccessiva. Oggi non ci sono più problemi di questo tipo, anzi c'è chi sostiene che ci sia troppa libertà. Tu cosa credi? Esponi le tue idee e le tue esperienze.

9. Commenta la seguente affermazione della storica pedagogista italiana Maria Montessori: "La scuola è quell'esilio in cui l'adulto tiene il bambino fin quando è capace di vivere nel mondo degli adulti senza dar fastidio". La condividi?

10. Fai parte di un comitato di studenti (o di genitori) e, come rappresentante, incontri il dirigente della struttura scolastica per proporgli miglioramenti sul servizio che la sua scuola offre:

   ◆ informalo su quali aspetti il tuo comitato ritiene carente il servizio scolastico offerto;
   ◆ esprimigli le vostre aspettative;
   ◆ proponigli delle soluzioni per migliorare la scuola.

1

≡ MENU

SPECIALI ˙ ABBONAMENTI ˙ **LEGGI IL GIORNALE**

Alle elementari si studia come essere felici, arriva nelle scuole di Milano il progetto 'Imparare fa bene'

Milano - Il progetto 'La Scuola Angelini – Imparare fa bene', promosso dalla Fondazione Angelini, coinvolgerà 61 scuole primarie milanesi con l'obiettivo di coniugare la formazione didattica con l'attenzione al benessere psico-fisico. Il progetto ha interessato dapprima la "Scuola in Ospedale", a cui sono stati dedicati materiali ludico-didattici ad hoc pensati per accompagnare bambini e ragazzi ospedalizzati in un particolare percorso alla scoperta del corpo umano. L'iniziativa è arrivata poi anche nelle scuole primarie limitrofe, parlando dello star bene a 360 gradi e degli ingredienti che compongono la ricetta della felicità e del benessere.

Il progetto presenta una visione del benessere come frutto di diversi aspetti della nostra esistenza. Attraverso materiali didattici interattivi i bambini vengono stimolati a focalizzare gli argomenti utili a stare bene, crescere sani e felici e realizzare i propri sogni. Gli argomenti su cui si focalizza il progetto riguardano gli stili di vita sani e attivi, l'alimentazione corretta, l'educazione motoria, la pratica sportiva come valore e come motore del benessere psico-fisico. Ogni classe che ha aderito al progetto ha ricevuto gratuitamente un 'Ricettario della felicità' per ciascuno studente: un libretto con giochi e attività creative con cui esplorare il tema della ricetta della felicità dal personale punto di vista del bambino. È previsto inoltre un concorso che chiede agli alunni di raccogliere in un elaborato le informazioni ricevute nel corso del progetto. In premio, le classi finaliste riceveranno la visita di un atleta che si confronterà con i bambini sulla sua esperienza, sull'importanza dello sport e sugli ingredienti speciali per stare bene.

La Scuola Angelini coinvolge anche il pediatra: all'interno degli studi pediatrici circostanti, infatti, sarà disponibile un'edizione speciale del progetto comprensiva di un'attività di rielaborazione narrativa "dell'andare dal dottore".

HOME › **CRONACA**

adattato da: *www.ilgiorno.it*

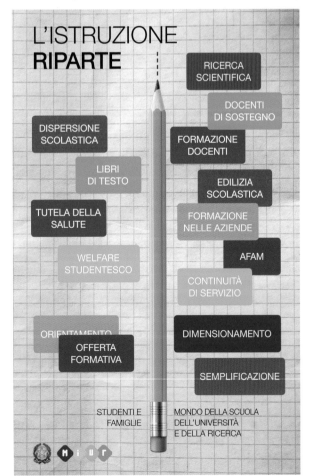

L'ISTRUZIONE **RIPARTE**

RICERCA SCIENTIFICA

DOCENTI DI SOSTEGNO

DISPERSIONE SCOLASTICA

FORMAZIONE DOCENTI

LIBRI DI TESTO

EDILIZIA SCOLASTICA

TUTELA DELLA SALUTE

FORMAZIONE NELLE AZIENDE

AFAM

WELFARE STUDENTESCO

CONTINUITÀ DI SERVIZIO

ORIENTAMENTO

DIMENSIONAMENTO

OFFERTA FORMATIVA

SEMPLIFICAZIONE

STUDENTI E FAMIGLIE

MONDO DELLA SCUOLA DELL'UNIVERSITÀ E DELLA RICERCA

M i u r

L'ESAME DI MATURITÀ TRA SOGNI E RICORDI **2**

Una ricerca condotta dall'università italiana ha scoperto che il 30% dei maturandi ha già sognato sotto forma di incubo la maturità. E il 6% degli italiani che da tempo l'hanno fatta se la sogna ancora. C'è chi sogna la fila dei banchi e il foglio bianco davanti, sul quale non si riesce a scrivere proprio niente. C'è chi si rivede sulla sedia davanti alla commissione schierata e il panico di non essere pronti, di non aver studiato abbastanza. Viene raccontato come "un incubo", per la tensione, la paura di essere sotto esame, valutato, osservato. Ma non credo che le persone facciano caso in quali momenti della loro vita si presenta il sogno. In psicologia si pensa che il sogno dell'esame di maturità potrebbe essere un messaggio dal profondo che ti pone una riflessione se in quel determinato momento della vita sei "maturo" per poterla affrontare. Sognare l'esame di maturità ci segnala forse una novità nella nostra vita che sì, fa un po' paura, ma può prevedere una possibile svolta verso una nuova fase. Dovremmo chiederci: c'è qualcosa che sta cambiando in noi? L'esame di maturità è per tutti un vero rito di passaggio. La fine di un lungo percorso scolastico fatto di compiti e interrogazioni, ritmi precisi quotidiani. È la fine di una classe, con i suoi amori e i suoi dolori, simpatie e antipatie. È poi un salto nel vuoto: non tutti hanno le idee chiare sul futuro: proseguire gli studi? Affrontare il lavoro? Di quelle mattine d'esame si ricorda la disposizione rigida dei banchi, gli sguardi della commissione docenti. Ce la farò? Uscirò con un voto decente? Anche i miei amici ce la faranno?

adattato da: *www.booksblog.it*

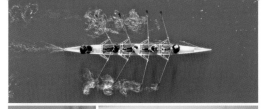

6| Sport e violenza

1. Osserva e descrivi le immagini a sinistra.

2. Lo sport, in tutte le sue forme ed espressioni, costituisce un aspetto importante della società moderna. Che benefici ha secondo te per l'uomo?

3. Confrontati con un compagno su cosa significa secondo voi "essere sportivi" e condividete le vostre esperienze personali.

4. Lo sport nel corso degli anni ha assunto dimensioni sempre più rilevanti, spingendosi ben oltre il puro spirito agonistico. Business e spettacolo caratterizzano in particolare alcuni sport. Quali credi possano essere le conseguenze positive e negative di tutto questo?

5. Osserva la foto in basso, descrivila e commentala.

6. Leggi il primo testo alla pagina seguente e riassumilo aggiungendo le tue considerazioni.

7. Quali sono, secondo te, le cause e gli effetti dei frequenti episodi di violenza legati in particolar modo ad alcune manifestazioni sportive? Credete che gli atleti stessi e le squadre potrebbero fare di più per evitare tali fenomeni?

8. Leggi il secondo testo alla pagina seguente e riassumilo. Secondo te, lo sport in generale offre altri vantaggi? Credi ci siano degli sport più salutari e altri meno benefici?

9. Fai un paragone tra la situazione presentata in questa unità e la realtà del tuo Paese. Ci sono problemi simili e in quali sport? Come vengono affrontati?

10. Hai deciso di iscriverti in un centro sportivo per praticare un'attività fisica ma non sai di preciso quale sia quella più adatta a te. Vai a chiedere informazioni presso la segreteria del centro e:

   ◆ esprimi le tue esigenze e motivazioni;

   ◆ chiedi suggerimenti su quale siano le attività più adatte a te;

   ◆ discuti dei pro e dei contro.

Lessico utile

atleta ❶ sportivo
spirito agonistico
disciplina sportiva
allenamento ❷ allenarsi
praticare uno sport
andare in palestra
vita sedentaria
giocare in casa ❸ in trasferta
squadra
arbitro
campionato
violenza negli stadi
evento ❶ manifestazione sportiva
tifoso ❷ tifare per una squadra
teppista ❷ teppismo
celerino
ultras
manganello
tribuna
curva
scorta ❷ scortare
forze dell'ordine
prevenire la violenza
misure di sicurezza
reprimere ❷ repressione

1

CALCIO: CON QUESTO SISTEMA, STADI VUOTI E TRISTI

Non essendo un frequentatore degli stadi di calcio, è stato il racconto allucinante di un amico ad aprirmi gli occhi su cosa sia diventato questo mondo di recente. Vorrei condividerlo con voi perché credo che sia utile a porci degli interrogativi. Ma veniamo alla cronaca: il mio amico e concittadino Nicola abita a Pordenone e tifa Udinese da una vita. Saltuariamente va allo stadio Friuli con suo figlio Luca, 15 anni, e pensa che sia il momento giusto per far vedere a Luca anche uno stadio di prestigio, così decidono di seguire la squadra a Milano per Milan-Udinese. Alle 8 di mattina partono da Pordenone e arrivano allo stadio due ore e mezza prima dell'evento. Il pullman parcheggia nell'area riservata ed è subito circondato da forze dell'ordine e celerini: sul mezzo non ci sono ultras, solo persone civili e tranquille, ma nessuno può allontanarsi dalla corriera, neanche per fare pipì. Quando i "simpatici" agenti ordinano di raccogliersi, i tifosi udinesi vengono fatti procedere verso lo stadio attraverso un corridoio recintato, sempre scortati dagli agenti: la partita la vedono da una curva e al termine del match per uscire dallo stadio l'attesa è infinita, sino a quando gli agenti ordinano di seguirli, intimorendoli col manganello che batte sulla mano libera. Nicola mi spiega anche che se avesse voluto acquistare due biglietti in tribuna d'onore, non avrebbe potuto farlo. La mia domanda è: è questa la strada giusta per rimediare al problema della violenza negli stadi? Quando leggevo sui giornali della tessera del tifoso avevo l'impressione che si stesse andando nella direzione giusta, ma dopo questa esperienza ho parecchi dubbi. Considerato come funzionano le cose in altri continenti, mi verrebbe da proporre di far sedere i tifosi ospiti in ogni settore dello stadio, ma comprendo che questo possa sembrare assurdo… Comunque sia, una cosa il sistema attuale la garantisce di sicuro: stadi vuoti e tristi.

Buon anno a tutti,
Davide B.

adattato da: *italians.corriere.it*

2

Corsa: i 10 vantaggi dello sport più economico e salutare che ci sia

Ecco **10 buoni motivi** per indossare tuta e scarpe adatte, armarsi di auricolari da cui ascoltare buona musica e scendere in velocità senza una meta, ma provvisti della volontà di dedicare tempo a se stessi e far ottenere vantaggi a corpo e spirito.

❶ MIGLIORA LA CAPACITÀ CARDIACA. La pratica regolare della corsa produce un aumento di spessore del muscolo cardiaco e anche il rischio di essere colpiti da arteriosclerosi, indurimento e restringimento delle arterie e conseguenti difficoltà circolatorie.

❷ EVITA FATTORI DI RISCHIO. La sedentarietà è considerata un rilevante fattore di rischio per l'insorgenza di patologie importanti e per la conseguente incidenza sui livelli di mortalità.

❸ LO SPORT AEROBICO È IL MIGLIORE. Nella corsa l'organismo utilizza principalmente l'ossigeno come carburante e come tutti gli sport aerobici o di resistenza, può essere praticato da tutti e a tutte le età.

❹ MIGLIORA LE CAPACITÀ POLMONARI. Durante la corsa aumenta la profondità di ogni atto respiratorio, le strutture deputate alla respirazione diventano più elastiche e l'organismo è in grado di immagazzinare una maggiore quantità di ossigeno.

❺ MANTIENE IL PESO FORMA O FA DIMAGRIRE. La corsa è uno sport nel quale si ha un notevole consumo calorico. Per mantenere il proprio peso forma o per favorire un buon dimagrimento, tuttavia, è indispensabile la regolarità, la continuità e una certa distanza percorsa.

❻ FA DORMIRE MEGLIO. Con la corsa aumenta la produzione nel cervello di serotonina, un ormone neurotrasmettitore che influenza tra le altre funzioni il ritmo sonno-veglia.

❼ MANTIENE IL BUONUMORE E LA SENSAZIONE DI BENESSERE. La corsa produce una sensazione di benessere che ha una influenza positiva su tutto il sistema nervoso.

❽ PREVIENE L'OSTEOPOROSI. L'esercizio fisico durante la corsa produce un carico sull'apparato scheletrico in grado di favorire e stimolare l'aumento della massa ossea che diventa sia nell'uomo che nella donna un importante fattore di protezione.

❾ MIGLIORA LA VITA SESSUALE. Chi corre è più cosciente di sé, è più attento a cogliere le sensazioni del proprio e dell'altrui organismo ed è quindi quasi sempre in grado di offrire una partecipazione più sollecita a tutti gli aspetti della vita.

❿ ALLUNGA LA VITA. Molti studi ormai hanno dimostrato che anche una modesta, ma continua attività fisica aiuta a prolungare la vita. In ogni caso, la corsa regala sicuramente una buona qualità di vita a chi la pratica.

adattato da: www.today.it

1. Osserva la foto a destra, descrivila e commentala.

2. Secondo te, in che modo la televisione ha cambiato il mondo, le abitudini e gli interessi delle persone, e quanto è cambiata la televisione stessa negli anni?

3. Osserva la foto in basso a destra, spiega il motto della pubblicità e commentala.

4. "Dopo *Carosello* tutti a nanna!" *Carosello* è una storica trasmissione TV che proponeva spot pubblicitari recitati da attori famosi e che fino agli inizi degli anni '70 ha dato la buonanotte ai bambini. Quanta strada è stata fatta da allora! Come pensi sia cambiata la pubblicità nel corso dei decenni? Confrontati con un compagno.

5. La TV avvicina o allontana le persone? Leggi il primo testo e riassumilo. Ti capita di vivere scene simili a quella descritta nel testo? È qualcosa che ti dà fastidio o no? Perché?

6. Secondo te, l'informazione televisiva, attraverso il telegiornale o le trasmissioni tematiche, ha un impatto sulle persone diverso da quella proveniente da altre fonti come giornali, radio, internet e persino dai social? Perché? Tu in che modo ti informi?

7. Leggi il secondo brano e riassumilo. Leggendo i cinque aforismi, esprimi la tua opinione sull'influenza della pubblicità nelle nostre vite. Pensi che la pubblicità ci renda informati e liberi di scegliere oppure quasi delle vittime inconsapevoli?

8. La televisione è stato e forse è ancora un mezzo potentissimo. Cosa ne pensi, invece, delle varie piattaforme web di streaming? Come vorresti che fosse la TV in futuro? Scambiatevi idee.

9. Il regista Dino Risi qualche anno fa, parlando della TV e dell'affermarsi di trasmissioni alle quali la gente partecipa per mettere in piazza i propri affari personali, disse: "La televisione ha rubato clienti al prete e allo psicanalista. Uomini e donne, ma soprattutto donne, sembra che trovino un sottile piacere nel raccontarsi davanti a milioni di sconosciuti, nel riferire episodi della loro vita, comportamenti che hanno taciuto alla mamma e alla migliore amica". Commenta la sua frase.

10. Stai conversando con un tuo amico che ha deciso di eliminare la TV dalla propria casa per difendere se stesso e i propri figli dalla "teledipendenza". Tu non sei convinto di questa scelta così radicale:

   ◆ esprimi il tuo parere contrario motivandolo;
   ◆ spiegagli l'uso che ne fai tu e come potrebbe farne un uso intelligente ed educativo per i propri figli.

Lessico utile

avvento della TV
telespettatore
teledipendente ➋ *teledipendenza*
telecomando
TV digitale ❶ *on demand* ❶ *internet TV*
TV a pagamento ❶ *Pay TV*
decoder
smart TV
audience ❶ *indice di ascolto* ❶ *share*
diffusione di notizie
mass media
informazione obiettiva
fare zapping
pubblicità ❶ *reclame* ❶ *spot*
promozione ❶ *propaganda*
pubblicizzare ❶ *reclamizzare*
consumatore
telegiornale
programma televisivo
serie tv
fiction
reality
TV spazzatura ❶ *trash*
presentatore ❶ *presentatrice*
prima serata
fascia protetta

alla loro felicità manca solo la
Vespa

adattato da: *La società civile*, di U. Piscopo, Ferraro ed.

Televisione e famiglia ❶

I rapporti umani all'interno della famiglia sono stati notevolmente modificati dall'avvento della televisione. Un tempo, infatti, figli e genitori si riunivano e si ritrovavano tutti insieme accanto al caminetto o alla tavola da pranzo: oggi, questa antica abitudine è praticamente scomparsa, e non solo perché di caminetti con il fuoco acceso non ce ne sono ormai più. In realtà, il nuovo «focolare domestico» è l'apparecchio televisivo di fronte al quale si sistemano adulti e ragazzi, celebrando ogni sera il rito moderno dell'imbambolamento generale. Quando la televisione non c'era, infatti, la gente aveva più tempo e maggiori occasioni di parlare, di discutere, di stare insieme: oggi, al contrario, più che stare insieme, si è vicini, l'uno accanto all'altro, ma ognuno immerso nei propri pensieri, tutto occhi e orecchi attenti alle immagini e ai suoni diffusi senza interruzione dal diabolico schermo luminoso. E guai a chi osa rompere il silenzio, fare commenti o alzare la voce: proteste, gesti e parole di fastidio e di intolleranza lo persuadono immediatamente a cucirsi la bocca e a restare immobile trattenendo il respiro per «non disturbare». E dopo, tutti a letto: buonanotte e arrivederci a domattina presto, prima di andare ognuno per la sua strada, a scuola, al lavoro, a fare la spesa. Tanto ci si ritrova domani sera. Tutti contenti e uniti di fronte al televisore.

❷ Le nuove frontiere della pubblicità

"La pubblicità è l'anima del commercio."

Quante volte avrai sentito questa frase che racconta in parole semplici una verità che continua a valere anche ai tempi di internet. Tante cose sono cambiate, ma la base è sempre la stessa: perché un prodotto si venda, bisogna che se ne parli, bisogna farlo entrare nella mente del potenziale consumatore.

Internet ha però insegnato **un modo di fare pubblicità più intelligente**: non si deve più puntare alla quantità di potenziali contatti raggiunti, piuttosto alla qualità degli stessi, ma per farci capire meglio vi facciamo un esempio pratico. A cosa serve pubblicizzare un prodotto per l'infanzia a 65 milioni di italiani, quando i potenziali interessati sono poco più del 5%? Non sarebbe meglio cercare di concentrare i propri sforzi verso queste persone particolarmente sensibili all'argomento di cui ci si trova a parlare?

Ecco che la pubblicità mirata online ha avuto fin da subito un enorme successo e anche i media tradizionali come tv e giornali hanno cominciato a veicolare messaggi pubblicitari vicini al tipo di pubblico che segue un determinato programma televisivo, perché ciò permette a chi paga la pubblicità di avere un immediato riscontro e di continuare così ad acquistare altri spazi promozionali.

Anche se tutti la odiamo, la pubblicità incide in maniera importante sulle nostre abitudini, condiziona i nostri acquisti e spesso è il fattore in grado di determinare il successo o meno di un prodotto.

Qualunque sia il tuo programma TV preferito, prova a fare caso a quali sono le pubblicità che solitamente lo interrompono e scoprirai che molte di esse racchiudono argomenti di tuo interesse e quindi seppur non vedi l'ora che "la reclame" finisca per riprendere con ciò che stavi guardando, questa è in grado di condizionarti in maniera inconscia: benvenuto nel mondo della "pubblicità targhetizzata".

adattato da: *www.agoravox.it*

Aforismi sulla pubblicità

Investire in pubblicità in tempi di crisi è come costruirsi le ali mentre gli altri precipitano.

(Steve Jobs)

Le anatre depongono le loro uova in silenzio. Le galline invece schiamazzano come impazzite. Qual è la conseguenza? Tutto il mondo mangia uova di gallina.

(Henry Ford)

Pubblicità. L'arte d'insegnare alla gente a desiderare determinate cose.

(Herbert George Wells)

Chi smette di fare pubblicità per risparmiare soldi è come se fermasse l'orologio per risparmiare il tempo.

(Henry Ford)

In una società opulenta come la nostra, dove l'identità di ciascuno è sempre più consegnata agli oggetti che possiede, i quali non solo sono sostituibili, ma "devono" essere sostituiti, ogni pubblicità è un appello alla distruzione.

(Umberto Galimberti)

8 | Vecchie e nuove dipendenze

Lessico utile

essere nel mirino
campagna antifumo
passatempo
gioco d'azzardo
shopping compulsivo
terapia

narcotico
tabagismo
anoressia ⊘ bulimia
doping ➊ sostanze dopanti
consapevolezza
fare abuso di ➊ abusare
sottovalutare

patologia
prevenzione
rischioso
illegale
assuefazione
fumatore passivo
alcolista ⊘ astemio
nuocere alla salute ➋ nocivo

dipendenza ➋ essere dipendente da
disintossicazione ➋ disintossicarsi
prendere ➋ perdere il vizio di
ubriacarsi
ubriaco ⊘ sobrio

1. Osserva i quattro divieti nell'immagine. Secondo te, cosa hanno in comune?

2. Negli ultimi anni i fumatori sono sempre più nel mirino delle leggi, al punto di parlare ormai di razzismo sociale contro di loro. Trovi giusta oppure esagerata questa campagna antifumo? Motiva la tua risposta.

3. C'è chi paragona l'alcol alla droga, nel senso che hanno effetti simili e possono creare assuefazione. Cosa ne pensi? Si dovrebbe forse vietare la pubblicità delle bevande alcoliche o potrebbe essere una forma di censura? Scambiati idee con un tuo compagno.

4. Adesso osserva l'immagine in basso a destra e commentala.

5. Negli ultimi anni si è assistito a un'enorme diffusione di quelle che sono state definite "nuove dipendenze", tanto da suscitare l'interesse della letteratura scientifica e richiedere la disponibilità di metodi di cura e terapia efficaci. Quali sono secondo te? Cosa ne pensi?

6. Commenta, aggiungendo il tuo punto di vista, la seguente frase di Carl Gustav Jung, uno dei padri della psicoanalisi: "Ogni tipo di dipendenza è cattiva, non importa se il narcotico è l'alcol o la morfina o l'idealismo".

7. Leggi il primo testo e riassumilo. Puoi preparare una scaletta con i punti essenziali che ti aiuteranno a esporre l'argomento.

8. Cosa ne pensi dei dati emersi dal sondaggio presentato nell'articolo precedente? Commentalo.

9. Leggi il secondo testo e realizza un'intervista da fare ai tuoi compagni. Prova a dare suggerimenti a quelli che tra di loro si dichiareranno "smartphone-dipendenti" su come liberarsi del problema.

10. Sei un/un'attivista di una associazione che si occupa di assistenza ai giovani. Avete lanciato la campagna informativa e di prevenzione "Liberi e indipendenti" e hai un colloquio con il dirigente di una scuola superiore a cui vuoi proporre un evento da realizzare nel suo istituto per far conoscere agli studenti le varie forme di dipendenza:

   ◆ presentati e spiegagli le motivazioni che vi spingono a fare informazione e prevenzione sul tema delle dipendenze;

   ◆ descrivigli l'evento che volete realizzare;

   ◆ convincilo a offrirvi gli spazi della sua scuola e a far collaborare i suoi studenti alla realizzazione dell'evento.

Da passatempo a dipendenza

Viaggio tra le nuove droghe:
gioco d'azzardo, internet, shopping compulsivo

RIMINI **17-23-30 novembre**
NOVAFELTRIA **1 dicembre**

1 *I GIOVANI E LE DIPENDENZE*

Un sondaggio su oltre 13.000 ragazzi tra i 13 e 18 anni su vecchie e nuove forme di dipendenza. Sotto accusa cellulari, videogiochi e computer. Poco temuti tabagismo, anoressia/bulimia e tossicodipendenza. Sconosciuto il doping, anche se ben il 7% dei ragazzi dichiara di fare uso di sostanze dopanti.

Le dipendenze sono state il tema di un sondaggio realizzato nelle scuole medie superiori di tutta Italia in occasione della campagna "Alla scoperta del corpo umano", iniziativa promossa da Società Scientifiche, con il patrocinio del Ministero della

Pubblica Istruzione e la partecipazione della Federazione Italiana Giuoco Calcio. Le risposte dei ragazzi tra i 13 e 18 anni hanno messo in luce la consapevolezza dei giovani rispetto alle nuove forme di dipendenza, prime fra tutte tecnologia e doping.

I giovani riconoscono nelle tecnologie la prima causa alla base di comportamenti di abuso, non correlati a sostanze: sono infatti ben 88 ragazzi su 100 a pensarla in questo modo. Questa la classifica: al primo posto i **videogame**, seguiti da **computer**, **TV** e **cellulare**. Sono le nuove forme di dipendenza, quindi, quelle che più minacciano il mondo giovanile: un pericolo riconosciuto anche dagli insegnanti che non solo denunciano la scarsa conoscenza da parte dei ragazzi dei problemi di dipendenza in generale, ma confermano che telefono cellulare, TV e computer sono le dipendenze più sottovalutate.

È stato chiesto, inoltre, ai ragazzi di indicare quali sono le malattie più diffuse nel mondo giovanile: **tabagismo**, **anoressia/bulimia**, **tossicodipendenza** ed **alcolismo** sono risultate, in questo ordine, le patolo-

gie più indicate. Si tratta di patologie connesse a forme di dipendenza che i ragazzi evidentemente considerano diffuse, ma controllabili, visto che le indicano anche tra quelle che temono di meno. Il rischio è che i ragazzi, percependo queste patologie come controllabili, tendano a sottovalutarle a scapito della prevenzione e di un precoce intervento.

L'indagine ha dedicato, inoltre, un focus sul tema del **doping** e ciò che emerge è una scarsa conoscenza da parte dei ragazzi di questo problema: le sostanze dopanti sono indicate all'ultimo posto tra quelle ritenute capaci di portare a gravi conseguenze. Pur non conoscendo a fondo il problema, i ragazzi hanno in ogni caso una percezione negativa del doping, definito rischioso per la salute, scorretto sul piano sportivo e comunque illegale. Nonostante ciò, tra tutti i ragazzi che hanno dichiarato di praticare almeno un tipo di sport, il 7% ha ammesso di assumere sostanze dopanti e di averle utilizzate dietro consiglio dell'allenatore o di amici.

adattato da: *www.benessere.com*

2 # Dipendenza da cellulare? adattato da: *www.efficacemente.com*

❝ Salve, mi chiamo Andrea e sono uno smartphone-dipendente.❞

Potrebbe iniziare così una ipotetica riunione degli Smartphone-Dipendenti Anonimi.

Lo ammetto, adoro il mio smartphone ma a volte mi rendo conto di farne un uso sregolato e osservando le decine di persone che ogni giorno incontro in metro, tutte prese a "sfregare" il loro smartphone, direi di non essere il solo. I cellulari di nuova generazione possono essere strumenti di produttività straordinari, ma, se utilizzati in modo sbagliato, possono condurre addirittura a dipendenze patologiche. Se usi spesso il cellulare, non significa per forza che tu sia uno smartphone-dipendente. Diciamo che dovresti iniziare a preoccuparti se...

- ✖ **non puoi stare 5 minuti senza controllare la tua casella email o il tuo profilo Facebook;**
- ✖ **controlli se ti sono arrivati messaggi/aggiornamenti/email nel cuore della notte;**
- ✖ **continui a premere il pulsante "aggiorna" nella tua casella email, nella speranza che arrivi un nuovo messaggio;**
- ✖ **utilizzi WhatsApp per parlare con il tuo amico dall'altra parte del tavolo.**

Ops... ti ho beccato! Brutta bestia la consapevolezza, vero? Peggio di un pugno alla bocca dello stomaco!

Lessico utile

valori sociali **ⓘ** religiosi
razzismo **ⓘ** xenofobia
movimento xenofobo
ideologia
regolare **⊘** clandestino
permesso di soggiorno
cittadinanza
frontiera
allarme sociale
migrante
flusso migratorio
immigrazione **⊘** emigrazione
immigrato **⊘** emigrato
straniero
rifugiato
extracomunitario

diversità
stereotipo
generalizzazione
pregiudizio
diffidenza
campo nomadi
ghetto **⊘** ghettizzare **⊘** ghettizzazione
emarginato **⊘** emarginare **⊘** emarginazione
centro di accoglienza
tolleranza **⊘** intolleranza
società multiculturale **ⓘ** multietnica

1. Osserva la foto in alto, descrivila e commentala insieme a un compagno.

2. Osserva la foto in basso e commentala. Negli ultimi anni in tutta Europa e anche in Italia crescono i movimenti che inneggiano ai valori xenofobi. Pensi che tali movimenti siano un fenomeno preoccupante o no e perché? Cosa pensi di chi vi aderisce? Quali credi siano le motivazioni?

3. Ci sono forme di razzismo meno estreme, atteggiamenti che molti di noi possiamo assumere, anche inconsciamente. In quali occasioni? Pensi ti sia mai capitato?

4. Quali sono secondo te le difficoltà che può incontrare un immigrato quando arriva in un nuovo Paese? Confrontati con un compagno.

5. Leggi il primo articolo e riassumilo oralmente. Puoi preparare una scaletta con i punti essenziali che ti aiuteranno a esporre l'argomento. Quanto i media sono in grado di influenzare l'opinione pubblica e la coscienza delle persone?

6. Nell'articolo si legge del convegno "Il valore dell'immigrazione: conoscere il contributo economico dell'immigrazione per combattere stereotipi impropri". Gli immigrati, secondo te, contribuiscono al miglioramento della società in cui vivono? Motiva la tua risposta.

7. Leggi il secondo articolo e fai un breve riassunto.

8. Nel tuo Paese il razzismo è un problema sentito? E nei confronti di quali "diversità" in particolare? Se ci sono questi timori, pensi che siano sempre giustificati? Motiva le tue risposte.

9. La presenza di extracomunitari è una realtà in molti Paesi e forse lo sarà ancora di più in futuro; cosa si dovrebbe fare e cosa bisognerebbe evitare di fare per rendere possibile e armoniosa la convivenza in una società multietnica, superando diversità culturali, linguistiche ecc.? Esprimi il tuo punto di vista.

10. Partecipi a una riunione condominiale in cui un condomino manifesta pregiudizi nei confronti delle abitudini di una famiglia di immigrati che si è appena trasferita nel vostro palazzo:
    ◆ esprimi il tuo punto di vista;
    ◆ illustragli gli aspetti positivi di come la diversità può rappresentare una ricchezza per la vostra comunità.

① Come ti confeziono l'immigrato: i media italiani e l'immigrazione

"Romeno violenta turista e la prende a bastonate", "Rapita e stuprata dall'ex convivente marocchino", "Zingaro pendolare del crimine: dal campo nomadi alle case del Brenta", sono solo alcune delle frasi che i media utilizzano per enfatizzare la matrice straniera di questi reati. Un'indagine ha analizzato il contenuto di tre note testate nazionali, da cui è emerso, in estrema sintesi, che la carta stampata parla tanto degli stranieri ma lo fa esclusivamente in termini di problematicità sociale.

È stato riscontrato che, nel periodo considerato (4 anni), il numero di articoli pubblicati dalle tre testate sull'argomento in questione è stato imponente (11.426 articoli). Tra i temi trattati troviamo soprattutto cronaca criminale e questioni di giustizia penale; nella maggior parte dei casi, infatti, si tende a sottolineare l'aumento della delinquenza e l'allarme sociale, associando il tutto ai flussi migratori; senza tener conto che i fatti di cronaca riguardano, nel 70% dei casi, immigrati non regolari.

Dall'analisi è emersa anche la differenza nel trattamento mediatico della delinquenza straniera da quella italiana, con una netta enfatizzazione della prima rispetto alla seconda; e la quasi totale mancanza di articoli in cui si evidenziava la nazionalità di chi, invece, aveva compiuto una buona azione, a favore della società.

Eppure negli anni precedenti anche gli italiani sono stati un popolo di migranti, una comunità che molto ha sofferto gli stereotipi razzisti negli Stati Uniti come in Sud America, la difficoltà d'integrazione della nostra comunità è stata resa più acuta anche a causa di una comunicazione mediatica negativa.

I mezzi di comunicazione, è noto, riescono ad influenzare e talvolta distorcere la percezione della realtà, per questo sono dei mezzi potentissimi nella costruzione del senso comune.

Anche per questo, la Fondazione Leone Moressa organizza prossimamente un convegno dal titolo significativo: "Il valore dell'immigrazione: conoscere il contributo economico dell'immigrazione per combattere stereotipi impropri", proprio per analizzare lo stretto rapporto che intercorre tra i media e la percezione dell'immigrazione nel suo complesso.

adattato da: *www.huffingtonpost.it*

② I vantaggi dell'immigrazione in Italia

Ma gli immigrati sono solo un costo? Certo che no. Il loro afflusso ha consentito di ridimensionare gli effetti dell'invecchiamento della popolazione, prodotto dalla combinazione tra l'allungamento della vita media e la diminuzione del tasso di natalità. Questo cosa vuol dire? Che sono gli immigrati che consentono a molti pensionati italiani di godersi la propria pensione. Diversamente da quanto si crede comunemente, la pensione percepita non è il frutto dei contribuiti versati, non dai propri. Quelli sono serviti, invece, a pagare le pensioni di coloro che avevano smesso di lavorare. E così, allo stesso modo, oggi le loro pensioni sono pagate da altri lavoratori. Ma se la popolazione italiana invecchia, vuol dire che un crescente carico pensionistico grava sulle spalle di sempre meno persone. Gli stranieri arrivati in Italia, almeno quelli regolarmente assunti e inseriti nel sistema economico, hanno aiutato i loro colleghi italiani a farsi carico delle pensioni dei loro (degli italiani) genitori e nonni.

Quando l'immigrazione è "qualificata"

C'è un altro aspetto da considerare: esattamente come gli italiani che scappano all'estero portano con sé la loro formazione, che ha un valore importante perché è il frutto dell'investimento fatto dallo stato per garantire un'istruzione ai suoi cittadini, allo stesso modo i nuovi italiani portano con sé una dote. Saper intercettare gli immigrati più qualificati, quelli capaci di contribuire di più allo sviluppo del Paese, sarebbe una strategia vincente. La Germania, per esempio, lo starebbe facendo. Nell'ultimo anno, il *Sole 24 Ore* si è chiesto come mai Berlino fosse molto più ben disposta nei confronti dei siriani. Una delle risposte è che questi si integrano più facilmente ma soprattutto sono più scolarizzati.

adattato da: *www.businesspeople.it*

10 | Arte e patrimonio artistico

1. Ti piace l'arte? Secondo te, che importanza ha per l'uomo esprimersi attraverso di essa? Pensi ci siano arti più "comunicative" di altre? Quali e perché?

2. Quando l'arte può essere solo un prodotto commerciale? Commenta la seguente frase di Giorgio Gaber, uno degli artisti più importanti dello spettacolo e della musica italiana del secondo dopoguerra: "Ci sono due tipi di artisti: quelli che vogliono passare alla storia e quelli che si accontentano di passare alla cassa".

3. Osserva la foto in alto, descrivila e commentala.

4. Cosa pensi delle scritte e dei graffiti che spesso appaiono sui muri, anche su quelli di importanti monumenti, come nella foto di Piazza del Plebiscito a Napoli?

5. Credi che i giovani italiani siano sensibilizzati all'arte e che conoscano e rispettino i monumenti del loro Paese? Se sì, perché? Confrontati con un compagno.

6. In Italia sono sempre più frequenti le manifestazioni per far avvicinare la gente all'arte e alla cultura in generale; nella locandina in basso puoi vederne un esempio. Sono sufficienti per te questo tipo di iniziative per diffondere la cultura e tutelare i beni artistici o pensi che si possa fare di più? E che cosa?

7. Leggi il primo testo e riassumilo. Conoscevi questa problematica? Scambia informazioni con un tuo compagno.

8. Quali sono i musei e le aree archeologiche più importanti del tuo Paese? Quali hai visitato? Cosa pensi della loro organizzazione (servizi, sicurezza ecc.) e quali suggeriresti di visitare?

9. Leggi il secondo testo. Qual è la tua opinione sulla *street art*? Nel tuo Paese si organizzano manifestazioni simili a quelle offerte da *Outdoor*?

10. Sei il direttore artistico di un museo della tua città e vieni intervistato da una radio locale in relazione a una manifestazione che hai organizzato per promuovere l'arte e la struttura presso cui lavori:
    ◆ presenta il tuo museo e il tuo ruolo all'interno di esso;
    ◆ descrivi la manifestazione;
    ◆ invita la cittadinanza, in maniera convincente, a partecipare all'evento.

PATRIMONIO ARTISTICO E CULTURALE ITALIANO:
notevole quantità nell'indifferenza

Molto spesso abbiamo sentito o letto "l'Italia è il paese in cui è presente la maggior parte del patrimonio artistico e culturale mondiale". Non sappiamo l'esatta percentuale ma è certo che l'Italia è un territorio ricco di testimonianze e bellezze artistiche e archeologiche. Infatti non vi è provincia e regione che non presenti un museo, un monumento artistico, un'area archeologica da ammirare. Non sono solo le amatissime e note città come Roma, Napoli, Firenze, Venezia a far rimanere a bocca aperta i turisti. Basta fare una passeggiata anche nei paesi in cui abitiamo o in quelli limitrofi per notare che viviamo in un Paese in cui il patrimonio artistico e culturale è ampio e che lo rendono forse uno dei più affascinanti da questo punto di vista.

Nonostante ciò, in Italia c'è pochissimo interesse a conservare e valorizzare questi beni culturali che dovrebbero costituire la prima risorsa economica. Da qui derivano tante situazioni paradossali come il fatto che gli stranieri sono maggiormente a conoscenza del nostro patrimonio culturale rispetto a noi italiani. Forse loro, avendone meno, ammirano e apprezzano maggiormente il nostro. Inoltre in Italia in pochi licei si studia la storia dell'arte e poche sono le vere e proprie gite culturali che si effettuano. La storia dell'arte e l'archeologia dovrebbero essere insegnate in ogni liceo. Il fatto che neanche nelle scuole si studino queste materie porta ad avere una poca conoscenza del nostro patrimonio, che si unisce al disinteresse e allo scarso investimento di fondi da parte delle istituzioni per farlo conoscere e valorizzarlo. Di conseguenza, per gli studenti universitari di lettere, beni culturali, storia dell'arte e archeologia, le prospettive sono tutt'altro che rosee. Molti si domandano: in un Paese come l'Italia, come è possibile non trovare lavoro nell'ambito dei beni culturali? Invece è molto probabile che chi studia queste materie si ritrovi nella vita a fare tutt'altro poiché non si investono fondi per la ricerca e per un buon utilizzo di questi beni che potrebbero costituire una fonte di lavoro.

Molto spesso sentiamo o leggiamo sui giornali che importanti siti archeologici, chiese, musei stanno crollando o che versano in pessime condizioni. Eventi che si potrebbero evitare se si investissero fondi a favore di ragazzi che sono competenti in materia e che molto spesso hanno lavorato, conservato e valorizzato il patrimonio solo gratuitamente o attraverso opere di volontariato.

adattato da: www.puntofuturo.wordpress.com

adattato da: www.out-door.it

OUTDOOR: l'arte urbana conquista Roma

La street art torna a colorare gli spazi abbandonati della città, dando vita ad un grande happening multidisciplinare. C'era un tempo in cui la street art non apparteneva a Roma, mentre le grandi metropoli europee già ne facevano un proprio vanto. Quel tempo è definitivamente concluso, perché da qualche anno anche i muri della capitale si stanno finalmente animando di arte urbana, anche grazie ad eventi che di anno in anno riscuotono sempre maggior successo, come Outdoor che, con il suo festival annuale, propone un'offerta eterogenea che si articola in varie sezioni: arte, musica, televisione, alle quali si aggiungono le aree dedicate alle conferenze e al mercato inteso anche come valorizzazione del design urbano.

Nell'anno europeo dedicato al Patrimonio Culturale, Outdoor e le sue tante discipline artistiche in programma indagheranno il tema ponendo interrogativi a tutti voi che sarete parte di questo grande evento: cosa rappresenta il patrimonio oggi? Quali culture sono oggi considerate come patrimonio nella nostra società? Quale patrimonio stiamo costruendo e quale trasmetteremo alle future generazioni?

Lessico utile

volontario **>** volontariato
solidarietà
impegno sociale
carità **0** beneficenza
donazione **0** offerta
generoso **>** generosità
sensibile **>** sensibilità

indifferente **>** indifferenza
raccolta fondi
contributo **>** contribuire
assistenza **>** assistere
protezione **>** proteggere
altruista **>** altruismo
egoista **>** egoismo
aiutare il prossimo
bisognoso

emarginazione **0** persone emarginate
sostegno **>** sostenere
senza tetto **0** senza dimora **0** barbone
diversamente abile **0** disabile
senza scopo di lucro **0** non-profit
impegnarsi in **0** occuparsi di
persona in difficoltà
servizio civile
assistente sociale

1. Osserva la foto in basso, descrivila e commentala.

2. Com'è secondo te la situazione del volontariato nel tuo Paese: è diffuso e organizzato? Chi credi sia il volontario tipo (età, sesso, interessi, tempo dedicato a quest'attività)?

3. Osserva e commenta la foto in basso a destra. Scambia informazioni con un compagno.

4. *Telethon* è uno storico e famoso evento mediatico di raccolta fondi per la ricerca sulle malattie rare. Cosa ne pensi di questo genere di solidarietà? Ne hai esperienza diretta?

5. Osserva il grafico alla pagina seguente e commentalo. C'è qualche dato che ti colpisce in particolar modo? Perché, secondo te, queste persone sacrificano tempo e denaro per aiutare i più bisognosi? Ti sei mai impegnato in qualcuna di queste azioni di solidarietà? In quali ti impegneresti?

6. Alessandro Manzoni, uno degli scrittori più importanti della letteratura italiana, disse: "Si dovrebbe pensare più a far bene che a stare bene: e così si finirebbe anche a star meglio". Commenta la sua frase ed esprimi il tuo punto di vista.

7. Il testo alla pagina seguente conferma la precedente citazione di Manzoni. Leggilo e riassumilo oralmente. Puoi preparare una scaletta con i punti essenziali, che ti aiuterà a esporre l'argomento.

8. Come giudichi i tre commenti sotto l'articolo? Sei d'accordo con ciò che dicono e con le nuove problematiche che sollevano? Motiva la tua risposta.

9. Che valore ha, secondo te, la solidarietà all'interno di una nazione? Che cosa potrebbero fare di più gli enti statali?

10. Ti presenti ad un'associazione di volontariato (decidi tu il settore) per poter collaborare con loro. Incontri il responsabile e:

   ◆ gli parli delle tue esperienze nel settore, spiegandogli perché hai scelto loro;

   ◆ proponi azioni che ti piacerebbe compiere all'interno dell'associazione per migliorare alcuni servizi.

ANCHE **GRAZIE A TE** SEMPRE PIÙ PERSONE SANNO CHE **#IOESISTO**

DONA AL **45506** OPPURE SU **TELETHON.IT** Telethon

Volontariato e solidarietà gratuita ☓ +

← → C 🔒 adattato da: *www.buonenotizie.it* ☆ ≫ ▮ ⋮

BuoneNotizie.it

Volontariato e solidarietà gratuita rendono felici. Parola di economista.

💬 3 Commenti

Il volontariato rende felici. **Impegnarsi per gli altri risulterebbe più soddisfacente di un aumento di stipendio**. È quanto emerge da una ricerca effettuata dall'Università Bicocca. "*Smontato un errore di fondo dell'economia, cioè che la solidarietà valga zero, perché non esiste un prezzo di mercato*": parola di esperti.

Obiettivo di partenza dello studio è stato misurare il **valore della gratuità**. La ricerca – basata su indici di "life satisfaction" registrati in varie città di tutto il mondo – ha portato ad esiti quasi "paradossali". Bocciate le città di Milano e Roma, promosse, invece, Isernia, Vibo Valentia e Ragusa: è questa la "paradossale" classifica che emerge dalla ricerca. Nelle prime due città italiane le reti di amicizia, di volontariato e di relazioni disinteressate sono risultate più fragili che nel resto d'Italia. E questo si traduce in un minore livello di soddisfazione della popolazione.

Rispetto ad un indice di soddisfazione medio a livello globale, la popolazione mondiale (in generale) che lavora nel sociale si sente più felice rispetto alle altre persone, anche rispetto a chi ottiene un aumento salariale. Il valore principale, però, resta la salute, che quadruplica il livello di soddisfazione della propria vita. Un forte incentivo alla felicità è anche il matrimonio mentre, al contrario, la disoccupazione segna un indice negativo, la voce più consistente tra i fattori che creano infelicità.

Nel volontariato, è la **solidarietà pura** ciò che crea più soddisfazione, seguita dalle azioni nelle comunità religiose. Molto più contenuta, invece, la soddisfazione di chi si dedica alla politica: "*Segno che quanto più l'attività è gratuita e meno strumentale, tanto più il suo effetto è positivo*", commentano dall'Università. "*La ricerca smonta un errore di fondo dell'economia, cioè che la solidarietà valga zero perché non esiste un prezzo di mercato*", spiegano. "*Al contrario, una società con molta attenzione all'aiuto verso gli altri è più giusta ed efficiente*". È di questo, concludono, che si deve occupare l'economia "*il cui fine ultimo è rendere **non più ricchi, ma più felici**".*

Alberto: Rispondi

Oltre a questo, si provvede ad aiutare altri cui lo Stato non provvede o latita.

Lazza: Rispondi

Ho 21 anni, volontario da quando ne avevo quasi 17… concordo totalmente con il contenuto dell'articolo. Non ho mai capito tutti i miei coetanei che spesso vanno a lavorare - pur ogni tanto ricordandosi di studiare - solo per comprarsi smartphone all'ultima moda, tablet e diavolerie tecnologiche ipercostose. 😊 La felicità non la ottieni con prodotti sovrapprezzati che ti illudono di essere più cool degli altri, la ottieni aumentando di continuo il tuo benessere mentre fai qualcosa che ti piace.

Daniela: Rispondi

Sono d'accordo. Aggiungerei una riflessione: le relazioni e l'altruismo, oggi purtroppo poco valorizzati, sono invece assolutamente rilevanti per la qualità della vita. Qualora si riuscisse a capire che essere capi – leader – e avere potere dovrebbero essere anche capacità di agire nel bene degli altri, allora anche il lavoro "tradizionale" in azienda, in politica, in economia, ecc. garantirebbe quel "piacere" oggi rilevabile principalmente nel volontariato.

"Attività di volontariato svolte dagli italiani dai 14 anni in su."

Attività	%
Religione	23,2
Attività ricreative e culturali	17,4
Sanità	16,4
Assistenza sociale e protezione civile	14,2
Attività sportiva	8,9
Ambiente	3,4
Istruzione e ricerca	3,1
Cooperazione, solidarietà internazionale	2,8
Filantropia, promozione del volontariato	2,3
Attività politica	1,9
Relazioni sindacali, rappresentanza di interessi	1,5
Tutela e protezione dei diritti	1,4
Sviluppo economico e coesione sociale	1,0
Altro	2,5

Lessico utile

consumatore ❯ consumare ❯ consumismo

spesa ❯ spendere

carta di credito ● bancomat

centro commerciale

grande distribuzione organizzata

filiera lunga ❷ corta

sprecare ❷ risparmiare

status symbol

prodotto ● oggetto alla moda

marca ● brand

marchio registrato

società materialista ● consumista

commercio al dettaglio ❷ all'ingrosso

commercio elettronico

negozio online

fare acquisti online ● shopping online

calo ● decremento dei consumi

boom degli acquisti

tagliare le spese

saldi ● sconti ● ribassi

buono sconto ● coupon

in promozione ● in offerta

volantino ❯ volantinaggio

convenienza ❷ convenire

1. Osserva la foto in alto e descrivila. Che fila! Dove sono queste persone? Perché secondo te? Nel tuo Paese succedono cose del genere?

2. Quando hai la voglia e la possibilità di farlo, in che cosa ti piace spendere? Quali fattori ti influenzano negli acquisti: l'utilità, la marca, il prezzo, la confezione, la pubblicità?

3. Secondo te, in una società materialista e consumista come la nostra, è più importante "essere" o "avere"? Come si può resistere alle numerose tentazioni?

4. Quali sono gli status symbol di oggi? Quali sono gli oggetti a cui una persona pensi non possa rinunciare e perché? Come sarebbe la vita delle persone senza questi oggetti?

5. Osserva la foto a destra, descrivila e commentala scambiando informazioni con un compagno.

6. Leggi il primo testo e riassumilo. Puoi preparare una scaletta con i punti essenziali che ti aiuterà a esporre l'argomento.

7. Eri a conoscenza del fatto che in Italia ci fossero questi cambiamenti in atto già da diversi anni? In un momento storico che vede gran parte delle vecchie economie in crisi, come sta reagendo il tuo Paese?

8. Leggi il secondo testo e riassumilo. Confrontati con i tuoi compagni. Avete suggerimenti da aggiungere?

9. "La felicità dell'uomo moderno: guardare le vetrine e comprare tutto quello che può permettersi, in contanti o a rate". Commenta questa frase del famoso sociologo Erich Fromm ed esprimi il tuo parere personale. Pensi sia ancora attuale?

10. A coppie. Siete soci di un'agenzia che organizza eventi e avete deciso di investire 1500€ per acquistare nuove attrezzature, ma non siete d'accordo su cosa comprare:

   Ⓐ lo studente A propone di investire la somma intera per l'acquisto di una stampante di altissima qualità che vi farebbe risparmiare le spese tipografiche per la stampa dei volantini e dei manifesti pubblicitari;

   Ⓑ lo studente B propone invece di utilizzare la somma per rinnovare l'arredamento acquistando un salotto di design, perché sostiene che un ambiente più accogliente sia la soluzione migliore per acquisire più clienti.

   Ⓐ,Ⓑ Cercate di convincere il vostro collega che la vostra idea è la più vantaggiosa.

❶ Come cambiano le abitudini di spesa degli italiani

Ne ha cambiate di abitudini l'italiano medio dal 2000 ad oggi! Molte delle quali per il semplice fatto che oggi, rispetto ad allora, ha quasi tremila euro in meno da spendere all'anno. Per questo ci si è spostati sempre più dai negozi agli eShop, mandando in crisi anche la grande distribuzione. Una situazione, quella economica che sta attraversando il Paese ormai da anni, giudicata negativamente dal 91% degli italiani. A rilevarlo è la Coop nel suo rapporto.

Il calo dei consumi, legato secondo l'analisi a un ritorno al risparmio, ha interessato soprattutto il vestiario, il settore ludico e quello del tabacco e dell'alcol. Anche se in realtà gli italiani hanno tagliato le spese un po' per tutto: a dimostrarlo è il calo della spesa alimentare. Si compra meno pesce fresco, meno olio e si è ridotta anche la spesa per le bevande non alcoliche. Tagli anche per i beni primari come pane, latte, carne e zucchero. Cresce la spesa per i cibi bio, etnici e di lusso. Passando alle conseguenze sul piano della grande distribuzione organizzata, la Coop spiega che i punti vendita sono diminuiti e che i fatturati, in quasi tutti i casi, portano segni negativi. Solo discount e super-store registrano un leggero aumento. Il trend negativo che ha investito la grande distribuzione è dovuto anche al calo demografico. Meno nascite vuol dire meno grandi famiglie e di conseguenza meno vendite.

Commentando i dati del rapporto, la Confederazione italiana degli agricoltori aggiunge che "convenienza e flessibilità trainano le botteghe gestite da stranieri, sia perché i prezzi sono più bassi, sia perché sono aperti quasi a tutte le ore del giorno. È tempo di attuare misure organiche di sostegno alle famiglie, cominciando dalle fasce più deboli. Dall'inizio della crisi un italiano su due è passato a prodotti più economici, in primis per la tavola, con una caduta degli acquisti di cibo e bevande del 13% circa in 6 anni. Le famiglie tagliano il superfluo ma anche lo spreco, approfittano di sconti e promozioni che oggi riguardano un terzo dei prodotti sugli scaffali e soprattutto ricorrono ai discount e ai piccoli negozi etnici per alimentari, frutta e verdura."

adattato da: www.t-mag.it

❷ Come risparmiare soldi quando si fa shopping online

L'e-commerce è ormai diventato un fattore determinante delle economie dei Paesi occidentali. Ecco come trovare sconti e offerte.

Lo shopping online è scelto dagli italiani per diversi motivi: dalla comodità di poter fare acquisti senza doversi muovere da casa alla possibilità di trovare sconti e prezzi più bassi rispetto a quelli praticati dal negozio di fiducia. Lo shopping online può essere ancora più conveniente se si conoscono alcuni "trucchi del mestiere". Ecco come risparmiare.

Il primo consiglio riguarda la fase di pre-acquisto: se il portale di e-commerce lo permette, è consigliabile aggiungere il prodotto nella lista dei desideri e lasciarlo lì. Capita spesso, infatti, che i portali aggiornino periodicamente i prezzi, aggiungendo sconti e offerte che fanno abbassare i prezzi. Avere un po' di pazienza potrà aiutare in alcuni casi a risparmiare decine di euro.

I coupon sono uno dei metodi migliori se si vuole scoprire come risparmiare facendo shopping online. Quando si cerca un capo di abbigliamento o un paio di scarpe, è consigliabile aggiungere la parola "coupon" alla ricerca e nella gran parte dei casi si troveranno sconti utili per risparmiare soldi. Altra possibilità per scoprire sconti e promozioni online si può avere iscrivendosi alle newsletter e seguendo i profili ufficiali dei siti di e-commerce sui social network; si potranno scoprire in anteprima sconti esclusivi per gli utenti iscritti al portale e altre promozioni attive.

Attenzione nel periodo dei saldi: può capitare che il punto vendita sotto casa offra prezzi migliori rispetto agli store online. Per questo motivo vale sempre la pena confrontare i prezzi nel negozio "fisico" con i prezzi del negozio online utilizzando, magari, le app per smartphone che attraverso il codice a barre controllano la disponibilità del prodotto sul portale di e-commerce.

L'ultimo suggerimento è quello di rivolgersi agli outlet online che, come quelli "fisici", propongono prodotti degli anni passati con prezzi notevolmente inferiori rispetto a quelli di listino. Spulciando tra le offerte e le campagne settimanali che gli outlet propongono ai loro iscritti si può trovare il prodotto che si cercava da tempo e risparmiare.

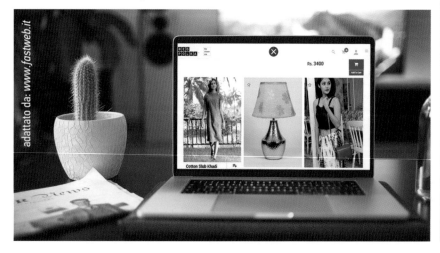

adattato da: www.fastweb.it

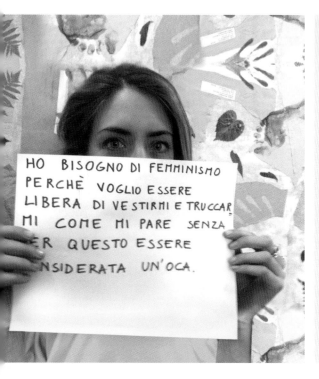

HO BISOGNO DI FEMMINISMO PERCHÈ VOGLIO ESSERE LIBERA DI VESTIRMI E TRUCCARMI COME MI PARE SENZA PER QUESTO ESSERE CONSIDERATA UN'OCA.

Lessico utile

condizione femminile
mentalità maschilista ❷
maschilismo
femminista ❷ femminismo
emancipato ❷ emancipazione
Ministro ❶ Ministra
parlamentare
casalinga ❶ casalingo
divorzio ❷ divorziato/a ❷ divorziare
voto ❷ votare
suffragio
pari opportunità
parità ❶ uguaglianza dei sessi
sessista ❷ sessismo

sesso debole ❷ forte
gravidanza ❷ rimanere incinta
molestia ❷ molestare
rappresentanza femminile
differenza di genere
rivendicare diritti
tutela ❷ tutelare
discriminazione ❷ discriminare
pregiudizio
quote rosa
aspirazione ❶ ambizione

1. Osserva la foto in alto, descrivila e commentala insieme a un compagno.

2. In che modo è cambiata (in meglio o in peggio) la condizione femminile negli anni? Nel tuo Paese si è verificato un progresso per quanto riguarda sia la mentalità che le leggi?

3. Non sono pochi quelli che sostengono che, non a caso, l'emancipazione della donna abbia coinciso con la crisi della famiglia. Sei d'accordo o no? Perché? Confrontati con un compagno.

4. Osserva la foto a destra e descrivila. Qual è secondo te oggi il ruolo delle donne in posti socialmente di rilievo, in Italia, nel tuo Paese e nel mondo?

5. Leggi il primo testo ed esprimi la tua opinione in merito a quanto riportato. Perché secondo te la presenza di donne in politica è così ridotta? Quali ostacoli deve ancora affrontare oggi una donna che vuol fare carriera politica?

6. Osserva l'immagine alla pagina seguente, che rappresenta lo slogan per una petizione in cui si chiede che, al momento del voto, le due preferenze espresse debbano essere di genere diverso. Pensi che una iniziativa di questo tipo possa portare risultati? Cosa cambierebbe, secondo te, se in politica ci fossero più donne?

7. Leggi il secondo testo e riassumilo oralmente. Puoi preparare una scaletta con i punti essenziali che ti aiuterà a esporre l'argomento.

8. Sei d'accordo sul fatto che i ruoli dell'uomo e della donna sono influenzati da un'educazione che non è diretta alla parità di genere? Qual è la tua esperienza personale e cosa accade nel tuo Paese?

9. Commenta la seguente frase di Oscar Wilde: "La forza delle donne deriva da qualcosa che la psicologia non può spiegare". Secondo te, qual è la forza delle donne? E quale la loro debolezza?

10. Sei con degli amici e discutete di politica italiana e in particolar modo di "quote rosa". Sei favorevole alla presenza di donne in politica, ma non trovi giusta una legge di questo tipo:
    ◆ esprimi le tue motivazioni favorevoli alle donne in politica;
    ◆ esprimi le tue motivazioni sfavorevoli alle "quote rosa";
    ◆ proponi alternative che possano incentivare le donne a fare politica.

❶ IL POTERE POLITICO NON È ROSA:
PIÙ DONNE AL VERTICE MA IL COMANDO NON È LORO

La disparità di genere si allarga, anche se la presenza femminile incide di meno portando l'Italia a scendere nella classifica mondiale.

Sono tante e contano poco: difficilmente entrano nella stanza dei bottoni e quando lo fanno, non li pigiano ma si limitano a guardare. In Italia le donne stanno tornando indietro e siamo appena precipitati all'82° posto su 144 Paesi. Davanti c'è chi magari sta peggio economicamente - dalla Mongolia all'Uruguay - ma che fa meno questioni di genere. Tutto comunque parte da lì: dalla stanza dei bottoni.

In apparenza, nei luoghi del comando, in Italia non vi sono mai state così tante donne: 31,3% le deputate e 29,6% le senatrici. Record assoluto nella storia del Paese. Un dato non fenomenale ma nella media. Nelle democrazie evolute un 30% di presenze femminili non si nega ormai a nessuno. La differenza, però, la fa la posizione delle poltrone; quelle in prima fila per le donne sono rare.

Eppure, quando le donne coprono ruoli importanti, la qualità del governo migliora. "Let the voters choose women" recita un recente studio della Bocconi sulla spesa pubblica delle amministrazioni, dove le donne contano. Dimostra che i bilanci gestiti al femminile dedicano più risorse agli investimenti che alla spesa corrente, aumentando mediamente del 4% quelle destinate a istruzione e ambiente. Alessandra Casarico, docente di Scienza delle Finanze alla Bocconi e firmataria dello studio ne

PAREGGIAMO I CONTI
PIÙ DONNE DOVE SI DECIDE
petizione per le pari opportunità

FIRMA PER LA DOPPIA
PREFERENZA DI GENERE

IL TUO VOTO VALE DOPPIO PER LE DONNE, PER LA DEMOCRAZIA

è convinta: "La presenza di più donne nelle stanze dei bottoni migliora la qualità della politica".

adattato da: *www.repubblica.it*

---

adattato da: www.iltaccoditalia.info

❷ Educazione di genere, anche in politica

Com'è cambiata oggi la condizione della donna, rispetto a quelle donne che rivendicavano maggiori diritti e tutele? Le storie di violenza fisica, psichica e sessuale, di cui sono ancora vittime le donne, sia tra le mura domestiche sia nei luoghi di lavoro, ci raccontano come quel tempo appartenga ancora al nostro presente. Leggiamo, ascoltiamo e vediamo intorno a noi storie di sfruttamento, di abbandoni, di soprusi, di dipendenza affettiva e psicologica in cui le donne assumono un ruolo minore rispetto agli uomini.

E allora c'è qualcosa che non va. I cambiamenti culturali, negli stili di vita e nelle abitudini degli italiani, hanno visto rapide trasformazioni nel giro di pochi decenni e, quindi, non possiamo fare a meno di interrogarci su quali siano gli effetti, in virtù dei ruoli assegnati a uomini e donne, nella nostra società. Uomini e donne sono diversi sia biologicamente, geneticamente e sia come anatomia, questo è vero, ma uomini e donne sono uguali negli stessi diritti e dignità. Eppure, nella realtà della vita quotidiana non sembra essere così, non sempre almeno.

Se ci soffermiamo a riflettere sul diverso modello educativo che proponiamo ai nostri figli e alle nostre figlie, ci accorgiamo di quanti genitori, ancora oggi, in modo consapevole o inconsapevole, educano diversamente figli e figlie. Per le figlie si mette in atto un'educazione di tipo più protettivo, mentre, per gli uomini tutto sembra dovuto, senza restrizione alcuna. Un altro aspetto importante riguarda l'educazione emotiva; anche qui ci sono differenze di genere. Che cosa succede se a piangere è un bambino? Succede che l'adulto lo richiama spiegandogli che piangere non è proprio un comportamento che si addice a un maschietto! Ebbene, non ci rendiamo conto del male che stiamo facendo a quel bambino perché non gli permettiamo di sviluppare la sua intelligenza emotiva, quell'intelligenza che nella vita gli permetterà di entrare in relazione con l'altro attraverso un rapporto di parità.

Anche in politica, alcuni atteggiamenti continuano a valutare l'ingresso della donna nelle istituzioni, in funzione del suo aspetto estetico e non delle doti intellettive e delle competenze possedute. È intollerabile che una donna debba difendersi da tali comportamenti. Il ruolo della donna in politica spesso è stato visto come un ruolo passivo, ma una donna deve potersi sperimentare liberamente ed essere protagonista delle sue scelte.

Colmare il gap culturale nelle differenze di genere è il primo passo per una comunità che vuole cambiare direzione ed essere innovativa. In questa battaglia di civiltà, gli uomini hanno un ruolo importante nella consapevolezza che le differenze di genere sono un valore aggiunto e che uomini e donne sono diversi ma complementari. ◼

14 | Automobili: presente e futuro

Lessico utile

vettura

Suv ❶ berlina ❶ city car

potenza

cilindrata

prestazioni

auto di lusso

gara automobilistica

eccesso di velocità

accelerare ⊘ frenare

sorpassare ➋ sorpasso

prendere una multa

cintura di sicurezza

airbag

incidente stradale

guidatore ❶ automobilista ❶

conducente ❶ pilota

pedone

asfalto

di serie ⊘ optional

comfort

autostrada

segnaletica stradale

rettilineo ⊘ curva

andare contromano

car sharing

rivenditore ❶ concessionario/a

1. Osserva le due foto e mettile a confronto. Quali sono le maggiori differenze tra le due auto?

2. Che rapporto hai con l'automobile? Racconta a un tuo compagno qualche esperienza particolare che hai avuto.

3. Quanto sono diverse oggi le macchine rispetto al passato? Parlane con un compagno.

4. La sicurezza stradale è uno degli obiettivi dei produttori di auto e dei governi. Secondo te, da quali fattori dipende la sicurezza sulle strade? Cosa si potrebbe fare di più?

5. Leggi il primo testo e riassumilo oralmente. Puoi preparare una scaletta con i punti chiave.

6. Tu come immagini le automobili del futuro? Si potrà davvero arrivare alle macchine volanti, come spesso vediamo nei film di fantascienza?

7. Cosa pensi delle gare automobilistiche, come la Formula 1? Perché, secondo te, l'essere umano è così attratto dalla velocità? Scambiati idee con un compagno.

8. Commenta la seguente frase del noto comico napoletano Totò: "Non concepisco i mezzi veloci: viaggiare svelti, a che serve? Io ho l'automobile ma tengo un autista pieno di figli: così pensa alla pelle e non corre."

9. Leggi il testo pubblicitario alla pagina seguente ed esponilo con parole tue. Cosa pensi di questo fenomeno del *car sharing* che ha preso piede soprattutto nelle grandi città? È un servizio offerto anche nella tua? L'hai mai utilizzato? In che modo potrebbe essere utile per la società e per le singole persone?

10. Immaginate di trovarvi in una concessionaria di auto. Lo studente A (il cliente) vuole comprare un'automobile piccola, che gli serve solo per la città. Lo studente B (il rivenditore) cerca di vendergli in tutti i modi una macchina grande che costa molto di più:

    🅐 lo studente A spiega al rivenditore qual è l'uso che intende fare dell'auto e quali sono le motivazioni per le quali è contrario ad acquistare un'auto grande;

    🅑 lo studente B cerca di convincere il cliente ad acquistare la macchina grande, esprimendo i pro e i contro di entrambe le scelte.

❶ Le automobili del futuro
Intelligenti, tecnologiche, iperconnesse, sicure e divertenti

❝ Che differenza c'è tra un Suv "normale" e il fuoristrada che ogni tanto si aggira per la Silicon Valley? ❞

Apparentemente nessuna, in realtà sono automobili di due epoche diverse. La prima appartiene al presente, la seconda arriva dal futuro. Da cosa lo si capisce? Semplice: è stata programmata per "vedere" tutto quello che le succede intorno, perché non la guida nessuno!

Le automobili del futuro saranno tecnologiche, iperconnesse e, garantendo un livello di sicurezza ben più elevato rispetto alle

adattato da: *archivio.panorama.it*

macchine di oggi, permetteranno a chi le utilizza di "divertirsi" come meglio crede: rilassandosi, leggendo un libro o sorseggiando un buon caffè, chiacchierando con i compagni di viaggio o dormendo. A tutto il resto penserà il computer di bordo che, una volta impostato, disturberà il passeggero solo per avvertirlo di essere arrivato a destinazione.

Gli esperti sono convinti che investire nelle automobili intelligenti possa essere conveniente per tutti. Presto questo mercato riuscirà a superare il tetto dei venti miliardi di dollari ed è quasi superfluo sottolineare che ci vorranno decenni, affinché possa attivarsi una nuova rivoluzione dei trasporti che manderà completamente in soffitta le auto come le conosciamo adesso.

Un'opinione, questa, che tanti faticano a condividere. Tant'è che molti produttori di auto non sono ancora pronti a investire così tanto nelle *smart car*. E se qualcosa andasse storto? E se i consumatori non fossero poi così tanto attratti dalle vetture senza conducente? E se i guadagni non fossero così elevati? Eppure, se la rivoluzione delle **auto intelligenti** è stata accolta con relativa freddezza dalla maggior parte degli operatori del settore, si punta in ogni caso a sfruttare la tecnologia per migliorare la guida, pur limitando la presenza di troppi "servizi extra" sulle vetture. Questo perché nessun cliente pagherebbe per poter fare con la sua auto qualcosa che può già fare con il suo telefono intelligente. Del resto, una macchina non è e non può diventare uno smartphone a quattro ruote.

❷ Subito in strada

Ovunque tu sia, c'è una car2go. Puoi noleggiare una qualsiasi car2go che trovi disponibile per la strada, oppure prenotarla online 30 minuti prima della partenza. In questo modo potrai risparmiare tempo arrivando più velocemente a destinazione. Una volta arrivato, potrai parcheggiare la vettura chiudendo il noleggio oppure sospenderlo per poi continuare ad utilizzarla.

NON C'È MAI STATO UN MODO COSÌ FLESSIBILE PER MUOVERTI!

Meno stress, più divertimento alla guida! car2go mette adesso a disposizione anche i pacchetti prepagati. Il concetto di "flat rate" viene già applicato con successo in molti settori, dagli operatori telefonici ai servizi di streaming o agli abbonamenti TV. In effetti, non doversi preoccupare di tenere d'occhio i minuti di consumo può risultare molto utile, per questo car2go ha deciso di introdurre i pacchetti di ore di guida, acquistabili comodamente tramite app.

adattato da: *www.car2go.com/it*

Lessico utile

celebrità
divo ➋ divismo
star ❶ stella
idolo ❶ mito
famoso
fama ❶ notorietà
autografo

intervista
imitare ➋ imitazione
influenzare
fotografo ❶ paparazzo
giornalista ❶ stampa
industria dello spettacolo
star system
fan ❶ ammiratore
pettegolezzo ❶ gossip
suscitare interesse

scandalo
rivista scandalistica
vita privata
tutela ➋ violazione della privacy
intimità
Reality Show
essere sotto la luce dei riflettori
presentatore ❶ presentatrice TV
ragazzo/a immagine
velina

1. Descrivi la foto in basso e commentala insieme a un compagno.

2. Per le celebrità, firmare autografi o farsi scattare foto fa parte del loro lavoro: come si può spiegare però il comportamento del pubblico? Hai mai fatto qualcosa del genere? Confrontati con un compagno.

3. Quali vantaggi e svantaggi presenta la vita di un personaggio famoso? In che modo la notorietà può cambiare una persona e la sua vita?

4. Osserva la foto a destra e descrivila. Cosa ti ispira? Hai mai sognato di trovarti in una situazione simile?

5. Che conseguenze, positive o negative, credi possa avere il fenomeno del divismo e su quali persone soprattutto? Scambiati idee con un compagno.

6. Paparazzi, riviste scandalistiche, pettegolezzi, storie sui social: ma a chi interessa la vita dei divi e perché? E a te interessa? Parlane con un compagno.

7. Leggi il primo testo e riassumilo. Perché abbiamo sempre più bisogno di metterci in mostra? E perché così tanta gente si interessa a queste persone?

8. Commenta la seguente citazione del noto attore italiano Christian De Sica: "Il divismo è finito negli anni Cinquanta e nacque dopo la guerra perché c'era la fame e la gente voleva sognare un mondo che non era la realtà. C'era un'ingenuità diversa da oggi."

9. Leggi il secondo testo e riassumi i vantaggi per il consumatore. Ti è mai capitato di dover difendere il tuo diritto alla privacy? Secondo te, cosa si può fare di più per tutelare la privacy delle persone comuni?

10. Entri in un negozio e per avere diritto a una promozione speciale su un prodotto che a te interessa molto comprare, sei invitato a compilare un modulo con tutti i tuoi dati personali, compresi numero di telefono e indirizzo, allegando la fotocopia di un documento di identità. Non sei molto convinto di voler riempire tale modulo, ma il commesso ti spiega che in caso contrario non potrai avere diritto alla promozione speciale:
    ◆ chiedigli spiegazioni sul perché di tale obbligo e mostragli la tua perplessità;
    ◆ spiegagli perché non sei favorevole a rilasciare i tuoi dati personali;
    ◆ convincilo a farti applicare la promozione anche senza riempire il modulo.

❶

Fenomeno You Tuber, chi sono i nuovi divi della Rete

2:34 / 5:49

Solitamente giovanissimi, colpiscono il pubblico della Rete con la loro spontaneità e la loro comicità fuori dall'usuale. E con i loro video strani, naturalmente!

Sono molti quelli che, per volume di iscritti e numero di visualizzazioni dei video, si avvicinano ai "mostri sacri" statunitensi. C'è, infatti, un battaglione di **YouTubers** pronti a contendersi i *click* degli utenti italiani (e non solo) a colpi di video strani, gag e mini-serie comiche.

E non è nemmeno troppo complicato comprendere il perché: YouTube divide i ricavi pubblicitari con i suoi utenti "migliori", ovvero con quelli che generano il maggior numero di visualizzazioni. Postare video sulla piattaforma social potrebbe rivelarsi dunque piuttosto redditizio: gli *YouTubers* più famosi al mondo riescono a "racimolare" diversi milioni di dollari l'anno, tanto da aver trasformato la loro passione di realizzare filmati in una vera e propria professione.

In Italia molti hanno tentato di percorrere le stesse strade, con risultati più o meno confortanti. Come dimostra, infatti, l'ultima classifica degli "Oscar" della Rete italiana, il panorama degli *YouTubers* di casa nostra è piuttosto vario e articolato. Al fianco dei tantissimi che producono video comici e web-serie, troviamo chi dà consigli sul trucco, chi fa finta di essere un critico cinematografico e chi fa graffiante satira politica.

Se nel nostro Paese sono i comici a dominare la scena di YouTube, dall'altra parte dell'oceano i *videogame* (e chi li recensisce) non conoscono rivali. Ai primi quattro posti della classifica degli *YouTubers* più visti al mondo troviamo ben tre appassionati di videogiochi. Tutti e tre affrontano l'argomento da un punto di vista molto particolare e soggettivo, raccontando in "diretta" le loro sensazioni e le loro impressioni sugli ultimi titoli arrivati sugli scaffali. In molti potranno notare delle affinità tra lo stile dei tre e quello degli italiani e, forse, non è un caso che tutti abbiano fatto registrare un grande successo, tanto in Italia, quanto all'estero. Anche la comicità, però, ha i suoi degni rappresentanti. Alcuni contano diverse centinaia di milioni di visualizzazioni mensili a testa: merito delle loro gag e del loro umorismo tagliente, apprezzato tanto in patria quanto all'estero.

adattato da: *www.fastweb.it*

❷ GDPR e Privacy, la tutela del consumatore prima di tutto

La nuova normativa obbliga pubbliche amministrazioni ed aziende private (telefonia, luce gas, televisione ecc.), con sede nel territorio europeo, a rispettare una serie di leggi inerenti al trattamento dei dati sensibili dei cittadini introducendo regolamenti innovativi come: il trattamento dei dati genetici e socio-culturali o la garanzia del diritto all'oblio inerente alla singola azienda che detiene quelle informazioni. Il nuovo regolamento interviene

anche in materia di attacchi informatici, ogni soggetto interessato infatti dovrà regolamentare e proteggere i dati sensibili dei cittadini garantendo il nuovo standard prefissato dall'Europa tramite procedure e controlli mirati.

Per quanto concerne il consumatore invece, il GDPR prevede una maggior tutela per tutti; a partire dai minori di 16 anni, che potranno agire in materia di protezione della privacy sotto autorizzazione del genitore

o di chi ne abbia la potestà. Vi è poi l'introduzione dei dati a scadenza e cioè che i dati forniti alle imprese per la sottoscrizione di un contratto saranno di loro proprietà per un tempo stabilito nel contratto stesso, troveremo questo dato in ogni informativa sulla privacy che firmeremo. Al consumatore verrà finalmente riconosciuto il diritto di chiedere informazioni alle aziende sui dati in loro possesso e sull'uso che ne viene fatto, con la possibilità

di richiederne in qualsiasi momento la cancellazione o la limitazione dell'utilizzo (diritto all'oblio).

adattato da: *www.konsumer.it*

Lessico utile

concorso di bellezza
giuria
vanità ❷ vanitoso
distinguersi
aspirante modella ❶ modello
requisito

sponsor ❶ produttore
apparenza ❶ aspetto esteriore
passerella
canoni di bellezza
donna grissino ❶ filiforme
curve
ciccia
pregi
difetti

accettarsi
chirurgia plastica ❶ estetica
bisturi
rughe
liposuzione
cuscinetti di grasso
curare il fisico
estetista ❶ centro estetico
trucco ❷ truccarsi

9. Tu che rapporto hai con la bellezza? Cosa significa secondo te essere belli e cosa fai e faresti per raggiungere tale ideale?

10. Una persona a te molto cara e vicina ha deciso che, per risolvere i suoi problemi di insicurezza, vuole sottoporsi a un intervento di chirurgia estetica. Tu sei contrario e sei fermamente convinto che non ne abbia affatto bisogno:

   ◆ spiegale quelli che secondo te sono i contro di tale scelta radicale;

   ◆ convincila che forse non è il modo migliore per risolvere i suoi problemi;

   ◆ proponile alternative motivanti che possano farle cambiare idea.

1. Osserva la foto in alto, descrivila e commentala insieme ad un compagno.

2. Cosa pensi dei concorsi di bellezza? Sei pro o contro? Che idea hai delle ragazze e dei ragazzi che vi partecipano?

3. Commenta la seguente frase della scrittrice italiana Dacia Maraini: "La bellezza non è qualcosa per cui si gareggia: ciascuno ha qualcosa di bello da scoprire; l'attenzione è la chiave della scoperta."

4. Osserva e descrivi il grafico a destra, poi commentalo con un compagno. Cosa risponderebbero le donne del tuo Paese?

5. Leggi il primo testo, riassumilo e commentalo. Puoi preparare una scaletta con i punti principali.

6. Come è cambiato secondo te l'ideale di bellezza nel tempo e nelle diverse società? A cosa sono dovuti tali cambiamenti? Discutine con un compagno.

7. Diete superveloci, istituti di bellezza, pillole dimagranti, chirurgia estetica: cosa ne pensi?

8. Negli ultimi anni gli uomini curano sempre di più il proprio fisico. Leggi il secondo testo, riassumilo e commentalo insieme a un compagno.

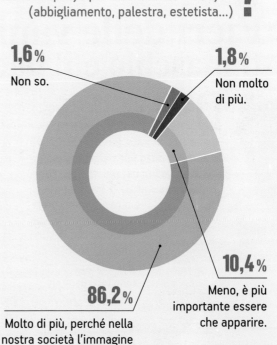

Rispetto a 10 anni fa, quanto tempo e denaro impieghi per curare la tua immagine (abbigliamento, palestra, estetista...) ❓

1,6%
Non so.

1,8%
Non molto di più.

86,2%
Molto di più, perché nella nostra società l'immagine conta parecchio.

10,4%
Meno, è più importante essere che apparire.

1

Svelati i cambiamenti del corpo femminile dall'antichità fino al XXI secolo.

"Definire il Bello è facile: è ciò che fa disperare." Questa è solo una delle tante citazioni che parlano della bellezza, un concetto astratto, ma allo stesso tempo talmente concreto da essere presente in ogni parte della nostra vita e della storia. Si considera bella un'opera d'arte, un paesaggio, un uomo o una donna, ed è proprio della bellezza femminile che si parla. **Recentemente, è stato infatti pubblicato un video che mostra i cambiamenti che il corpo femminile ha subìto per rientrare nei canoni di bellezza propri di una determinata epoca.** Infatti, come molti ben sapranno, la "donna-grissino" non è sempre andata di moda. Ci sono epoche, come il Rinascimento italiano o l'età vittoriana inglese, dove le curve abbondavano e, soprattutto, piacevano! Ma, ahimè, come ogni moda che si rispetti, anche quella del "curvy è bello" è stata destinata a sparire. Chissà, magari tra qualche decennio se ne potrà riparlare.

In realtà, parlando di bellezza, c'è un'altra citazione che dovremmo considerare fondamentale: "*Il mondo è bello perché è vario*". È vero, non tutte hanno avuto la "fortuna" di nascere filiformi, oppure di mangiare fino ad avere i crampi senza poi mettere su nemmeno un etto, ma questo non vuol dire che ci si dovrebbe vergognare del proprio aspetto! Avere qualche curvetta in più sul corpo, che per alcuni è vera e propria "ciccia", non dovrebbe causare nessun tipo di disagio.

La verità è che, al giorno d'oggi, siamo tutti bombardati da un ideale di bellezza femminile che, nella maggior parte dei casi, è frutto dell'elaborato cervello di un computer. Di conseguenza, spesso e volentieri sorge spontaneo associare in un'equazione la bellezza con la finzione. Ma è forse giusto così? È giusto raggiungere un ideale impossibile perdendo di vista quello che è il nostro essere belli? Forse non molto.

Tuttavia, c'è un trucco davvero efficace che funziona quasi sempre ed è accettarsi. Sì, perché quando qualcuno si accetta, con tutti i pregi e i difetti sia fisici che interiori, vuol dire che è arrivato ad amarsi, ad amare ogni centimetro del proprio corpo, anche quel chiletto in più che prima ci dava tanto fastidio. Amarsi vuol dire essere un buon amico per sé stessi, capirsi, e soprattutto capire che la propria bellezza risiede nella diversità dal resto del mondo. Una volta capito questo, accettarsi diventerà semplice, quasi spontaneo. E allora sì che quei chili di troppo o quella pancetta in più non saranno più un problema, né per sé stessi né per gli altri. Scoprite chi siete e non abbiate paura di esserlo.

D'altronde la bellezza, quella vera, la si fabbrica col cuore. E chi lo sa se prima o poi questo concetto non diventerà una moda, magari permanente.

2 Fieri delle vanità
Il maschio e il boom della chirurgia estetica

Dopo due anni passati in palestra, Norberto P., 29 anni, ingegnere milanese, era seriamente preoccupato: a nulla serviva sacrificare la pausa pranzo per sudare tra piegamenti ed esercizi addominali. "Quei due cuscinetti rimanevano e Rossana, la mia ragazza, mi prendeva in giro ogni volta che uscivo dalla doccia. Così mi sono deciso, sono andato dal chirurgo e me li sono fatti aspirare".

L'ingegnere milanese, un uomo giovane, realizzato e ricco, fa parte dell'esercito dei 100 mila maschi italiani che l'anno scorso hanno sfidato la paura del ridicolo e hanno bussato all'ambulatorio del chirurgo estetico, determinati a tornare fieri del proprio fisico. Un'ondata di neoedonismo maschile che è stata studiata dalla Società di chirurgia estetica italiana. Riuniti all'XI congresso di Chirurgia estetica, svoltosi a Roma, i medici hanno concluso che i pazienti maschi che si sono sottoposti a trattamenti estetici sono aumentati di un sorprendente 50 per cento nell'arco degli ultimi due anni. Il presidente dei maghi del bisturi, Ermete de Longis, è entusiasta: "Finalmente l'uomo ha capito che l'aspetto è un biglietto da visita e si concede al piacere, finora femminile, della correzione dei propri difetti".

Insomma, l'uomo sembra aver appreso l'arte di guardarsi allo specchio, radiografando ogni centimetro di ciccia, ogni ruga e ogni peletto di troppo. E in questo nuovo rito, avverte il chirurgo milanese Giorgio Fischer, "il maschio è sempre più stimolato a confrontarsi con i modelli proposti dai media". In ogni caso il business della vanità maschile è ormai al top e l'offerta di trattamenti è davvero sconfinata.

tratto da: Panorama

17 | Tecnologie tra presente e futuro

Lessico utile

innovazione
nativi digitali
immigrati digitali
ipertecnologico

condividere
collegamento ➔
collegare **0** collegarsi
connessione ➔
connettere **0** connettersi
dispositivo
smartphone

tablet
tastiera **0** tasti
monitor **0** schermo **0**
touchscreen
cliccare
software
app ⊜ applicazione

wireless ⊜ senza fili
sito web **0** sito internet
portale
multimediale
interattivo
dipendenza

1. Osserva la foto in alto, descrivila e commentala con un compagno.

2. Il computer e internet sono sicuramente tra le invenzioni a maggior impatto sull'evoluzione dell'uomo. Individua le ricadute positive e negative che tali innovazioni tecnologiche hanno avuto sulla società e confrontati con un compagno.

3. Il computer stesso ha subìto una rapida evoluzione e da ingombranti e costosissimi elaboratori si è arrivati in pochi anni ad avere strumenti come gli smartphone, piccoli, maneggevoli, alla portata di tutti e che consentono di entrare in contatto immediato con il mondo intero. Quali ritieni siano i pro e i contro dell'utilizzo di questa tecnologia "intelligente"? Discutine con un compagno, facendo riferimento anche alla tua esperienza diretta.

4. Osserva la foto a destra, descrivila e commentala con un compagno.

5. Tu come ti definiresti, "nativo digitale" o "immigrato digitale"? Secondo te, cosa hanno di diverso le due tipologie di utenti? Quali suggerimenti daresti a tutti coloro che sono "nati prima" del computer e di internet? Confrontati con un compagno.

6. Leggi e riassumi il primo testo. Secondo te, sono fondati i timori sull'uso precoce dello smartphone? Cosa suggeriresti ai genitori e ai ragazzi?

7. Commenta la seguente frase del noto scrittore di fantascienza Isaac Asimov: "È difficile che la scienza e la tecnologia, nelle loro linee generali, superino la fantascienza. Ma in molti, piccoli e inattesi particolari vi saranno sempre delle sorprese assolute, a cui gli scrittori di fantascienza non hanno mai pensato."

8. Leggi il secondo testo e commentalo. Che legami ci sono secondo te tra consumismo e nuove tecnologie? Pensi che fra 5 anni potremo avere le stesse idee-regalo oppure le proposte tecnologiche saranno diverse? Parlane con un compagno.

9. Quali sono secondo te i settori della vita che maggiormente necessitano dell'uso delle nuove tecnologie e quali ne sono influenzati in maniera negativa? Discutine con un compagno.

10. Sei il rappresentante di un'istituzione scolastica e avete deciso di investire verso una scuola digitale, eliminando completamente i libri di testo a favore di tablet e PC. Ti incontri con un rappresentante dei genitori, i quali non vedono di buon occhio tale prospettiva:

   ◆ illustragli il vostro progetto e le motivazioni che vi spingono ad attuarlo;
   ◆ spiegagli che i pro sono maggiori dei contro;
   ◆ convincilo ad avere l'appoggio dei genitori.

tratto da: www.mytech.panorama.it

TROPPO SMARTPHONE FA MALE AI BAMBINI: APPLE AIUTI I GENITORI

Se le giovani generazioni stanno diventando sempre più dipendenti dai mezzi digitali, e in particolare dagli smartphone, la colpa è anche dei produttori. Sempre pronti a enfatizzare i benefici delle nuove tecnologie, ma un po' meno reattivi quando si tratta di valutarne le controindicazioni. A lanciare l'allarme non è un gruppo di ricercatori e nemmeno la solita associazione di genitori un po' ansiosi, bensì due grandi fondi d'investimenti americani, azionisti di Apple.

Distrazione, insonnia, depressione, suicidio: ecco cosa rischiano i giovani che si attaccano al cellulare. Insomma, nonostante i lauti guadagni ricevuti in dote (solo l'anno scorso le azioni Apple sono cresciute di oltre il 50%), gli azionisti temono che la società di Cupertino - così come tutti gli altri produttori di tecnologia - stia sottovalutando i rischi associati alla diffusione degli strumenti hi-tech a tutti i livelli sociali, e in particolare sulle fasce di utenti più giovani.

Un consiglio etico ma non certo scevro da implicazioni più concrete, soprattutto nel medio e lungo termine. In un'era in cui la reputazione si costruisce curando ogni minimo dettaglio della catena del valore, sembrano voler suggerire i due investitori, Apple non può permettersi il rischio di ignorare l'impatto che l'iPhone, l'iPad e tutti gli altri iGadget avranno sugli utenti del

futuro. Tanto più se si considerano i recenti trascorsi della società di Cupertino, che ha sempre cercato di distinguersi per la qualità delle sue politiche ambientali, di lavoro e, più in generale, di *social responsability*. La soluzione? Applicazioni che aiutino i genitori a controllare tempo e qualità delle connessioni.

Il contributo di Apple alla causa dovrebbe tradursi nello sviluppo di software e applicazioni per il controllo parentale: «*Non stiamo sostenendo un approccio del tipo o tutto o niente*», si legge nella lettera inviata dai due investitori. Le opinioni degli esperti su questo tema sono variabili, ma sembra esserci un consenso sul fatto che l'obiettivo per i genitori dovrebbe essere quello di garantire la quantità e il tipo di accesso ottimali per lo sviluppo, in particolare considerando i benefici educativi che i dispositivi mobili possono offrire. «*Pensiamo al beneficio in termini di reputazione che può dare una collaborazione con i genitori per offrire loro più opzioni per proteggere la salute e il benessere dei propri figli*».

L'utilizzo di soluzioni per moderare l'uso del cellulare, insomma, potrebbe giovare sia agli utilizzatori che ad Apple. Oltre che prevenire una possibile richiesta di intervento da parte delle istituzioni.

❷ Natale, regali hi-tech ma low cost? Si può!

Basta mettere da parte smartphone e tablet e puntare sugli accessori

I prezzi stanno scendendo: questo Natale i prodotti tecnologici, secondo l'Osservatorio Federconsumatori, costeranno in media il 2% in meno. Regalare uno smartphone o un tablet, però, potrebbe essere troppo impegnativo per i nostri portafogli. Ma non è detto che si debba accantonare l'idea di un regalo hi-tech. Basta puntare sugli accessori che consentono di accontentare gli appassionati senza spendere una fortuna. Con una ventina di euro, ad esempio, si può portare a casa un proiettore in cartone per smartphone, o un paio di guanti capacitivi per digitare sugli schermi touch senza congelarsi le mani, o ancora un braccio telescopico per scattare selfie panoramici, o un caricabatterie portatile per dispositivi mobili, utile a chi passa gran parte della giornata in movimento.

Spendendo un po' di più, dai 30 ai 60 euro, si può mettere sotto l'albero una penna per scrivere sul tablet come fosse un foglio di carta, o una tastiera wireless pensata per gli amanti dei videogiochi, o un altoparlante senza fili per ascoltare musica in movimento, anche sotto la doccia o nella natura, se si sceglie un modello resistente ad acqua e polvere. Con questa cifra si può anche trasformare un pollice nero in pollice verde, regalando un sensore che aiuta a prendersi cura delle piante. Se il budget arriva a 100 euro, infine, si può far contento un amante degli orologi con uno smartwatch, o gli appassionati di volo con un drone non professionale ma perfetto per fare pratica con i radiocomandi.

tratto da: www.repubblica.it

Lessico utile

divario generazionale
mentalità
incomprensione
rapporti interpersonali
minorenne ⊘ maggiorenne
maturo ❯ maturità ❯ maturare
gioventù ❶ giovinezza
valori ❶ ideali
punti di riferimento
ottimismo ⊘ pessimismo
coetaneo
conformismo ❶ omologazione
fregarsene di
menefreghismo ❶ indifferenza
disinteresse ❶ passività
angoscia ❶ inquietudine
aspirazioni
ambizioni
delusioni cocenti
prospettive future
valorizzazione ❯ valorizzare
aspettative
capacità ❶ competenza
occupazione ⊘ disoccupazione
appartenenza sociale
supporto
incertezza ❶ disorientamento
adattarsi ❯ adattamento

1. Osserva l'immagine in alto e commentala con un compagno. Cosa unisce i giovani tra di loro?

2. Osserva l'immagine in basso, descrivila e commentala con un compagno. Cosa vi suscita?

3. Confronta le due immagini: i giovani tra di loro hanno dei punti in comune che li rendono apparentemente omologati e altri diversi che li distinguono. Riesci a individuarne alcuni? Scambiati idee con un compagno.

4. Cos'è il divario generazionale e a cosa è dovuto, secondo te? È più o meno ampio tra le generazioni di oggi rispetto a quelle del passato? Motiva le tue risposte.

5. Insieme a un compagno prova a tracciare un identikit del giovane di oggi: quali sono le sue ansie, le sue paure, i suoi sogni, i suoi ideali? Secondo voi, è così in tutti i Paesi? Parlatene.

6. Leggi l'articolo alla pagina seguente e riassumilo. Puoi elaborare una scaletta con i punti chiave.

7. Che ne pensi delle difficoltà che i giovani italiani provano nel progettare il loro futuro di indipendenza e nel seguire i propri sogni? Hai avuto o hai difficoltà simili? Come credi che sia la situazione nel tuo Paese? Discutine con un compagno.

8. Osserva l'infografica alla pagina seguente, interpretala e commentala. Ci sono dati che ti colpiscono in modo particolare?

9. Insieme a un compagno immaginate i risultati di una simile indagine fatta nei vostri Paesi, motivandoli.

10. Discuti con un tuo amico che afferma che il problema dei giovani è la superficialità, il fatto che sono cresciuti all'interno di una società "usa e getta" e che vogliono tutto e subito senza impegnarsi. Tu non sei completamente d'accordo con il suo modo di vedere la situazione:

    ◆ esprimi il tuo parere contrario motivando le tue affermazioni;

    ◆ cerca un punto di vista comune con lui;

    ◆ informalo sulle possibili motivazioni sociali che possono trovarsi dietro il comportamento dei giovani apparentemente incomprensibile.

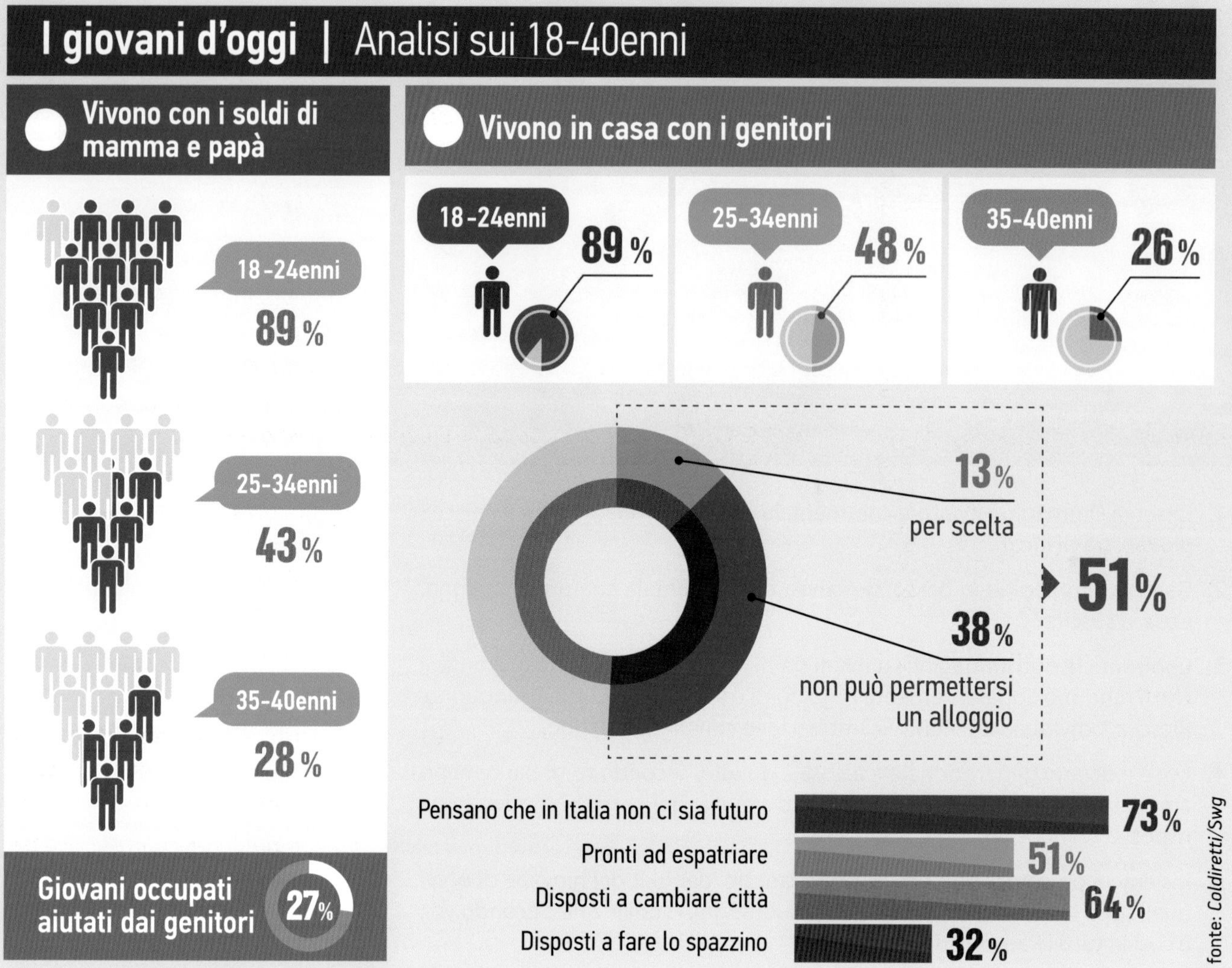

I giovani d'oggi | Analisi sui 18-40enni

● Vivono con i soldi di mamma e papà

18-24enni
89 %

25-34enni
43 %

35-40enni
28 %

Giovani occupati aiutati dai genitori **27** %

● Vivono in casa con i genitori

18-24enni **89** %

25-34enni **48** %

35-40enni **26** %

13 %
per scelta

38 %
non può permettersi un alloggio

51 %

Pensano che in Italia non ci sia futuro **73** %
Pronti ad espatriare **51** %
Disposti a cambiare città **64** %
Disposti a fare lo spazzino **32** %

fonte: Coldiretti/Swg

LE NUOVE GENERAZIONI TRA 'CERCHIO MAGICO' E DELUSIONI COCENTI

È attraverso le nuove generazioni che una società mette in collegamento le condizioni del presente con le prospettive del futuro. Nessun futuro di qualità può essere raggiunto senza partire dal riconoscimento e dalla valorizzazione delle specifiche doti dei giovani all'interno di una linea coerente di sviluppo.

I dati dell'indagine «Rapporto giovani» – promossa dall'Istituto G. Toniolo e finanziata da Fondazione Cariplo e Intesa San Paolo – ci dicono prima di tutto che le nuove generazioni italiane non vedono le proprie capacità e competenze adeguatamente promosse e valorizzate nella società in cui vivono.

I dati ci dicono che il 70% dei giovani intervistati vede il proprio domani pieno di rischi e incognite. Tre su quattro rinunciano a programmare il proprio futuro per affrontare le insidie del presente. Lo sforzo maggiore è sempre di più quello di trovare un'occupazione dignitosamente retribuita, rinviando nel medio-lungo periodo l'obiettivo di un lavoro che consenta di valorizzare al meglio le proprie doti.

Solo poco più di un giovane su quattro ritiene che la maggior parte delle persone sia degna di fiducia. Valori elevati si trovano solo nei confronti del «cerchio magico» costituito da familiari e amici più stretti. Se nel complesso si conferma il ruolo di sostegno strumentale ed emotivo della famiglia di origine, a rafforzarsi è soprattutto la figura materna mentre appare in crisi quella paterna.

Quello di cui dichiarano di aver bisogno gli intervistati è soprattutto una persona che sia in grado di essere vicina e che li supporti in modo disinteressato, che fornisca comprensione e aiuti a far ca-

pire i propri errori senza però far pesare il giudizio. Emerge in ogni caso un forte desiderio di interazione e di confronto aperto con gli altri, da cui trarre consigli, ma più come dialogo alla pari tra persone in sintonia che in modo prescrittivo. Difficilmente trovano questo rapporto con le vecchie generazioni, fatta eccezione per la figura materna.

In definitiva, le nuove generazioni italiane si trovano a compiere i passi di entrata nella vita adulta in condizione di particolare incertezza e disorientamento. Negli ultimi anni, anziché protagonisti attivi di un'Italia che cresce, si sono sempre più trovati ad essere spettatori passivi di un Paese in declino. Un destino non inevitabile e che, prima di ogni altro, i giovani stessi rifiutano, mostrando una forte disponibilità a farsi parte attiva di progetti di cambiamento e rilancio verso un futuro all'altezza delle proprie ambizioni e potenzialità. Ma prima di tutto deve essere il Paese a dimostrare, con opportunità concrete e strumenti adeguati, di credere in loro.

tratto da: www.ilsussidiario.net

19 | Spazio e vita extraterrestre

Samantha Cristoforetti (astronauta italiana)

Lessico utile

spazio ❶ universo ❶ cosmo
conquista dello spazio
scoprire ❶ esplorare
astronave ❶ navicella
spaziale
lancio ❷ lanciare
stazione ❶ colonia spaziale
telescopio
sonda spaziale
(NASA) Agenzia spaziale
americana
Agenzia Spaziale Europea
(ESA) ❶ Italiana (ASI)
astronauta
missione spaziale
sistema solare
galassia
pianeta

satellite
in orbita ❷ orbitare
astronomia ❷ astronomo
❷ astronomico
alieno ❶ marziano ❶
extraterrestre
UFO (oggetto volante
non identificato) ❶ disco
volante
avvistamento
rapimento alieno
fantascienza ❷
fantascientifico
umanoide
microrganismo

1. Osserva la foto in alto, descrivila e commentala.

2. Missioni nello spazio, nuove stazioni spaziali, colonie umane sulla Luna, telescopi sempre più potenti; perché l'uomo è sempre stato così attratto dallo spazio? Confrontati con un compagno.

3. Finora la "corsa allo spazio" ha dato all'umanità grandi conquiste e soddisfazioni; secondo te, quali sono state le tappe più importanti della storia spaziale? Parlane con un compagno.

4. Per il finanziamento delle numerose missioni spaziali si sono spese somme in tutti i sensi "astronomiche". C'è chi pensa che si tratti di soldi buttati e che si sarebbero potuti investire in altri campi. Qual è la tua opinione? Motiva la tua risposta.

5. Alcune scoperte scientifiche legate allo spazio hanno portato a delle applicazioni pratiche nella vita quotidiana: puoi fare qualche esempio? Parlane con un compagno.

6. Osserva la foto a destra, descrivila e commentala. Che impatto pensi potrebbe avere, sulla nostra vita, la certezza della presenza di altre vite intelligenti nell'Universo?

7. Leggi il primo testo e riassumilo oralmente. Tu credi ci siano altre forme di vita intelligenti nell'Universo? Scambia le tue idee con un compagno.

8. Per molte persone la continua ricerca di presenza di vita nello spazio cosmico è una perdita di tempo e di denaro. Scambia le tue opinioni in merito con un compagno.

9. Leggi il testo della canzone *Ex. T. Blu* di Luca Carboni alla pagina seguente (puoi anche ascoltarla su YouTube). È un testo con un significato molto profondo. Secondo te, quale messaggio ci vuole comunicare? Commenta con il resto della classe i versi che più ti hanno colpito.

10. Prepara una scaletta sulle scoperte scientifiche degli ultimi 100 anni per te più rilevanti e presentale alla classe evidenziando i vantaggi economici, culturali e sociali, dando degli esempi di applicabilità nella vita quotidiana.
Al termine delle singole presentazioni segue un dibattito.

1

La NASA oltre la fantascienza:
"Tra 20 anni troveremo vita aliena"

Siamo soli nell'Universo? Alzi la mano chi non se l'è chiesto almeno una volta nella vita. Una domanda importante, che secondo gli scienziati della NASA potrebbe presto avere una risposta. Alla luce delle nuove scoperte dei telescopi a terra e nello spazio, gli scienziati credono di essere molto vicini a scoprire le prove della vita extraterrestre. Potrebbe anche non trattarsi di vita intelligente come la conosciamo, ma anche se si trattasse di forme più semplici sarebbe comunque una scoperta rivoluzionaria per tutta l'umanità. È ormai diffusa la convinzione che sia altamente improbabile che noi umani siamo soli nella sconfinata vastità dell'Universo.

Sebbene la NASA stia cercando tracce di vita nel Sistema Solare, ad esempio su Marte, la discussione è concentrata sulla ricerca della vita sui pianeti extrasolari. L'entusiasmo degli scienziati, che può apparire esagerato, appare ragionevole alla luce delle più recenti scoperte nel settore. Considerato che i primi pianeti extrasolari sono stati scoperti solo negli anni Novanta, gli scienziati hanno fatto passi da gigante. Gran parte di questi progressi si devono a Kepler, il telescopio spaziale "cacciatore di pianeti" lanciato dalla NASA nel 2009. Grazie a sofisticati strumenti, Kepler ha condotto alla scoperta di quasi un migliaio di pianeti e fornito una lista di circa 3000 nuovi candidati planetari. Kepler ha svelato una moltitudine di pianeti estremamente diversi fra loro, fra cui oggetti grandi come la Terra o che si trovano nella fascia di abitabilità, ovvero a una distanza dalla propria stella tale da poter ospitare acqua allo stato liquido. Nei prossimi anni, sostengono gli esperti della NASA, i telescopi di nuova generazione potranno non solo scovare un vero gemello della Terra, ma persino trovare le prove che quel pianeta ospita la vita.

Un protagonista di questa affascinante ricerca sarà senza dubbio il telescopio spaziale James Webb, che la NASA prevede di lanciare molto presto e che si troverà in un punto di osservazione privilegiato. Non orbiterà infatti intorno alla Terra ma verrà inviato a un milione e mezzo di chilometri dalla Terra. Secondo gli scienziati, gli strumenti del James Webb sono così sofisticati da poter analizzare l'atmosfera dei pianeti extrasolari, evidenziando le impronte chimiche della vita, ovvero la presenza di quei gas che possono essere solo prodotti da organismi viventi. Con il James Webb abbiamo la capacità di trovare la vita su altri pianeti, ma dobbiamo essere fortunati ricorda Sara Seager, planetologa del Massachusetts Institute of Technology, perché scovare pianeti piccoli come la Terra è una grande sfida, ma si è molto vicini, in termini di scienza e tecnologia.

Insomma, secondo gli scienziati la fatidica scoperta arriverà prima o poi e, grazie a un lontano cugino della Terra, potremo forse sentirci meno soli nel cosmo.

tratto da: www.m.repubblica.it

Ex. T. Blu

2

Viene giù, l'extraterrestre
guarda là, è blu con le antenne.
La TV è lì che lo riprende
proprio lui, l'extraterrestre ormai è qua.
Bianchi, neri, rossi e gialli, fratelli
fratelli del mondo, contro!
Eccolo lì che viene giù
... forse è venuto per portarci un sogno.
Guardalo lì che viene giù
... o forse solo per darci una mano.
Ma cosa facciamo se viene giù?
... o forse perché ha bisogno.
È già qua, l'extraterrestre
viene giù, viene giù da un
pianeta lontano.
La TV dice che mangia i soldi di
tutti i terrestri.
Sparagli adesso che viene giù!
... forse è venuto per portarci un
sogno
Sparagli prima che tocchi giù!
... o forse perché ha bisogno.
Mettilo in croce come Gesù...!

Luca Carboni

Lessico utile

empatia

provare affetto ❶ voler bene

rispetto ❶ stima

autostima ❷ disistima

istinto sessuale

attaccamento morboso

gelosia ossessiva

intolleranza ❶ esclusione

persecuzione psicologica

aggressività ❶ prepotenza

maltrattamenti fisici

molestie morali ❶ sessuali

misoginia ❷ misogino

sessista ❷ non sessista

sottomissione fisica ❶ psicologica

femminicidio

mobbing genitoriale

mobbing gerarchico ❶ ambientale ❷ mobbizzare

sopruso psicologico

isolamento sistematico

intento persecutorio ❶ premeditazione

bullismo ❶ cyberbullismo

sopraffazione

evento stressogeno

disturbo post traumatico

prevenzione

centri antiviolenza

---

1. Osserva l'immagine in alto. Quali emozioni ti suscita?

2. Nell'era del web, la violenza corre anche in rete. Le donne e gli adolescenti sono le principali vittime di persecuzioni e vessazioni che si scatenano sui social network. Conosci persone che sono state vittime di cyberbullismo o di molestie informatiche? Esprimi le tue opinioni parlandone con un compagno.

3. La diffusione dei *social media* spesso alimenta un bisogno di visibilità sociale, come postare o condividere immagini e contenuti, così come cercare consensi con i *like*. Questi comportamenti costituiscono esempi di un esibizionismo mediatico che spinge alcuni adulti e minori ad atteggiamenti disinibiti, volgari o minacciosi. Quali misure pensi si possano adottare per evitare questo uso scorretto dei *social media*? Parlane con un compagno.

4. Osserva l'immagine a destra e descrivi cosa vedi, ricostruendo gli eventi e spiegando le emozioni e i sentimenti che conseguono ad atti di bullismo.

5. Con un compagno discuti delle cause delle forme di violenza morale, psicologica e fisica che ci sono in famiglia, a scuola e nei luoghi di lavoro.

6. Leggi il primo testo in cui sono suggerite tre azioni da adottare per contrastare il bullismo. Quali potrebbero essere, in pratica, le azioni educative che insegnanti e genitori dovrebbero compiere? Discutine con un compagno.

7. «*Amor con amor si paga, chi con amor non paga, degno di amar non è*»: questi sono celebri versi di Francesco Petrarca. Rifletti sul concetto di amore e parla con un compagno di quali sono le manifestazioni contrarie a questo sentimento.

8. Leggi il secondo testo e riassumilo oralmente. Parla con un compagno delle possibili cause che provocano atti di violenza in un rapporto di coppia che, per principio, dovrebbe essere basato sul rispetto, la stima e l'amore reciproco.

9. Nel tuo Paese avvengono atti di bullismo fra studenti, di molestie sessuali o di mobbing sul posto di lavoro? Parlane con un compagno.

10. Sei in ufficio e un tuo (o una tua) collega ti sottopone a continui maltrattamenti verbali e ti costringe a compiere azioni che non rientrano nelle tue mansioni (come pulire il bagno sporcato di proposito). Tutto questo ti sta provocando malessere fisico e soprattutto psichico ma hai deciso di porre fine a questa situazione chiedendo aiuto a un Centro antiviolenza, dove trovi una persona molto comprensiva e accogliente.

   Ⓐ Sei A e hai paura di raccontare ciò che ti sta accadendo, temi di peggiorare la tua posizione in ufficio o di perdere il lavoro ma l'assistente ti aiuta ad aprirti e a esporre il caso con serenità.

   Ⓑ Sei B e aiuti la vittima a parlare degli atti di violenza subiti e soprattutto a raccontare le sue emozioni, i suoi malesseri e i disagi che compromettono la sua vita quotidiana.

tratto da: *www.savethechildren.it*

❶ Bullismo: cosa può fare il mondo della scuola

Si parla spesso di violenza fra i banchi di scuola e atti di bullismo. Fenomeno, questo, che non va sottovalutato, in ogni sua manifestazione, perché può avere un forte impatto sociale, emotivo e psicologico sulla vita di bambini e adolescenti, fino ad avere conseguenze drammatiche. È una dinamica purtroppo comune che si lega strettamente ai bisogni della crescita espressi in modo problematico, come la paura di essere esclusi o la ricerca dell'ammirazione degli altri. È inoltre legata a una persistente cultura basata sull'intolleranza e la stigmatizzazione della diversità che è difficile da estirpare. Per un'efficace azione di contrasto, bisogna quindi prevenire, riconoscere e gestire il fenomeno: sono queste le tre priorità che il mondo della scuola può e deve darsi.

Prevenire. Attraverso attività educative in grado di migliorare il clima di classe, agire sulle dinamiche relazionali, promuovere le competenze emotive che rafforzano la capacità di mettersi nei panni degli altri (empatia) e consentire, inoltre, la partecipazione ai processi di definizione di regole comuni.

Riconoscere. Attraverso un'attenzione costante ai fattori di rischio e alle dinamiche relazionali in atto nel contesto classe, è fondamentale la formazione dei docenti per il riconoscimento del bullismo come fenomeno specifico, rispetto ad altri tipi di violenza.

Gestire. Dotare la scuola di un sistema che stabilisca ruoli, azioni e responsabilità, in modo da consentire a tutti gli adulti di intervenire e gestire immediatamente i casi conclamati di bullismo, di attivare risposte per tutti i soggetti coinvolti (vittima, bullo/a, spettatori), di attivare un'alleanza educativa attraverso il coinvolgimento di tutti i genitori in ogni fase del processo, in un'ottica di mediazione delle conflittualità.

❷ Maltrattamenti sulle donne: come funzionano i Centri antiviolenza

Molto spesso le donne che subiscono violenze in famiglia non sanno come uscire da questa situazione, si sentono sole. Ma esiste in Italia, come nel resto d'Europa, una rete di aiuto che prende in carico le vittime di violenza domestica fin dall'inizio e le accompagna in tutto il percorso di fuoriuscita dalla situazione violenta. Con case-rifugio e assistenza psicologica e legale. Ma una donna spaventata, maltrattata, umiliata cosa può fare? Può rivolgersi oggi a un Centro antiviolenza che raccoglie la richiesta di aiuto delle vittime di abusi domestici. Si tratta di una rete, fatta di altre donne, che cerca di far fronte a questa crescente richiesta di protezione e di aiuto. In Italia come in Europa, sono migliaia le associazioni che gestiscono Centri antiviolenza.

Se è vero che dopo il 2013 nel nostro Paese sono state inasprite le pene, se sono state introdotte aggravanti (quando la violenza è commessa all'interno di una relazione affettiva), se oggi è previsto l'arresto in flagranza obbligatorio nelle ipotesi di stalking, se la legge dispone che il maltrattante sia allontanato dalla casa familiare, nella realtà tuttavia il sistema non tutela abbastanza la vittima. Non funziona ancora come dovrebbe. Sul fronte delle nuove migrazioni, poi, è anche peggio. Le migranti sono oggi le vittime in assoluto più vulnerabili e indifese.

Come si argina la mattanza, ce lo dicono le operatrici impegnate tutti i giorni sul campo. La voce unanime dei Centri è che occorre, sopra ogni altra cosa, uno sguardo sulla violenza di genere che non si fermi più al solo livello dell'emergenza. Serve che la politica capisca che il fenomeno si debella solo con interventi strutturali. Non bastano più le giornate commemorative, non è più tempo. Serve altro, serve impegno. E unità d'intenti.

tratto da: *www.temi.repubblica.it*

21 | Disturbi alimentari

1. Osserva la foto a sinistra e descrivila. Cosa ti fa pensare e che emozioni ti suscita?

2. Cosa sai dei disturbi alimentari come l'anoressia e la bulimia? Chi sono secondo te le persone più colpite? Scambia informazioni con un compagno.

3. Osserva la foto in basso, descrivila e discutine con un compagno.

4. Immagini di donne e modelle troppo magre sono molto consuete negli ultimi anni: perché secondo te e cosa pensi di questo ideale di bellezza?

5. Leggi il primo testo e commentalo insieme a un compagno.

6. Leggi e commenta il seguente brano tratto dal libro *Volevo essere una farfalla*, della scrittrice e filosofa italiana Michela Marzano:
   "L'anoressia non è come un raffreddore. Non passa così, da sola. Ma non è nemmeno una battaglia che si vince. L'anoressia è un sintomo. Che porta allo scoperto quello che fa male dentro. La paura, il vuoto, l'abbandono, la violenza, la collera. È un modo per proteggersi da tutto ciò che sfugge al controllo. Anche se a forza di proteggersi si rischia di morire. Io non sono morta. Oggi ho quarant'anni e tutto va bene. Perché sto bene. Cioè... sto male, ma male come chiunque altro. Ed è anche attraverso la mia anoressia che ho imparato a vivere."

7. Leggi il secondo testo e riassumilo oralmente. Puoi preparare una scaletta del discorso.

8. Da ciò che hai letto finora e in base alle tue conoscenze ed esperienze, quali potrebbero essere le cause di tali disturbi comportamentali? Confrontati con un compagno.

9. Guarire dall'anoressia e dalla bulimia, attraverso percorsi terapeutici che coinvolgono il paziente e le persone che gli sono vicine, è possibile. Il primo passo verso la guarigione è riconoscere la presenza del problema, che però all'inizio viene spesso ignorato o sottovalutato. Quali sono, secondo te, i primi campanelli di allarme che dovrebbero far sospettare un genitore, un amico o un educatore e in che modo queste persone potrebbero agire? Discutine con un compagno.

10. Osserva insieme a un compagno l'infografica alla pagina successiva relativa a questa problematica in Italia e:
    ◆ commentate i dati riportati mettendo in evidenza quelli che più vi colpiscono;
    ◆ discutete su possibili azioni che la società e il singolo potrebbero adottare per ridurre il fenomeno.

Lessico utile

anoressia ❯ anoressico
bulimia ❯ bulimico
appetito
comportamento alimentare
disturbo ❶ disordine alimentare
fare la ❶ stare a dieta
rifiuto del cibo
fobia di ingrassare
controllare il peso ❶ pesarsi
dimagrire ❶ perdere peso ❶ perdere chili
ingrassare ❶ prendere peso
obeso ❯ obesità
sottopeso ❷ sovrappeso
ossessione ❯ ossessivo
calorie
digiuno ❯ digiunare
cattiva nutrizione
abbuffarsi di cibo
vomitare
modella scheletrica
autostima ❶ stima di sé
sensibilità ❶ persona sensibile
fragilità emotiva
disagio fisico ❶ psichico
ammalarsi di ❶ soffrire di
ricovero in ospedale ❶ ospedaliero

❶

Tutto cominciò per qualche chilo in più

Tutto è iniziato quasi per scherzo: era estate, ero da sola a studiare e volevo perdere qualche chilo, lo facevano tutte le mie amiche. Allora ho cominciato a eliminare il pane, poi l'olio, poi la pasta, poi tutto il resto. Avevo 16 anni e mangiavo soltanto una mela al giorno. In due mesi ho perso dieci chili. Ma mi sono accorta di stare davvero male soltanto un anno e mezzo dopo. Insieme all'anoressia è arrivata la bulimia. Paradossalmente, dimagrire a vista d'occhio può sembrare una cosa abbastanza normale, invece svuotare un intero frigorifero per poi vomitare tutto, no. E poi non riuscivo a fare nulla: non scrivevo, non uscivo con gli amici, la mia giornata era scandita dall'ossessione del cibo, avevo il terrore di essere invitata a cena fuori. Quella non era più la mia vita, la malattia mi aveva prosciugato l'anima.

tratto da: *L'Espresso*

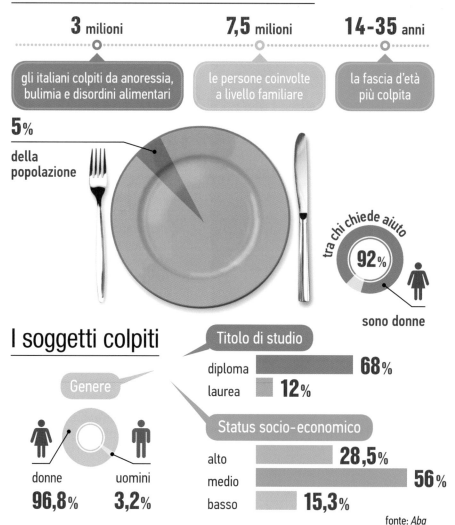

I numeri dei disturbi alimentari

3 milioni — gli italiani colpiti da anoressia, bulimia e disordini alimentari

7,5 milioni — le persone coinvolte a livello familiare

14-35 anni — la fascia d'età più colpita

5% della popolazione

tra chi chiede aiuto **92**% sono donne

I soggetti colpiti

Genere
donne **96,8**%
uomini **3,2**%

Titolo di studio
diploma **68**%
laurea **12**%

Status socio-economico
alto **28,5**%
medio **56**%
basso **15,3**%

fonte: *Aba*

❷

MALATTIE D'OGGI **Pane, amore e anoressia**

tratto da: *L'Espresso*

Innanzitutto è fame. Una fame devastante, che riempie ogni attimo dell'esistenza, che occupa la mente il giorno e la notte, che invade i rapporti sociali e familiari. "Non è vero che le anoressiche non hanno fame. Ma quel corpo scheletrito e morente serve a comunicare la sofferenza. È il messaggio disperato che permette di mostrare la propria fame. Che però è soprattutto una fame d'amore". Questo racconta Fabiola De Clercq, per vent'anni bulimica e anoressica, e che dopo essere guarita, ha descritto la sua battaglia contro la malattia nel libro "Tutto il pane del mondo" e, dopo aver fondato un'associazione per lo studio dei disturbi alimentari, ha pubblicato "Fame d'Amore", una guida scritta proprio per le persone malate e quelle che le circondano. Per aiutare le adolescenti che, insoddisfatte di sé e del proprio corpo, cominciano una rigorosissima dieta dimagrante, contando ossessivamente le calorie, salendo continuamente sulla bilancia, trovandosi poi, dopo anni di digiuno, a pesare 30 chili rischiando la vita. O quelle ragazze che, in preda a una crisi, saccheggiano il frigorifero, mischiando il dolce col salato, il caldo col freddo. E poi si chiudono in bagno, per purgare con i farmaci o con il vomito la loro colpa.

In passato gli esperti ritenevano che la responsabilità di questa grave malattia fosse esclusivamente della famiglia, ma oggi si pensa che a causare l'anoressia siano più fattori: il benessere delle società avanzate, l'imperativo sociale dell'essere magri, la moda delle modelle scheletriche, il disagio familiare sempre più diffuso. Tutto ciò, sospettano diversi scienziati, attiverebbe una predisposizione genetica che scatta nel passaggio dall'infanzia all'adolescenza.

Quello di anoressia e bulimia è un fenomeno in continua crescita in tutti i Paesi industrializzati. Negli Stati Uniti si calcola che la quota di ragazze bulimiche nei primi anni di college sia compresa tra il 5 e il 6 per cento della popolazione. Il problema soltanto da poco ha cominciato a colpire i Paesi dell'Est Europeo. Ed è invece praticamente assente nei Paesi poveri dell'Africa, dell'Asia e dell'America Latina, ad eccezione dell'Argentina, dove il tasso di anoressia, che qui si chiama la "sindrome della modella", è tre volte più alto che negli Usa. Più recentemente l'anoressia è apparsa anche in Cina.

Lessico utile

abbandono ❷ *abbandonare*
cane randagio
animale domestico ❷ *selvatico* ❶ *esotico*
portare al guinzaglio
mettere la museruola
gabbia
caccia ❷ *cacciatore* ❷ *cacciare*
specie in via di estinzione
specie protetta
protezione ❷ *proteggere*
etica
vivisezione ❷ *vivisezionare*
cavia
tortura ❷ *torturare*

maltrattamento ❷ *maltrattare*
prodotto non testato sugli animali
sensibilità ❶ *essere sensibili*
gattaro/a
cosmetico
amante degli animali ❶ *animalista*
tutela ❷ *tutelare*
associazione ecologista
zoo ❶ *bioparco*
circo
pelliccia

1. Descrivi e commenta l'immagine in alto. Che cosa pensi dell'abbandono degli animali perché diventati 'ingombranti'?

2. Commenta insieme a un compagno la seguente celebre frase di Gandhi: "La grandezza di una nazione e il suo progresso morale si possono giudicare dal modo in cui essa tratta gli animali".

3. Descrivi e commenta l'immagine in basso. A cosa ti fa pensare?

4. Negli ultimi decenni l'esigenza di sensibilizzazione della gente contro lo sfruttamento e il maltrattamento degli animali è cresciuta e di conseguenza anche il bisogno di tutelarli legalmente. Come mai, secondo te, questi cambiamenti? Cosa è successo nelle società moderne che ci ha portati a focalizzare l'attenzione su queste problematiche? Discutine con un compagno.

5. Leggi il primo testo. Riassumilo oralmente e confrontati con un compagno.

6. Attualmente in Italia il maltrattamento degli animali è un reato penale e, a differenza del passato, non si tratta più solo di un "delitto contro il patrimonio" del proprietario (l'animale era visto come bene del padrone) ma viene tutelato "il sentimento per gli animali" e punita una cattiva condotta che danneggia l'animale stesso. Cosa ne pensi? Sai se nel tuo Paese ci sono leggi che tutelano gli animali dal maltrattamento? E in cosa consistono? Confrontati con un compagno.

7. Leggi il secondo testo, riassumilo e commentalo oralmente.

8. Leggi il terzo testo, riassumilo e commentalo oralmente.

9. La sperimentazione sugli animali, oltre che nella ricerca medica e farmacologica, è praticata anche in altri campi industriali come la produzione di cosmetici e di prodotti per l'igiene della casa e della persona. Giusto o sbagliato? Tu da che parte stai? Consideri questo aspetto quando compri tali prodotti? Confrontati e discutine con un compagno.

10. Sei con un tuo amico e, mentre guardate la TV, al telegiornale danno la notizia che degli attivisti di un'associazione anti-vivisezione hanno fatto irruzione nel laboratorio di una casa farmaceutica per liberare delle cavie. Questo fa nascere un dibattito tra di voi perché avete due punti di vista diversi:

    A A è favorevole alla vivisezione; condanna il comportamento avuto dagli attivisti spiegandone le conseguenze e cerca di convicere B dell'importanza che questa metodologia di sperimentazione ha per il benessere dell'uomo, argomentando le sue idee;

    B B non è favorevole alla vivisezione; appoggia il comportamento avuto dagli attivisti spiegandone le ricadute positive sulla società e cerca di convicere A che questa metodologia di sperimentazione ha solo aspetti negativi per l'uomo e per gli animali, argomentando le sue idee.

Più tutele per gli animali, ma multe fino a 750 euro per chi sporca

tratto da: *www.milano.corriere.it*

Più tutele per gli animali. Ma anche multe più severe, fino a 750 euro, per chi sporca parchi e marciapiedi. Dopo una lunga attesa arriva a Mantova il Regolamento Tutela Animali. Il nuovo piano è stato approvato dal Consiglio Comunale in accordo con la sede territoriale della LAV - Lega Anti Vivisezione. Molte sono le novità che riguardano padroni e animali domestici, ma non solo. Si affrontano con decisione anche la questione dei circhi, degli spazi pubblici e delle modalità di custodia degli animali. Ciò che accomuna le nuove norme che regolano prima di tutto il comportamento di padroni, operatori dello spettacolo e cittadini, è il benessere degli animali. D'ora in poi qualsiasi circo con animali sarà vincolato al rispetto delle linee guida del Ministero dell'Ambiente che si occupa nello specifico degli animali esotici, imponendo rigide regole su trasporto e ampiezza delle gabbie, nelle quali è imposta la riproduzione delle condizioni dell'habitat naturale.

Sarà severamente vietato utilizzare qualunque animale per il pubblico divertimento, promozioni commerciali o accattonaggio. Sarà consentito l'ingresso agli animali d'affezione negli esercizi e sui mezzi di trasporto pubblici, ed è anche richiesta la presenza di ciotole per acqua e crocchette. È vietato l'utilizzo di collari elettrici e catene fisse e sono riconosciute e favorite le opere dei "gattari". Arrivano anche sanzioni severe per chi non raccoglie escrementi dei cani, da un minimo di 150 a un massimo di 750 euro. «È un traguardo storico per Mantova, un segno di civiltà: da oltre dieci anni chiedevamo un Regolamento, strumento indispensabile per tutelare il benessere degli animali – ha spiegato il responsabile LAV Mantova - ora è importante farlo rispettare, informandone periodicamente la cittadinanza e formando adeguatamente il personale preposto ai controlli».

❷ Ricerca, senza i test sugli animali la medicina fallisce

Senza la sperimentazione animale non avremmo quasi nessuna delle conoscenze sul funzionamento di tessuti e organi, né sarebbe stato possibile sviluppare terapie di prevenzione o trattamenti per i malati. La sperimentazione animale resta necessaria per decine di migliaia di ricerche. Nel parlare di sperimentazione animale in Italia, si è ancora legati a un immaginario novecentesco, quando conoscenze imprecise rendevano necessari più animali. Oggi è diverso. I pochi metodi "alternativi", più correttamente "complementari", sono usati se razionalmente utili e scientificamente validi, e non c'è bisogno di raccomandarne l'uso. È implicito. Ma per il 99,9% degli esperimenti non esistono alternative (abbiamo presente la complessità del corpo umano?). Ma grazie alla scienza abbiamo imparato a calibrare numeri, dosi e funzioni, evitando ogni sofferenza all'animale. La scienza procede in questa direzione di continua tensione etica e responsabilità. Ora tocca agli animalisti. Se oggi curiamo malattie infettive mortali, attenuiamo dolori lancinanti, stabilizziamo l'umore, salviamo i nostri figli e portiamo a remissione alcune forme di cancro, lo dobbiamo al lavoro svolto anche sugli animali e dovremmo riconoscerlo. Ciò potrebbe essere riportato sull'etichetta dei farmaci, come è stato proposto da alcuni parlamentari, in modo che ci si può anche "non curare" per coerenza o per una scelta "di precisione" etica.

tratto da: *www.repubblica.it*

❸ LAV, vivisezione metodo mai validato scientificamente e immorale

Negare le grandi opportunità offerte dai test senza uso di animali, equivale a fare oscurantismo: questa è la replica della LAV a coloro che continuano a difendere la vivisezione, antiscientifica, metodo mai validato scientificamente e immorale. Non è certamente una novità che l'Italia debba investire nei metodi di ricerca alternativi all'uso di animali, ci lascia dunque basiti che ci siano ancora rappresentanti del mondo della politica e dell'università che cercano di difendere un modello di ricerca della fine dell'800, ovvero quello che utilizza animali, che fallisce in oltre il 95% dei casi esponendo cittadini e malati a evidenti rischi o a cure fallimentari. La Direttiva Comunitaria n.63 del 2010 invita tutti gli Stati Membri a prendere misure per incoraggiare la ricerca nel settore delle alternative, contribuendo allo sviluppo e alla convalida di tali approcci. Anche i fondi europei sono vincolati ai metodi alternativi e vedono come assolutamente prioritari i modelli senza animali. Solo se finalmente l'Italia vedrà queste attività come "un'opportunità per tutti", potremo veder rinascere la ricerca, libera dall'oscurantista lobby vivisettoria.

tratto da: *www.improntaunika.it*

23 | Salute: come curarsi?

1. Osserva e descrivi la foto in basso a sinistra. A cosa ti fa pensare? Confrontati con un compagno.

2. Il fenomeno dell'eccessivo consumo di medicine è un problema per la sanità italiana. È molto sentito anche nel tuo Paese? Di chi credi siano le responsabilità? Discutine con un compagno.

3. Osserva e descrivi la foto in basso a destra. Cosa ti suggerisce e che problematiche solleva? Scambiati idee con un compagno.

4. Leggi il primo testo alla pagina successiva, riassumilo oralmente e commentalo. Quali sono, secondo te, i segreti per il benessere fisico-mentale? Quanto ci aiuta la medicina?

5. Come funziona il Sistema Sanitario nel tuo Paese? Quali credi siano i punti di forza e quelli di debolezza? Cosa potrebbe essere migliorato, secondo te? Confrontati con la classe.

6. Commenta il seguente titolo di una notizia recentemente apparsa sul *Corriere della Sera*:

   «Un centesimo a sigaretta venduta sia destinato ai farmaci anticancro»

   Il fumo frutta 11 miliardi di euro l'anno: basterebbe il 5% del guadagno, per garantire a tutti i malati di tumore di poter accedere alle terapie innovative oncologiche.

7. Una ricerca di *Altroconsumo*, un'associazione italiana che tutela i consumatori, ha evidenziato il rapporto degli italiani con i medicinali: chiedono informazioni dettagliate ai farmacisti, si scambiano opinioni nei forum online, ma poi decidono da soli di cosa hanno bisogno. Tu cosa pensi di questa pratica del fai da te? Discutine con un compagno.

8. Leggi il secondo testo e commentalo insieme a un compagno. Chi, secondo te, fa più affidamento alla naturopatia e perché? Tu cosa ne pensi? Parlane con un compagno.

9. L'idea di benessere si sta spostando verso una visione sempre più olistica e uno stile di vita incentrato su alimentazione sana, equilibrio psicofisico e cura del corpo. Numerosi sono i siti web che documentano e informano, come il portale *Cure-Naturali*, divenuto un punto di riferimento unico per qualità e quantità dell'offerta, con contenuti realizzati da professionisti del settore ed esperti autorevoli. Cosa pensi di questa modalità di fruizione dell'informazione medica? Discutine con un compagno.

10. Fitoterapia, riflessologia plantare, aromaterapia, cromoterapia, idroterapia: sono numerose le tecniche naturali a cui ricorrere in caso di disturbi o malattia. Ti ritieni un sostenitore della naturopatia o credi che siano soltanto credenze popolari contrarie alla scienza? Apri un dibattito con la classe esponendo i pro e i contro di questa pratica medica.

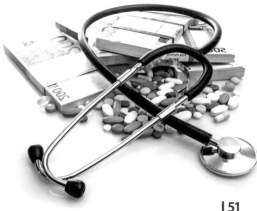

❶ Cura del proprio benessere: uso e abuso dei farmaci

Quante volte ci è capitato di abusare dei farmaci anche per problemi che avremmo potuto risolvere con metodi più naturali? Probabilmente più spesso di quanto vorremmo ammettere. La cura del nostro benessere dipende anche dal "non abuso" dei farmaci che più di una volta potremmo evitare di assumere.

Con questo non si vuole assolutamente spingere a rifiutare le cure necessarie per le malattie più o meno gravi, ma parlare di quei medicinali che usiamo per lenire i sintomi di piccoli problemi e fastidi quotidiani che spesso nascono dalla trascuratezza e dalle abitudini sbagliate. A partire dalle emicranie, per passare all'acidità di stomaco, ai raffreddori, dai mal di schiena ai sintomi dello stress, infatti, è possibile intervenire per prevenire questi fastidi grazie all'attenzione, all'alimentazione e alla cura del benessere psicofisico.

Il farmaco è una sostanza chimica e per sua natura può determinare degli effetti utili positivi, ma anche provocarne di "negativi". Un farmaco è sempre portatore di effetti indesiderati, in alcuni casi conosciuti, ma nella maggior parte dei casi ancora da conoscere, soprattutto per quanto riguarda gli effetti tossici che si possono manifestare a distanza di tempo. Il farmaco non va visto come un rimedio magico, o come un modo per sopperire ad abitudini di vita sbagliate; deve essere utilizzato sapendo chiaramente che non arriva sempre a bloccare la causa delle malattie, ma più frequentemente ne modifica solo i sintomi.

Il consiglio, quindi, è quello di riflettere più a lungo quando si assumono farmaci per piccoli disturbi quotidiani. La prima cosa da chiedersi dovrebbe essere: il malessere dipende da una mia cattiva abitudine? Dieta non equilibrata, poca attenzione al clima, stress o vizi, sono spesso la risposta a questa domanda. Una volta scoperta la causa, è necessario migliorarsi, anche grazie alla forza di volontà, e aiutarsi con pratiche terapeutiche naturali per la cura del proprio benessere psicofisico.

tratto da: *www.vivere-bene.com*

❷ Quei 5 milioni di amanti delle cure alternative

Circa 20 mila medici le prescrivono almeno una volta l'anno. Il mercato italiano è terzo in Ue dopo Francia e Germania, ma i numeri del business dopo anni di crescita calano. Quasi cinque milioni le persone che hanno scelto di ricorrere ad almeno un rimedio o terapia di tipo non tradizionale. La più diffusa è l'omeopatia, seguita dai trattamenti manuali, dalla fitoterapia e dall'agopuntura. In particolare, il metodo omeopatico si basa sulla capacità di ottenere una preparazione alchemica che da veleno si trasformi in farmaco con un complicato meccanismo di diluizione e dinamizzazione (scuotimento). Una diluizione tale che spesso fa sì che nella «pillola» non si trovi nemmeno una molecola della sostanza attiva. In pratica, si assumono, dicono i critici, degli «zuccherini».

Fra le altre terapie «non convenzionali» che fanno concorrenza o integrano l'omeopatia sono la fitoterapia e l'agopuntura, ma anche la medicina antroposofica (basata sullo studio del paziente dal punto di vista fisico, spirituale e psichico) e ayurvedica (quella tradizionale indiana), l'omotossicologia e la medicina osteopatica. L'omotossicologia è invece una corrente dell'omeopatia, da cui si differenzia perché rifiuta l'integralismo terapeutico utilizzando anche la medicina convenzionale.

In Toscana esiste un ospedale che prevede l'utilizzo della medicina ufficiale in maniera integrata con le medicine complementari. Vengono trattate patologie respiratorie, gastrointestinali, dermatologiche, allergie, asma, malattie reumatiche, gli esiti di traumi e di ictus, il dolore cronico. Tutto questo viene utilizzato per contenere gli effetti collaterali della chemioterapia in oncologia e nelle cure palliative.

Il mercato è in forte espansione e di questo tengono conto le aziende produttrici di integratori, prodotti omeopatici e galenici, tanto da avvalersi di testimonial eccellenti, come Josefa Idem che si cura con l'omeopatia e che ha raccontato di avere iniziato a curarsi con l'arnica per una brutta bronchite dopo che i cicli di antibiotici avevano fallito: "Funzionò. L'anno dopo ho vinto le Olimpiadi."

tratto da: *www.lastampa.it*

24 | Guerra e servizio militare

combattere
attacco **➋** attaccare
difesa **➋** difendere
soldato **❶** militare
servizio militare **❶** di leva
fronte **❶** campo di battaglia
divisa **❶** uniforme
carriera militare
difesa **➋** difendere
forze armate
Esercito **❶** Marina **❶** Aeronautica
caserma
arruolarsi
servizio civile **❶** obiettore di coscienza

alleato **➋** alleanza
bombardamento **➋** bombardare
armamento
arma nucleare **❶** atomica
arma chimica **❶** battereologica
scoppio **➋** scoppiare
guerra civile
guerra nucleare
guerra chimica **❶** battereologica
eroe **❶** eroina **➋** eroismo
profugo di guerra
eccidio

1. Osserva e descrivi la foto in alto. Cosa ti fa pensare e che emozioni ti suscita? Confrontati con un compagno.

2. Osserva l'immagine in basso. Descrivila e commentala insieme a un compagno.

3. Secondo te, l'uomo vuole davvero porre fine alle guerre? Per quali motivi oggi ce ne sono ancora tante? Non sarebbe più conveniente la pace? Scambia idee con un compagno.

4. Leggi il primo testo, riassumilo oralmente e commentalo insieme a un compagno. Quali sono, secondo voi, i pro e i contro di questa professione, sia per gli uomini che per le donne?

5. In Italia, già da diversi anni ormai, fare il servizio militare è una scelta. Cosa ne pensi a riguardo e chi sono, secondo te, le persone che decidono di fare la carriera militare? Come funziona nel tuo Paese? Confrontati con un compagno.

6. Leggi e commenta la seguente citazione di Gino Strada, fondatore dell'associazione umanitaria italiana *Emergency*: «Il terrorismo è la nuova forma della guerra, è il modo di fare la guerra degli ultimi sessant'anni: contro le popolazioni, prima ancora che tra eserciti o combattenti. La guerra che si può fare con migliaia di tonnellate di bombe o con l'embargo, con lo strangolamento economico o con i kamikaze sugli aerei o sugli autobus. La guerra che genera guerra, un terrorismo contro l'altro, tanto a pagare saranno poi civili inermi».

7. Leggi il secondo testo, riassumilo oralmente e commentalo insieme a un compagno, esprimendo il tuo punto di vista.

8. L'articolo che hai appena letto conclude dicendo che ci sono posti nel mondo "dove la guerra fa ormai parte della vita, quasi ne fosse un elemento imprescindibile". Si può convivere con la guerra? La guerra è solo quella che si combatte con le armi? Discutine con un compagno.

9. Pensando alle dirette televisive sugli attacchi e sui bombardamenti, da alcuni decenni, per molti la guerra è diventata quasi uno show. Come influenza le nostre vite questo fatto? Che impatto ha sulla nostra consapevolezza della realtà e sulla nostra sensibilità? Parlane con un compagno.

10. "E mentre marciavi con l'anima in spalle / vedesti un uomo in fondo alla valle / che aveva il tuo stesso identico umore / ma la divisa di un altro colore": queste parole, scritte dal cantautore Fabrizio De André, evidenziano le opposizioni di colore, intese anche come nazionalismi e fanatismo patriottico. Immagina di essere di fronte a una platea di persone intervenute per discutere delle conseguenze devastanti delle guerre e degli atti terroristici. Spiega il tuo punto di vista sulla diversità politica e militare e persuadi la platea a riconsiderare il nemico, non come diverso e dunque a noi contrario, bensì simile e vicino.

❶ Quando il Capitano è donna: "Contano le capacità"

tratto da: *www.liberta.it*

Divisa ed elmetto, sotto capelli raccolti e un filo di trucco. Realizzano ponti, scavano e guidano ruspe esattamente come gli uomini. Testimoniano in prima persona che nell'Esercito italiano non esistono differenze di genere. E così scopriamo che a realizzare infrastrutture ci sono anche militari donne che talvolta hanno ruoli di comando. È il caso del capitano Romina Fedeli che, dopo varie destinazioni nel Nord Italia, è arrivata a Piacenza. Entrare nell'Esercito era un'ambizione nata ai tempi dell'adolescenza, ora ai suoi comandi risponde un centinaio di uomini. "Non esistono vantaggi e svantaggi nell'essere donna, nell'Esercito siamo tutti uguali, contano le competenze e le abilità ed è fondamentale il riconoscimento dei singoli ruoli. Chi comanda deve essere un esempio".

Il capitano Fedeli è mamma di un bambino piccolo. Come si conciliano lavoro e famiglia? "Io e mio marito abbiamo appeso una grande bacheca nella quale ognuno segna le proprie esigenze lavorative in modo da conciliarle con quelle del bambino che è la priorità". Una piccola caserma anche a casa: "Eh sì" risponde sorridendo. Nel tempo libero che rimane a disposizione, il capitano studia lingue orientali, in particolare il cinese. L'auspicio per il futuro è quello di frequentare il corso di Stato Maggiore dell'Esercito ed essere impiegata in una missione internazionale. Nel secondo Reggimento di Piacenza su 700 militari, 40 sono donne, un numero in linea con la media nazionale.

Entrare nell'Esercito era il sogno anche di due giovani caporali, Roberta Giannetti e Mariagrazia Fontanarosa, entrambe foggiane, volontarie e in ferma prefissata: soddisfatte del percorso svolto fino a questo momento, auspicano di poter continuare a vestire la divisa.

❷ Il prezzo della guerra: i conflitti "costano" il 13,4% del Pil mondiale

Sono sempre esistite, da quando l'uomo ha fatto la sua comparsa sulla Terra. Immaginare quindi un mondo senza conflitti e violenze è, per l'appunto, inimmaginabile. Ma quanto costano le guerre? Tanto, tantissimo, troppo. A calcolare le risorse economiche dissipate da conflitti, omicidi e stragi ci ha pensato l'Institute for Economics and Peace (IEP) con un dettagliato rapporto. Ebbene, le violenze nel mondo costano l'abnorme cifra di 14,3 migliaia di miliardi, vale a dire il 13,4% del Pil mondiale. O l'equivalente delle economie di Brasile, Canada, Francia, Spagna e Regno Unito. Naturalmente messe insieme. Pensare a un mondo senza più guerre sarebbe ingenuo. Ma ridurre il loro numero, cercando di prevenire e di contenere le crisi, si può. Anzi si deve. I benefici sarebbero immensi. Solo per avere un'idea, se nel mondo i conflitti e le violenze si riducessero anche solo del 10%, si avrebbero a disposizione 1400 miliardi di dollari, pari a tre volte le entrate complessive di quel miliardo e cento milioni di persone che ancora oggi vivono in condizioni di estrema povertà, con meno di 1,25 dollari al giorno.

Il costo delle violenze è in gran parte legato al crescente numero dei conflitti, alle conseguenze economiche provocate da essi nei Paesi in cui si combattono e al crescente costo associato agli sfollati. Il volto cinico del progresso sta creando un mondo dove le diseguaglianze sono ormai la regola. Il gap tra Paesi poveri e ricchi, che va aumentando con il passare degli anni, così come quello che, all'interno dei singoli Paesi, vede la ricchezza concentrata nelle mani di un gruppo sempre più ristretto di persone, non ha risparmiato neanche le guerre. Ci ritroviamo in un mondo spaccato in due, dove esistono regioni in cui non ci sono conflitti o quasi, e che continuano comunque a migliorare sulla strada della pace, e altre dove la guerra fa ormai parte della vita, quasi ne fosse un elemento imprescindibile.

tratto da: *www.ilsole24ore.com*

anziano ❯ anzianità
vecchio ❯ vecchiaia
invecchiare ❯ invecchiamento
età anagrafica ⮂ biologica
avere un aspetto giovanile
portarsi bene l'età
rughe ❶ segni del tempo
essere afflitti dagli acciacchi
centro sociale ❶ centro per anziani
casa di riposo
andare in pensione
pensionato
previdenza sociale

assistenza medica ❶ sanitaria
vivere a lungo
longevo ❯ longevità
ultracentenario
età media
benessere ⮂ malessere
attivo ❶ energico
abbandonare
solitudine
saggio ❯ saggezza
erede ❯ eredità ❯ ereditare
la ❶ il badante

1. Osserva la foto in alto, descrivila e confrontati con un compagno. A cosa vi fa pensare? Quali sono i maggiori problemi che gli anziani devono affrontare quotidianamente? Discutetene.

2. Descrivi la foto in basso e commentala insieme a un compagno.

3. Dal punto di vista pratico, la vita di un anziano è oggi più facile o più difficile rispetto al passato e perché? Come possono affrontare questa età dopo essere andati in pensione?

4. Leggi il primo testo e riassumilo. Cosa ne pensi di un'iniziativa di questo tipo? In che modo un anziano può integrarsi in una società sempre più "online"? Discutine con un compagno.

5. Molte persone hanno paura della vecchiaia. Quali sono, secondo te, i segreti per invecchiare felici, sani e con dignità? Confrontati con un compagno.

6. Leggi e commenta la seguente frase tratta dal libro *Le caramelle del diavolo* dello scrittore italiano Stefano Bertola: «Però, com'è crudele la società moderna. Oggi quando uno non produce più lo chiude in un ospizio. Una volta invece i vecchi erano amati e venerati! Sedevano a capotavola e distribuivano la minestra a nuore e figli e nipoti! Consigliavano e ammonivano e le loro parole erano una benedizione per tutta la casa!» Qual è secondo voi il valore dell'anziano nella società? Pensate che nel vostro Paese questo valore gli sia riconosciuto?

7. Leggi il secondo testo scritto dall'opinionista italiano Beppe Severgnini e commentalo insieme a un compagno.

8. Togliere la patente a un anziano è un atto lecito per garantire la sicurezza stradale, tuttavia ciò toglie autonomia e libertà di movimento a quella persona, così come il non poter più praticare alcuni sport che richiedono prestazioni fisiche elevate. Discuti con un compagno di come si possono controbilanciare queste privazioni.

9. Analizzando i principali dati statistici (aumento delle aspettative di vita alla nascita, diminuzione del tasso di fecondità, aumento dell'indice di vecchiaia e dell'età media della popolazione), la società europea, e quella italiana in particolare, sta invecchiando. Discuti con un compagno se le generazioni attuali invecchiano allo stesso modo delle precedenti. Quando si diventa anziani, secondo voi?

10. L'invecchiamento della popolazione è uno dei fenomeni più significativi del XXI secolo. Individua almeno quattro azioni, in ordine di priorità, che una società può mettere in atto affinché un anziano possa mantenere un'elevata qualità di vita, e presentale alla classe motivando le tue scelte. Segue un dibattito.

❶ "Nonni in rete. Tutti giovani alle Poste"

tratto da: www.posteitaliane.it

Riparte il progetto "Nonni in rete. Tutti giovani alle Poste", il programma di alfabetizzazione digitale della terza età promosso da Poste Italiane per formare anche le persone più anziane all'uso del web e fargli acquisire familiarità con le più moderne tecnologie di comunicazione.
"Nonni in rete. Tutti giovani alle Poste" conferma la grande attenzione di Poste Italiane ai progetti di responsabilità sociale e la sensibilità rispetto ai temi delle pari opportunità di accesso ai nuovi servizi. L'iniziativa ha il duplice obiettivo di favorire la vita attiva della generazione di terza età e agevolare l'inclusione dei cittadini nella transizione dall'economia tradizionale a quella digitale, abbattendo gradualmente il *digital divide* nel Paese. I corsi di formazione si basano sul modello di apprendimento intergenerazionale e si terranno nelle aule informatiche di 30 istituti scolastici presenti in tutti i capoluoghi di Regione e in alcuni grandi capoluoghi di Provincia. Il programma prevede 15 lezioni della durata di due ore ciascuna rivolte a cittadini di età superiore ai 65 anni che saranno tenute da un docente affiancato da studenti, uno per ciascun allievo, che forniranno agli anziani le competenze necessarie per utilizzare le nuove tecnologie. Con questo programma di alfabetizzazione digitale Poste Italiane sottolinea anche il contributo vincente dei giovani nel combattere l'esclusione sociale e tecnologica degli italiani over 65.

Le lezioni tratteranno gli aspetti base per l'uso di dispositivi elettronici, di conoscenza dei programmi e delle opportunità offerte da internet, con particolare attenzione ai servizi rivolti ai cittadini fruibili direttamente dal web: accesso all'informazione, servizi per la salute, accesso all'e-government, pagamenti elettronici, acquisti sul web. Gli strumenti utili all'apprendimento comprenderanno un kit didattico redatto insieme al Dipartimento di Linguistica dell'Università La Sapienza di Roma e in collaborazione con la Fondazione Mondo Digitale, specializzata nella promozione sociale dell'Agenda Digitale.

❷ Quand'è tempo di lasciare la Ritmo in garage (dal Corriere della Sera)

Ho pensato che togliermi la patente a 80 anni fosse una buona idea. Fin qui, tutto bene. Solo che l'ho detto e scritto. Lettere, proteste, obiezioni: ho capito che la questione è delicata come i nonni e i ricordi. Coinvolge ragione ed emozione, autostima e indipendenza, illusioni e finzioni. Roba da maneggiare con cura. Non ho cambiato idea, però. A 85 anni ritmi e riflessi non sono quelli di una volta, occhi e orecchi nemmeno. L'immagine di una persona anziana che procede lentissima al centro della carreggiata, s'immette alla moviola nel traffico, affronta svincoli tra selve di segnali, non è solo malinconica: è preoccupante.
Dico subito che mio padre dieci anni fa s'è presentato a noi figli annunciando: "Ecco le chiavi dell'auto. Vado troppo piano e gli altri vanno troppo forte. E poi mi distraggo". Sorpresa, sollievo e ammirazione: perché non tutti gli anziani, e ben pochi padri, accettano il tempo che passa. Siamo stati fortunati. Potrei raccontare però di genitori di amici che non mollano l'auto a 90 anni, seminando panico in famiglia e sulle strade. Di nonni che s'offendono, se qualcuno mette in dubbio la loro guida e la Fiat Ritmo, e sventolano l'assicurazione e la tessera ACI. Di conoscenti che ormai evitano ogni situazione di difficoltà – la notte, la pioggia, la nebbia – e vogliono convincerci a fare altrettanto, spiegando che il problema è il mondo di fuori, non la data sulla loro carta d'identità.
Obiezione di alcuni lettori: i giovani fanno più incidenti e noi anziani non siamo tutti uguali. I giovani: certo. Bere e guidare sono una vergogna che diventa tragedia. Ma

La vita media dall'antichità al 2050
Come si è allungata nei secoli l'aspettativa di vita degli uomini

22 anni — Impero romano
33 anni — Medioevo
38 anni — 1800
43 anni — 1900
76 anni — 1998
86 anni — 2005
140 anni (?) — 2050

tratto da: vintage.beppesevergnini.com

per i giovani è una questione di comportamenti. E qui arriviamo al punto dolente: in Italia tutto s'aggiusta, molto si concorda, qualcosa si compra. Le prove d'idoneità sono spesso una formalità: ci vede? ci sente? riflessi ok? Bene, ecco la patente per altri tre anni. E chi ci vede poco e ci sente male, che fa? Va dal vecchio amico medico, perché "sai, non può dirmi di no".
Togliere la patente a 80 anni è un'ammissione d'impotenza. Lo Stato italiano sa di non poter valutare caso per caso, con coscienza ed efficienza (sarebbe la soluzione migliore). Propone perciò una barriera. Fermerà qualche anziano davvero idoneo, e dispiace. Ma bloccherà molti guidatori ormai pericolosi per sé e per gli altri, troppo orgogliosi per ammetterlo, e i figli tireranno un sospiro di sollievo. Gli automobilisti che non li incontreranno più in mezzo agli incroci, pure.

7. Nell'unità 8 abbiamo parlato di "nuove dipendenze". A prescindere dall'oggetto della dipendenza, cosa le distingue e cosa le accomuna a quella da sostanze stupefacenti? Scambia idee con un compagno.

8. Uno dei risultati della tossicodipendenza è lo stigma sociale che porta all'emarginazione. Perché la società ha paura dei tossicodipendenti e di chi in particolare? Che effetti ha tale stigma su queste persone? Confrontati con un compagno.

9. Da anni in Italia si pone il problema se legalizzare o meno l'assunzione di "droghe leggere". Leggi il secondo testo e con un compagno commentate le posizioni favorevoli e contrarie espresse dai personaggi citati. Voi da che parte state?

10. Discutete e ipotizzate altre possibili motivazioni, sia favorevoli che contrarie alla legalizzazione delle "droghe leggere". Successivamente, tra le motivazioni presenti nell'articolo e quelle da voi pensate, mettetevi d'accordo e scegliete quella a favore e quella contraria che, a parere vostro, sono le più rappresentative dei due punti di vista ed esponetele alla classe motivando le vostre scelte.

Lessico utile

tossicodipendente
drogarsi ➊ "farsi"
droga leggera ➋ pesante
stupefacente ➊ sostanza stupefacente
siringa
bucarsi
eroina ➋ eroinomane
sniffare ➊ tirare
cocaina ➋ cocainomane
droga sintetica
spinello ➊ "canna"
marijuana ➊ hashish ➊ cannabis

allucinogeno ➋ allucinazione
overdose
crisi di astinenza
assuefatto ➋ assuefazione
narcotrafficante
spaccio ➋ spacciatore ➋ spacciare
proibire
legalizzazione ➋ legalizzare
liberalizzazione ➋ liberalizzare
metadone
comunità di recupero
disintossicazione ➋ disintossicarsi
stigma ➋ stigmatizzato ➋ stigmatizzare

1. Osserva la foto in alto, descrivila e commentala insieme a un compagno.

2. In che modo è vissuto il problema della droga nel tuo Paese? Cosa fa lo Stato per prevenirlo e combatterlo? Cosa potrebbe fare di più o di diverso? Scambia idee con un compagno.

3. Confrontati con un compagno e insieme provate a tracciare il profilo delle persone che, a vostro parere, consumano sostanze stupefacenti, e delle motivazioni che le portano a farlo.

4. Osserva la foto a destra, cosa ti suscita? Confrontati con un compagno e discutete su quali, secondo voi, sono i danni provocati dall'uso e abuso di droghe.

5. Leggi il primo testo, riassumilo oralmente e commentalo insieme a un compagno.

6. Il problema della droga sembra essere sempre più dilagante e, stando alle statistiche, le fasce più a rischio sono quelle dei giovanissimi. Voglia di trasgredire, solitudine, inconsapevolezza? Come mai le numerose campagne informative promosse ormai da decenni sembrano essere poco efficaci? In che modo si potrebbero raggiungere i giovani per sensibilizzarli al problema? Discutine con un compagno.

❶ Molecole invisibili ai controlli: la galassia delle nuove droghe sintetiche

Vengono acquistate online, o prodotte in laboratori arrangiati nelle case e vendute spesso in piccole quantità ai giovani e non solo. Sono le nuove droghe sintetiche consumate in molti locali di tendenza e nei luoghi della movida presi d'assalto dagli adolescenti nel weekend. Finiscono sui giornali solo quando provocano la morte, ma le reali conseguenze su chi le assume ancora non si conoscono fino in fondo. Ogni anno in Europa vengono scoperte circa 100 nuove droghe. Ci troviamo di fronte a un mercato globalizzato e da anni le forze dell'ordine sono concentrate sulle rotte internazionali del traffico di droga, per colpire le organizzazioni, ma la distribuzione di anfetamine sfugge totalmente a questi sistemi di contrasto perché non è riconducibile a grandi partite che viaggiano attraverso oceani o cieli, ma in migliaia di piccole dosi, provenienti spesso da India e Cina, spedite da oltre mille siti web che vengono modificati ogni giorno. Per questo motivo non è possibile neanche avere il peso statistico dell'effettiva diffusione del loro consumo. Si sa che sono preferite dagli adolescenti perché hanno un effetto euforizzante e prestazionale e per questo si concentrano in quei templi del divertimento notturno che poi in occasione di tragedie vengono stigmatizzati.

Anche dal punto di vista medico le nuove droghe sintetiche sono un capitolo ancora da scoprire: sono difficili da analizzare perché serve un test per ognuna delle 500 molecole presenti sul mercato. Questo rende pressoché impossibile controllarne l'assunzione con i test rapidi utilizzati ai posti di blocco: ci sono sostanze che danno gli stessi effetti della cocaina ma non vengono cercati nei test e lo stesso vale per gran parte delle chetamine e dei cannabinoidi sintetici, che tra l'altro a differenza delle droghe classiche in molti casi non sono neanche illegali. Quello che si sa è che a parità di quantità sono molto più potenti delle vecchie sostanze e che, oltre a essere difficili da identificare, provocano danni solo in parte noti. Le conseguenze più pesanti e devastanti, quando non si muore, le subisce il cervello e la verità è che, di fronte alla varietà e quantità di sostanze che i consumatori abituali provano, sarà difficilissimo in un futuro prossimo capire qual è quella che più li ha danneggiati.

tratto da: www.lapresse.it

❷ Legalizzazione della cannabis. Chi è pro e chi è contro
Ecco chi, tra vari nomi illustri, è favorevole o contrario alla legalizzazione della cannabis

✓ Chi è favorevole

"La legalizzazione non è un inno al consumo, anzi, è l'unico modo per sottrarre mercato ai narcotrafficanti che, da sempre, sostengono il proibizionismo. Legalizzare è l'unico modo per fermare quel silenzioso, smisurato, violento potere che oggi condiziona tutto il mondo: il narco-capitalismo".

Roberto Saviano, scrittore

"La mia proposta, che feci come Ministro della Sanità, è di liberalizzare le droghe leggere e depenalizzare le altre droghe. Dobbiamo essere coerenti: lo Stato non dovrebbe proibire la droga e lasciare completamente libera la vendita di tabacco che produce almeno 40mila morti all'anno e l'alcol che ne provoca altre diverse migliaia".

Umberto Veronesi, medico

"Chiedo al governo di liberalizzare l'uso della cannabis per me e per chi si trova in una situazione analoga. La legalizzazione darebbe un duro colpo alle mafie che controllano la distribuzione e magari le tasse farebbero bene alle casse dello Stato. La cannabis potrebbe essere venduta in farmacia come lo si fa con tantissimi altri fitoprodotti o erbe medicinali".

Maddalena Migani, affetta da sclerosi multipla

✕ Chi è contrario

"Basta con la superficialità di valutazione, con l'attribuzione quanto mai obsoleta di 'leggerezza' a questo stupefacente e avanti, invece, con l'approfondimento scientifico che porta a ulteriori evidenze, già in gran parte acquisite, sui danni alla salute e sulle alterazioni psico-comportamentali di questa droga".

Elisabetta Bertol, presidente dei Tossicologi forensi italiani

"Chiediamo che non si imbocchi e si rifiuti decisamente la strada della legalizzazione della cannabis e tantomeno delle altre droghe che comporterebbe un aumento esponenziale dei consumi, introducendo gravi problematiche di sanità pubblica, di compromissione della salute mentale e fisica e di sicurezza sociale per terze persone".

Comunità San Patrignano

"Sono contrario alla liberalizzazione delle droghe leggere, che non è né possibile né auspicabile".

Franco Roberti, ex-procuratore nazionale antimafia

tratto da: www.lapresse.it

LA LEGGE È UGUALE PER TUTTI

Lessico utile

tribunale
processo
giudice ❶ magistrato ❶
pubblico ministero (PM)
giuria
testimone ❶ testimone oculare
accusa ❷ difesa
infrangere ❶ violare la legge
commettere un reato
criminale ❶ delinquente
reato penale ❶ crimine ❶ delitto
delitto colposo
colpevole ❷ innocente
condanna ❷ condannato ❷ condannare

assoluzione ❷ assolto ❷ assolvere
sentenza ❶ verdetto
fare appello ❶ appellarsi
grado di giudizio
ergastolo ❷ ergastolano
pena capitale ❶ di morte
carcere ❶ prigione ❶ galera ❶ penitenziario
detenuto ❶ carcerato
libertà vigilata
libertà su cauzione
scontare una pena
essere in attesa di giudizio

1. Osserva la foto in alto e descrivila. Cos'è per te "la giustizia"? Confrontati con un compagno.

2. "La legge è uguale per tutti": è questo il motto presente all'interno delle aule dei tribunali e ispirato al valore dell'uguaglianza. Credi che la giustizia si comporti sempre secondo tale valore o potrebbero esserci fattori che la conducono verso altre strade? Discutine con un compagno.

3. Leggi e riassumi oralmente il primo testo. Puoi preparare una scaletta del discorso.

4. Secondo te, un risarcimento economico può ripagare una persona del torto subìto da un errore giudiziario? Conosci casi di mala giustizia? Discutine con un compagno.

5. Osserva la foto in basso, descrivila e commentala insieme ad un compagno. Che effetto vi fa?

6. Comunemente, quando si affronta il tema della giustizia penale, il carcere rappresenta ancora l'unico luogo possibile dove scontare le pene, escludendo modalità diverse. Cosa ne pensi? Quali sono, secondo te, le conseguenze? Confrontati con un compagno.

7. Leggi il secondo testo, riassumilo oralmente e commentalo insieme a un compagno.

8. L'articolo che hai appena letto definisce le carceri come "scuole di formazione per la criminalità pagate dai contribuenti". A cosa si riferisce, secondo te, questa affermazione così forte? Discutine con un compagno e approfonditela insieme, evidenziando le motivazioni che portano alla formulazione di affermazioni simili.

9. Leggi e commenta insieme con un compagno i seguenti dati relativi alla situazione delle carceri italiane (fonte: Associazione Antigone):

90 detenuti ogni 100.000 abitanti (per un totale di 53.495 detenuti), in linea con la media europea, ma superiore a quello di Germania, Svezia, Norvegia e Olanda. Il sovraffollamento è pari al 108%. Circa 4.000 detenuti non hanno un posto letto regolamentare e 9.000 vivono in celle al di sotto degli standard previsti dal Consiglio d'Europa per la prevenzione dalle torture. Il 34,6% sono in carcere in attesa di giudizio, contro una media europea del 20,4%. L'Italia è indietro nell'applicazione di misure alternative e sono 29.679 i condannati che scontano una pena diversa. Il tasso dei condannati che commettono altri reati durante lo sconto di una pena alternativa è dello 0,79% contro il 67% di quelli che la scontano in carcere.

Conoscete o potete ipotizzare la situazione delle carceri nei vostri Paesi? Discutetene.

10. E se esistesse un "mondo perfetto" senza leggi scritte e senza punizioni? Quali potrebbero essere i reati peggiori? E quali le pene? Chi sarebbero i colpevoli e chi i giudici? Immagina di far parte di questo mondo utopico e parlane con un compagno.

❶ In carcere per 22 anni da innocente: 6,5 milioni di risarcimento

tratto da: *www.firenze.repubblica.it*

Ventidue anni in carcere da innocente e 36 anni di calvario giudiziario valgono 6 milioni e mezzo di euro. È il risarcimento che il Ministero dell'Economia dovrà versare a Giuseppe Gulotta, ex muratore trapanese ergastolano per errore e assolto, dopo 22 anni di prigione, dall'accusa di essere l'esecutore della strage di Alcamo, l'omicidio di due carabinieri in una caserma di Alcamo Marina avvenuto nel gennaio 1976. Il risarcimento è stato deciso dalla Corte d'appello di Reggio Calabria e prevede una provvisionale, cioè un anticipo, di 500 mila euro che Gulotta riceverà presto dalla Banca d'Italia. La sentenza era attesa da 4 mesi, i legali avevano chiesto 56 milioni di euro di risarcimento.

Gulotta è stato vittima del più grosso errore giudiziario della storia d'Italia. In carcere ci era finito a 18 anni ed è stato recluso a San Gimignano, in provincia di Siena. Faceva il muratore e aveva fatto domanda per entrare nella Guardia di Finanza quando, in un giorno di febbraio, viene prelevato dai carabinieri, portato in caserma, legato mani e piedi a una sedia, picchiato e minacciato di morte con una pistola che gli graffia le guance. Un "branco di lupi" lo circonda. Botte, insulti, così per dieci ore finché Gulotta si rassegna a confessare

quello che gli urlano i carabinieri, pur di porre fine a quell'incubo. Ma è una illusione. La sua vita precipita in una voragine. Niente pena di morte, che in Italia non è prevista, ma una condanna a vita. Ergastolo. Identico il destino giudiziario dei suoi "complici": in carcere da innocenti. Solo dopo 36 anni di tormenti, con quell'accusa orrenda sulla testa, Gulotta è riuscito a dimostrare la sua totale innocenza nel processo di revisione che si è celebrato a Reggio Calabria e si è concluso con la sua assoluzione con formula piena, esattamente 36 anni dopo il giorno del suo arresto. Insieme al suo, si è chiuso con l'assoluzione anche il processo di revisione per Gaetano Santangelo e Vincenzo Ferrantelli, i presunti complici, fuggiti in Brasile prima della sentenza definitiva e rimasti 22 anni lontani dall'Italia. E infine - evento straordinario, forse unico nella storia giudiziaria italiana - è stato celebrato il processo di revisione anche nei confronti di Giovanni Mandalà, morto in cella, disperato. E anche questo processo si è chiuso con l'assoluzione piena e la riabilitazione del condannato. Solo nei quattro processi di revisione la verità, a lungo disperatamente gridata ma fino ad allora respinta da giudici distratti o negligenti, è emersa con chiarezza.

❷

Il Teatro Universitario Aenigma di Urbino

In occasione della 5a Giornata Nazionale del Teatro in Carcere e del 56° World Theatre Day promossa dall'International Theatre Institute - UNESCO

promuove il laboratorio teatrale

TEATRO E RUGBY IN CARCERE

a cura di Vito Minoia
collaborazioni di Giuseppantonio De Rosa e Matthias Canapini

3 incontri presso il Teatro La Vela, Collegi Universitari di Urbino
Mercoledì 11, 18 e 25 aprile 2018 ore 20.30 – 22.30

e 1 incontro (data da definire) con la Compagnia teatrale
"Lo Spacco" composta da detenuti e detenute della
Casa Circondariale di Pesaro

L'iniziativa è rivolta a tutti gli studenti dell'Università di Urbino,
entrando in particolare relazione con il corso di Pedagogia generale
a cura della Prof.ssa Rosella Persi

Per ulteriori informazioni e iscrizioni: aenigma@uniurb.it

ph Corrado Belli

Più pene alternative alla detenzione

Un anno di percorso, sette mesi di lavori ai tavoli, due giorni per sintetizzare criticità e proposte sulla funzione rieducativa della pena. Il Ministro della Giustizia, artefice dell'ambiziosa rivoluzione chiamata "Stati generali sull'esecuzione penale", ha fatto un bilancio, dettando tempi e modi del nuovo volto del carcere. I tempi sono maturi per entrare nel vivo di una riforma. Si è acclarata in modo corale l'esigenza di un cambiamento profondo del modello di esecuzione della pena: più pene alternative e carcere organizzato in modo diverso. Un carcere isolato, un carcere che rompe i rapporti con l'esterno è un carcere che in qualche modo si colloca fuori dal contesto sociale, che deresponsabilizza, fa regredire le persone anziché aiutarle in un percorso di riabilitazione e di reinserimento: quindi è un carcere che non conviene alla collettività per-

ché anziché garantire sicurezza rischia di generare recidiva.

Dagli Stati generali sono venute fuori molte indicazioni e soluzioni ma il primo punto fondamentale sul quale è doveroso lavorare è il coinvolgimento e il rapporto con l'opinione pubblica che molto spesso è sottoposta a sollecitazioni: il carcere viene usato come strumento di propaganda e di paura. È importante considerare che sì, il carcere è necessario, serve a realizzare sicurezza ma a patto che sia un carcere nel quale il tema non è solo segregare ma ricostruire un percorso che sia la condizione per una reintegrazione sociale. Conviene ai detenuti ma conviene soprattutto alla società, perché c'è bisogno di carceri che siano strumenti contro il crimine non scuole di formazione per la criminalità pagate dai contribuenti.

tratto da: *www.avvenire.it*

28 | Uomo e ambiente

Lessico utile

ecosistema
ecologia ❯ ecologista
ecosostenibilità
proteggere ❶ salvaguardare ❶ tutelare
animale in via di estinzione
energia alternativa
energia pulita ❶ rinnovabile
energia eolica
impianto fotovoltaico
risorse idriche
sfruttamento del sottosuolo
coscienza ❶ mentalità ecologica
ambientalista ❯ ambientalismo

inquinamento ❯ inquinare
smog ❶ gas di scarico
centrale nucleare
scorie nucleari ❶ radioattive
anidride carbonica
buco dell'ozono
surriscaldamento
effetto serra
degrado ambientale
risorse naturali
cibi adulterati ❶ contraffazione alimentare
rifiuti organici ❶ compostabili ❶ biodegradabili

1. Osserva le due foto che rappresentano due volti di Milano. Descrivile insieme a un tuo compagno e mettetele a confronto.

2. Quali sono le principali cause dell'inquinamento e che ricadute esso ha sull'essere umano? Discutine con un compagno.

3. C'è chi sostiene che i colpevoli del degrado ecologico della Terra siano le grandi industrie e altri, invece, credono che la colpa sia dei consumatori. Cosa ne pensi? Confrontati con un compagno e motivate le vostre risposte.

4. Leggi il primo testo e riassumilo oralmente. Puoi preparare una scaletta con i punti che ritieni più importanti.

5. Cosa significa per te "essere ecologista"? Scambia idee con un compagno.

6. Quanto è sentito il problema della tutela ambientale nel tuo Paese? Cosa fanno lo Stato e i cittadini in merito? Cosa potrebbero fare di più? Confrontati con un compagno.

7. "Si stanno avvicinando impatti catastrofici", questo è quanto afferma il WWF in merito al surriscaldamento globale. Quali pensi siano state le cause e come si potevano evitare? Parlane con un compagno.

8. In tema di energie alternative, nonostante il popolo si sia espresso contrario con un referendum tenutosi nel 1987, in Italia si riaccende spesso il dibattito sulla costruzione di centrali nucleari all'interno del territorio nazionale. Tu che ne pensi dell'energia nucleare? Discutine con un compagno e individuatene insieme i pro e i contro.

9. Leggi il secondo testo e confrontati con un compagno sul tema trattato e sulle soluzioni proposte. Ne applicate qualcuna nella vostra vita quotidiana? Ne avete altre da aggiungere?

10. "Devo lasciare un biglietto a mio nipote: la richiesta di perdono per non avergli lasciato un mondo migliore di quello che è": questo è quanto ha scritto il poeta italiano Andrea Zanzotto. Quali sono, secondo te, le caratteristiche del mondo migliore che Zanzotto avrebbe voluto lasciare al nipote? Prepara una scaletta in ordine di importanza e presentala alla classe; segue un dibattito sulle eventuali possibilità di ottenere ciò che a Zanzotto sembrava irraggiungibile.

❶ Essere ecologista per migliorare la società

Essere ecologisti oggi, non vuole dire essere di sinistra o di destra, vuole dire proporre una propria cultura critica sui problemi del presente, e soluzioni universali in grado di risolvere i problemi che riguardano tutto il mondo. Questo atteggiamento mira a diffondere e difendere idee ecologiste, facendo capire che la crisi attuale è certamente economica e sociale, ma soprattutto ecologica.

L'era del petrolio e dell'energia che si basa sulle fonti fossili è ormai alla fine; gli industriali si oppongono a questo cambiamento, ma è il pianeta che ha raggiunto il limite di sopportazione di questo sistema industriale. Si aggiunga che le crisi

alimentari e le guerre dovute al controllo delle risorse, sono la causa di migrazioni di massa verso l'Europa. La soluzione è ecologica e passa attraverso la modificazione del modo di vivere, di alimentarci, di muoverci, di abitare. Se non avviene questa conversione ecologica il nostro prossimo futuro sarà tragico.

L'Italia, il "bel Paese", avrebbe tutte le carte in regola per diventare un leader nella realizzazione di questo progetto ecologista a respiro globale. Al contrario stiamo distruggendo il nostro territorio con il falso mito della crescita e della produzione, senza comprendere che la vera crescita attualmente passa solo attraverso una nuova economia "verde" che sia in armonia con i cicli naturali e, per questo, sicura fonte di occupazione per le nuove generazioni. Per ottenere questo risultato la sola via possibile passa attraverso le fonti di energia rinnovabile; i terreni fertili con coltivazioni legate all'esperienza di chi coltiva e non delle multinazionali; con l'aria pulita e l'acqua potabile bene comune e non fonte di profitto. Questo ci conduce verso l'idea di beni comuni che esulano dal mercato e contemporaneamente ci rende "custodi" di questa cosa magica che è la Natura, superando il consumismo e facendoci suoi difensori e responsabili.

tratto da: www.omeolab.com

❷ Prendersi cura dell'ambiente migliora la vita e fa risparmiare

Imparare e vivere in modo ecologico si può: i cambiamenti climatici preoccupano ormai tutti, ed è per questo che la "coscienza verde" si sta sempre più diffondendo, anche se non sono in molti ad avere le idee chiare su questo argomento. Uno dei fattori positivi del vivere ecologico è che la maggior parte delle attenzioni all'ambiente possono contemporaneamente fermare i cambiamenti climatici e rendere migliore la qualità della nostra vita quotidiana, senza contare il notevole risparmio in termini economici. Bastano alcune semplici mosse che possono

essere praticate da tutti e a partire da subito per ridurre l'impatto ambientale, vivere più sereni e più sani, risparmiando denaro, cosa da non sottovalutare in questo momento di forte crisi economica. Prima di tutto, bisogna tendere a un consumo minore di energia: un semplice concetto che può essere realizzato impostando il termostato di qualche grado più basso in inverno, sostituendo le lampadine a incandescenza con i LED, scollegando gli elettrodomestici quando non si utilizzano, lavando i vestiti in acqua fredda e stendendo i panni piuttosto che inserirli

nell'asciugatrice. Secondo, risparmiare l'acqua facendo docce più brevi e installando dispositivi che riducono il flusso anche dai rubinetti. Evitare di bere l'acqua in bottiglia: utilizzare un filtro per purificare l'acqua del rubinetto, ricordandosi sempre di portare una bottiglia riutilizzabile in viaggio o al lavoro. Per risparmiare sulla benzina ci si deve sforzare di spostarsi a piedi o in bicicletta tutte le volte che si può, migliorando contemporaneamente la salute cardiovascolare e riducendo il rischio di obesità. Limitare al massimo la carne, che costa molto in termini di

denaro e per i relativi costi ambientali e sanitari. Acquistare in modo intelligente: online si trovano prodotti di seconda mano, in ottimo stato, a prezzi inferiori, riducendo la quantità di rifiuti.
Prendere in prestito invece di comprare e condividere utensili elettrici e altri apparecchi con amici e vicini. Acquistare abiti che non hanno bisogno di essere lavati a secco, investendo sull'alta qualità, cioè su prodotti di lunga durata: meglio pagare di più che gettare spesso indumenti economici, ma meno duraturi.

tratto da: www.ricerca.repubblica.it

Lessico utile

sposarsi ❶ mettere su famiglia
contrarre matrimonio
matrimonio religioso ❶ civile
coppia di fatto
unioni civili
negozio ❶ atto giuridico
istituzione
nucleo familiare
coniuge ❶ marito ❶ moglie
convivenza ➋ convivente ➋ convivere
compagno ❶ partner
incompatibilità di carattere
incomunicabilità
incomprensione

individualismo ❶ egocentrismo
relazione ❶ rapporto conflittuale
relazione extraconiugale
crisi di coppia
riconciliazione
ricucire un rapporto
separarsi ❶ lasciarsi ❶ divorziare
chiedere il divorzio
separazione consensuale o giudiziale
divorzio breve
divorzio consensuale o giudiziale
doveri genitoriali ❶ parentali
regime patrimoniale
comunione dei beni ➌ separazione
dei beni
pagare gli alimenti

1. Osserva le due fotografie in alto e, con un compagno, descrivile confrontando il messaggio che esse trasmettono. Quali emozioni provate?

2. Questi sono alcuni versi di una canzone di Eros Ramazzotti. Pensi che la "comprensione" e il "carattere" siano aspetti fondamentali per unirsi in matrimonio? Quali altre caratteristiche credi siano necessarie? Parlane con un compagno.

> "Ti sposerò perché
> mi sai comprendere
> e nessuno lo sa fare come te.
> Ti sposerò perché
> hai del carattere
> quando parli della vita
> insieme a me."

3. Osserva l'infografica in basso e commentala con un compagno.

4. La nostra crescente aspettativa di vita non trova corrispondenza con un impegno a lungo termine come il matrimonio. Considerato che dai neonati di oggi ci si aspetta che vivano oltre 100 anni, quali suggerimenti potresti dare a una coppia per far durare il loro matrimonio 60-70 anni, anziché 17? Confronta le tue idee con un compagno.

5. Leggi il primo testo e riassumilo. Con un compagno discuti di cosa si può fare per evitare le conseguenze conflittuali di cui si parla.

6. Molte coppie restano a lungo unite solo perché non hanno contratto matrimonio. Pensi che la convivenza possa essere una soluzione per evitare che ci si separi? Secondo te, per i due partner quali sono gli svantaggi della convivenza? Confronta le tue opinioni con un compagno.

7. L'introduzione in Italia del *divorzio breve*, una procedura più veloce e meno burocratica, fa presupporre che aumenteranno i genitori single. Che opinioni hai in merito? Parlane con un compagno.

8. Leggi il secondo testo e discuti con un compagno delle motivazioni che spingono una coppia a non separarsi pur di rimanere con i figli.

9. 66 *È molto stupido per gli innamorati sposarsi.* 99
   VS George Bernard Shaw

   66 *Nacqui una seconda volta quando la mia anima e il mio corpo si innamorarono e si congiunsero in matrimonio.* 99
   Khalil Gibran

   Queste sono frasi celebri di due scrittori che si sono espressi sul matrimonio in modo opposto. Individua, con un compagno, le caratteristiche di un legame perfetto attraverso un fidanzamento a vita o con l'unione di anima e corpo.

10. Immagina di essere ospite a *Porta a Porta*, un noto programma televisivo italiano, in cui oggi si dibatterà sul divorzio; gli ospiti sono divisi in divorzisti e non divorzisti. Formate due gruppi in rappresentanza delle due correnti e discutete delle motivazioni dei coniugi e dei doveri genitoriali. L'insegnante è il mediatore del dibattito.

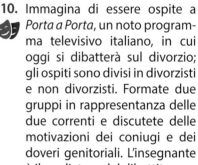

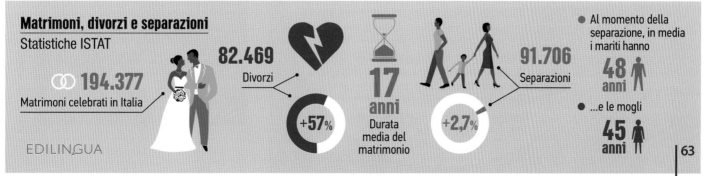

Matrimoni, divorzi e separazioni
Statistiche ISTAT

∞ **194.377**
Matrimoni celebrati in Italia

82.469
Divorzi
+57%

17 anni
Durata media del matrimonio

91.706
Separazioni
+2,7%

● Al momento della separazione, in media i mariti hanno
48 anni

● ...e le mogli
45 anni

① Matrimoni sempre più in crisi, ecco perché le coppie non durano

L'entusiasmo.

Spesso ci si sposa sull'onda dell'entusiasmo dell'innamoramento, a volte anche inseguendo la scia dell'attrazione sessuale, convinti che questa condizione duri per sempre. L'amore passa anche attraverso il raziocinio. Quando la fase astratta dell'innamoramento finisce e ci si pone necessariamente davanti a un cambiamento, in molti non lo accettano e dichiarano finito il rapporto, che sia un fidanzamento come un matrimonio. Amore è conoscenza progressiva dell'altro, è piacere di stare insieme e perseguire un progetto comune, avere interessi comuni, accettare il cambiamento come stimolo alla costruzione di qualcosa insieme. E questo è la base di partenza perché un matrimonio funzioni, perché si riesca ad andare oltre le difficoltà quotidiane del lavoro, dei problemi economici o ancora con i figli.

Quando il raziocinio è troppo.

All'estremo opposto si trova chi invece progetta con fin troppo raziocinio il matrimonio. Chi sceglie il partner sulla base delle caratteristiche che ha sempre sognato: il più bello, il più intelligente, il più disponibile (e le rispettive declinazioni femminili). Ma se da una parte l'attrazione risponde sì a dei criteri di scelta, che secondo le aspettative dovrebbero far aumentare la probabilità di innamorarsi, dall'altra, scegliersi per la vita implica una sorta di verifica: le ipotesi e le aspettative che abbiamo sul partner vanno testate, dobbiamo capire quanto la persona che abbiamo davanti è disposta a confortarci, starci vicino, e viceversa quanto lo siamo noi. Per molti però l'errore di scelta a volte è esattamente il contrario: scegliere qualcuno perché è completamente diverso da noi, rispondendo alla romantica idea che gli opposti si attraggono. In realtà, i rapporti che funzionano sul lungo corso sono proprio quelli di persone che condividono interessi, cultura, quelli che in sostanza si somigliano: scegliere l'altro con l'idea che ci completi perché è il nostro opposto è ingannevole; se per esempio vogliamo accanto qualcuno che ci calmi perché crediamo di averne bisogno, cosa accadrà quando sarà l'altro ad averne bisogno?

Da soli mai, semmai posso sempre cambiare l'altro.

Un altro dei grandi problemi tipici dei matrimoni falliti è da imputare a chi sceglie un altro qualsiasi per paura di rimanere solo. Accettare una relazione con chi non si conosce a fondo, è rischioso, perché ci si ritrova prima o poi a dover affrontare la dimensione della conoscenza che dovrebbe venire prima del matrimonio. Scegliere qualcuno sull'onda del bisogno e non del desiderio non è la premessa ideale per avere un rapporto duraturo, né d'altra parte è realistica l'idea di poter cambiare qualcuno perché si adatti ai nostri desideri. Spesso è un desiderio molto femminile questo, al contrario degli uomini che sperano invece che il partner non cambi mai, ma le persone in realtà non cambiano. Essere flessibili, disposti ad affrontare il cambiamento per far funzionare un rapporto è un'altra cosa.

tratto da: www.repubblica.it

② Meglio separarsi o stare insieme per i figli?

Quando un rapporto di coppia non funziona, ci si trova di fronte a un bivio: meglio lasciarsi o rimanere insieme per i figli? Ma si può stare insieme solo per i figli? Quando un rapporto di coppia diventa faticoso o 'stanco', ci troviamo davanti a un bivio molto difficile: la tentazione di rompere la nostra storia si scontra, infatti, con la nostra responsabilità di genitori. Dobbiamo decidere come donna/uomo o come madre/padre? Decidendo come genitori, e rispondendo, quindi, all'appello della responsabilità che sentiamo, rimane in noi il dubbio bruciante che il nostro futuro di uomini e donne non sarà mai più felice e avvertiamo in questo un intollerabile sentimento di ingiustizia: siamo nati infatti per essere felici. Gli uomini e le donne di oggi si separano quando la vita di coppia è infelice. Le coppie che decidono di rimanere insieme per i figli, e quindi ripartire insieme proprio dai bambini, sono uomini e donne che hanno una visione che va oltre la coppia stessa. Pensano di poter ricucire un rapporto già compromesso attaccandosi al bene comune, cioè ai figli. Provare a ricucire il rapporto: da dove si parte? L'amore che proviamo per i figli può rappresentare un motivo forte per non abbandonare la scena prima del tempo: non per resistere con atteggiamento vittimistico e rancoroso, ma per vivere la crisi come un'opportunità. Quando un rapporto va in crisi, vuol dire, infatti, che abbiamo lasciato sbiadire in noi la percezione di ciò che nell'altro ci ha fatto innamorare. È dunque da lì che si può ripartire.

tratto da: www.nostrofiglio.it

Lessico utile

infanzia ❶ pubertà ❶
adolescenza
età evolutiva
servizi sociali
servizi di accoglienza

struttura protetta
case-famiglia
comunità per minori
adozione
ONLUS ❶ fondazione
Telefono Azzurro
centri rieducativi
assistente sociale

maltrattamento fisico ❶
psicologico
sfruttamento minorile
molestie ❶ abusi sessuali
pedofilia ❷ pedofilo
prostituzione minorile
mercato del sesso
minorile

sparizione ❶ rapimento
traffico di bambini ❶
d'organi
malavita ❶ vita malavitosa
baby gang
microcriminalità
perversione ❶ devianza
piaga sociale

1. Osserva le immagini in basso e descrivile. Con un compagno parla delle emozioni che provano i bambini rappresentati.

2. Su *corriere.it*, quotidiano italiano online, è apparso questo titolo: "Abusi sessuali su minori, sempre più bambini costretti a girare video in streaming dalle loro case". Come credi sia possibile che ciò avvenga? Cosa dovrebbero fare i genitori per evitare che ciò accada?

3. *Telefono Azzurro* è una ONLUS fondata nel 1987 a Bologna per tutelare i diritti dei minori. Nel tuo Paese esiste una organizzazione simile a questa? E che tipo di aiuto offre ai minori? Scambia le tue idee con un compagno.

4. L'immagine a destra rappresenta la copertina di *Azzurro Child*, un bimestrale che espone le problematiche dell'infanzia e dell'adolescenza, approfondite da inchieste giornalistiche e dagli interventi di ricercatori ed esperti di *Telefono Azzurro*. Osserva la copertina e fai delle ipotesi sul contenuto principale di questo numero. Confronta le tue idee con un compagno.

5. Leggi il primo testo e con un compagno discuti di quali possano essere le conseguenze in età adulta di un trauma fisico e psichico subito nell'età evolutiva.

6. "E sento il disprezzo profondo, i loro occhi addosso / Svelato l'ignobile incesto e non mi hanno creduto / … / Ho messo un rossetto rosso carminio / E sotto il soprabito niente, in onore del mio aguzzino": questi sono alcuni versi della canzone *Mio zio* di Carmen Consoli, premiata nel 2010 dal PAI (Premio Amnesty Italia) come "migliore brano sui diritti umani". Nel testo si fa riferimento all'incapacità di essere creduti dagli adulti. Insieme a un compagno discuti delle motivazioni che spingono un genitore a non credere, o a non voler credere, al proprio figlio.

7. Leggi il secondo testo e riassumilo. Nel tuo Paese quanto è serio il problema delle devianze giovanili? Come si pensa di contrastarlo? Confrontati con un compagno.

8. Molti episodi di devianza giovanile avvengono all'interno delle scuole; così il governo italiano ha emanato la direttiva "Scuole Sicure" che contiene misure per prevenire e contrastare lo spaccio di sostanze stupefacenti nei pressi delle scuole. Ma il personale della scuola, da solo, non può risolvere il problema. Chi ritieni debba intervenire a sostegno dei docenti e in che modo?

9. In Italia esistono delle strutture di accoglienza per i minori che, per vari motivi, non hanno più una famiglia. Si tratta di comunità protette che garantiscono la protezione del minore e la tutela sanitaria, giuridica e il diritto allo studio. Come immagini la vita di un adolescente in una di queste strutture? Credi che possa sentirsi diverso dai compagni di scuola che vivono con i genitori?

10. Tu e un tuo compagno avete deciso di aprire un'associazione a sostegno degli adolescenti senza famiglia. Elencate le azioni da intraprendere, tenendo conto che avrete bisogno:

- di stabilire la vostra missione (quali obiettivi? come raggiungerli?);
- della collaborazione di figure professionali (quali?);
- di promuovere l'iniziativa per accogliere minori (come?);
- di scegliere un nome "evocativo" da dare alla vostra associazione.

Completata la stesura del programma, a turno presentatelo alla classe.

1

STUDIO E CURA DEL TRAUMA PSICHICO

La maggioranza dei casi di violenza e di abuso si verificano all'interno della famiglia: proprio questa connotazione li confina sovente nella segretezza e nel silenzio. La letteratura specialistica ha individuato i fattori di rischio che incidono sulle capacità genitoriali: sono fattori che esercitano una influenza diretta sulle relazioni, investono lo spazio di vita, le emozioni e i comportamenti quotidiani. Questi fattori, che si influenzano tra di loro, fanno riferimento alle seguenti variabili:
- la storia personale di ogni genitore, le esperienze compiute e le risorse psicologiche che possiede;
- le caratteristiche individuali del bambino;
- la relazione coniugale del genitore, il contesto lavorativo, la rete sociale di riferimento: elementi che possono rappresentare risorse o fonti di stress.

I bambini o gli adolescenti maltrattati sono confusi nel loro modo di vedere e di sentire se stessi e gli altri, non possono raccontare al di fuori le violenze subite perché sono legati affettivamente alla parte buona dei loro aguzzini. Il bambino immagazzina nella mente questa parte buona e si aggrappa ad essa per sopravvivere, negando le esperienze dolorose e la propria sofferenza. Alice Miller, psicologa dell'età evolutiva, affermava che un bambino annulla la percezione dei propri sentimenti dolorosi, poiché è costretto a vivere con i genitori che sono i garanti della sua sopravvivenza; egli è come un ostaggio vicino a persone che lo danneggiano e lo coinvolgono in situazioni patologiche.

tratto da: www.psychomedia.it

2 # Devianza giovanile e prevenzione

tratto da: www.sapere.it

Il percorso adolescenziale è caratterizzato da frequenti momenti critici. L'adolescente vive come un equilibrista sulla corda tesa fra devianza e normalità e un semplice sbandamento può farlo cascare dalla parte sbagliata. Tende a risolvere il conflitto affrontandolo non all'interno della propria mente, ma nella vita reale. L'esperienza deviante, la tendenza a compiere gesti trasgressivi nei confronti dell'autorità e dell'ambiente, rappresentano una delle modalità con cui l'adolescente si confronta continuamente durante la crescita.

Tra le piccole trasgressioni adolescenziali quotidiane ricorre frequentemente la bugia. Questa rappresenta il segreto e rinnova nel giovane il suo senso di onnipotenza. Spesso l'adolescente compie furti domestici, si impadronisce di denaro e di oggetti di scarso valore. Questo comportamento dimostra la sua incapacità di esprimere bisogni e richieste ai propri genitori, anche se permane il desiderio latente di una dipendenza totale che legittima l'appropriazione indebita.

Il disagio e la confusione possono spingere l'adolescente verso l'uso di sostanze stupefacenti che lo estraniano dalla realtà circostante e gli danno la sensazione di sentirsi più sicuro. Di solito il ragazzo inizia ad assumere stupefacenti insieme ad amici in discoteca o in altri luoghi di ritrovo. Un dato preoccupante in questi anni è l'aumento di suicidi tra gli adolescenti. La dinamica del suicidio giovanile è molto complessa. Bisogna tenere conto di molti fattori sociali e psicologici. È un atto di rottura nei confronti di una realtà avvertita come intollerabile. La terapia di recupero si fonda sulla responsabilizzazione e sulla ricostruzione del ruolo.

Negli ultimi anni, all'interno della scuola media inferiore e superiore e nelle strutture sanitarie, si sono diffuse alcune pratiche psico-socio-pedagogiche che hanno lo scopo di informare i ragazzi sui pericoli dell'uso di droghe, di una sessualità non protetta, sulla salute in generale e su altri temi importanti. Purtroppo si è ancora lontani dal conseguire risultati soddisfacenti. La profilassi necessita di una stretta collaborazione tra famiglia, scuola e servizi del Sistema Sanitario Nazionale. Le istituzioni devono costituire una rete ferma e al tempo stesso flessibile, capace di favorire il processo di individuazione adolescenziale.

1. Osserva le due vignette e commentale con un compagno.

2. Lo stress fa parte della nostra vita quotidiana e, sembra impossibile, anche un neonato può essere stressato. Con un compagno rifletti sulle cause di questa condizione, che non intacca soltanto la nostra dimensione psichica, ma anche la salute.

3. Leggi il primo testo e riassumilo.

4. Che cosa ti stressa? Chi sono le persone maggiormente stressate e per cosa? Confronta le tue opinioni con quelle di un compagno.

5. Le parole che seguono sono tratte da *Che Stress*, una canzone di Paolo Simoni: "Non è poi un caso se i giovani sono depressi, poche vitamine troppi gli eccessi. Se le strade non sono asfaltate, se i bambini non credono più alle fate /… / e anche mia nonna non prega più i suoi santi. /… / Avrei voglia di uscire da questa vita allucinante / Che stress, che stress." C'è qualcuno per caso che ha qualche idea brillante? Con un compagno prova a suggerire qualche idea brillante che possa aiutare a venir fuori da una "vita allucinante".

6. Come giustifichi le persone che si assentano dal posto di lavoro o che persino tentano il suicidio a causa di fattori stressanti e ansiogeni? Pensi sia sufficiente consigliare loro di seguire i consigli che seguono?

   ◆ *"Riposati ogni tanto; un campo che ha riposato dà un raccolto abbondante."* (Ovidio)

   ◆ *"Il campo della nostra coscienza è molto piccolo. Accetta solo un problema alla volta."* (Antoine de Saint-Exupéry)

7. Leggi il secondo testo e commentalo con un compagno.

8. Molte persone si rivolgono a un Centro di Medicina del Sonno, altri si sottopongono a sedute dallo psicoterapeuta. Conosci dei rimedi antistress per evitare di spendere soldi in psicofarmaci e trattamenti rilassanti? Confrontati con un compagno.

Lessico utile

distress ⊘ eustress
ritmi serrati ❶ frenetici
fattori ansiogeni
inadeguatezza ❶ senso d'inferiorità
essere in preda all'ansia
nutrire delle aspettative
ansia da prestazione
ansia competitiva
attacco di panico
disturbi compulsivi
sintomi ❶ disturbi psicosomatici
insonnia ❶ disturbi del sonno
aggressività verbale
senso di pericolo ❶ minaccia

paura ❶ fobia
percezioni distorte
disturbi depressivi
psicofarmaci
psicoterapia ➔ psicoterapeuta
rimedi ❶ tecniche rilassanti ❶ antistress
staccare la spina
reazione ❶ risposta allo stress
resistenza allo stress
gestire l'ansia
presa di coscienza ❶ consapevolezza
senso di appagamento
pensiero positivo

9. Stress e ansia sono fra le parole più cliccate in rete. C'è chi acquista prodotti alimentari rilassanti, chi compra oggetti da manipolare per scaricare l'ansia, altri dedicano il proprio tempo libero a giochi antistress online. Cosa ne pensi? Puoi suggerire delle tecniche da praticare all'aria aperta?

10. In una trasmissione televisiva sono presenti due gruppi di esperti: uno si occupa dei fattori ansiogeni in ambito lavorativo, l'altro nella vita familiare. Scegliete uno dei gruppi e individuate cause e conseguenze. Segue un dibattito, di cui l'insegnante è il mediatore, da cui dovranno emergere diversità e similitudini dei due ambiti.

1 Vita frenetica, aumenta lo stress: ecco le regole per batterlo

Prima ce ne vergognavamo, ora non più, o sempre più raramente. Colpisce sempre di più. Ma, rispettando alcune regole fondamentali, si può vincere. Basta non sottovalutare il problema, avere il coraggio di parlarne, rivolgersi subito a medici, psicologi e psichiatri, usare i farmaci ma con moderazione, e concedersi un po' di tempo libero, magari praticando qualche sport, ascoltando musica o, perché no, cantando in un coro. Perché spesso il confine tra persone "sane" e "malate" svanisce nella diffusa zona grigia della frenetica vita postindustriale. E spesso non sappiamo che il problema di fondo non è lo stress, bensì la depressione che scatena. Un tunnel da cui non esci, se non sei consapevole appieno di esservi entrato e se non hai l'aiuto giusto. Lo stress come male di tutti, raffreddore o influenza dell'anima. E dietro di lui, il vero motivo del malessere che spesso si nasconde dietro i primi o più diffusi sintomi. In molte delle società più prospere e organizzate i casi aumentano a ritmo spaventoso. Il ritmo della vita moderna - il lavoro multitasking, cioè più ruoli

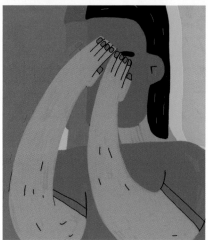

insieme per uno stesso dipendente, la reperibilità costante con e-mail e smartphone, quindi il venir meno di barriere divisorie tra lavoro e tempo libero - sono una delle cause più frequenti. E anche lo stress della competitività, l'obbligo di essere sempre più bravo e produttivo che sempre più persone provano, o infine ma non ultimo la paura di perdere il posto di lavoro. Fino a ieri ci vergognavamo di dirci depressi o stressati, oggi non più. Ma pochi pazienti sanno subito che lo stress è sintomo, la

depressione può esserne motore, causa o peggio conseguenza.

I primi sintomi che conducono alla diagnosi: quando siamo di umore depressivo, quando ci stanchiamo più presto, o quando perdiamo interesse o gioia per tutto quello che fino a ieri ci piaceva, sul lavoro o sugli affetti. Oppure se perdiamo la capacità di concentrazione e la nostra opinione su noi stessi peggiora, se sviluppiamo sensi di colpa o paura sul futuro. Come uscirne? La depressione si cura, ma non da soli. E non affidandosi alle trappole di chi vuol far soldi col tuo stress e ti offre terapie miracolose o ferie lussuose di super-relax. Guai: non far nulla aumenta la depressione. La via d'uscita sta in un mix. Medicine antidepressive, ma lasciando scegliere e dosare al medico quelle giuste. Poi attività fisica, un po' di sport, quello che preferiamo, bastano tre volte alla settimana. Infine, ma non ultimo, la meditazione oppure terapie di gruppo basate magari sull'apprendimento della musica o del canto. È una strada lunga e difficile, ma non impossibile, quella che può portarci a uscire infine a riveder le stelle.

tratto da: www.ricerca.repubblica.it

2 EUSTRESS. QUANDO LO STRESS È POSITIVO

tratto da: www.valentinascoppio.it

In generale, tendiamo a pensare allo stress come a qualcosa di spiacevole e dannoso che ci fa stare solo male. Tuttavia, esistono diversi tipi di stress, uno di questi è chiamato eustress (letteralmente "giusto stress"). Questo è uno stress positivo che ci fa sentire vivi e vedere la vita eccitante: ad esempio, quando giochiamo al nostro sport preferito, quando guardiamo un film spaventoso che però ci piace, quando restiamo alzati fino a tardi per lavorare ad un progetto che desideriamo realizzare, in tutte queste situazioni stiamo sperimentando questo tipo di stress. L'eustress è presente quando abbiamo sfide che dobbiamo affrontare con entusiasmo o come quando lottiamo per raggiungere un obiettivo. Per sentirsi vivi è necessario che ci sia l'eustress, perché senza di esso ci sentiamo tristi, depressi e la vita comincia a sembrare vuota e priva di significato. Si tratta di un tipo di stress che ci mantiene felici e sani.

Ciò che determina se un evento coinvolge stress positivo o negativo, non dipende solo dall'evento stesso ma anche dalla percezione che abbiamo di esso; se il nostro capo ci assegna un compito nuovo, si può vedere come una nuova sfida o come una minaccia. Se lo vediamo come una minaccia, credendo che sarà troppo difficile, pensando che non siamo in grado di farlo, che non sapremo come fare e che creeremo solo un danno al nostro capo, in questo momento stiamo sperimentando uno stress negativo (distress). Tuttavia, se lo vediamo come una sfida, pensando che è elettrizzante perché ci aiuta anche ad uscire dalla routine del nostro solito lavoro, che può essere l'occasione per fare bella figura con il nostro capo, che sebbene dovremo cercare di capire come svolgere il compito al meglio, siamo sicuri che ben presto troveremo la strada giusta per farlo e confidiamo nelle nostre capacità di riuscirci e di risolvere il problema. Pertanto sarà un'esperienza di eustress sia a livello fisico che psicologico. Adesso dipende solo da noi vedere, nella maggior parte delle situazioni che ci capitano, le cose in un modo o nell'altro.

32 | Sport, affari e adrenalina

Lessico utile

atleta professionista ⊜ dilettante
attività dilettantistica ❶ amatoriale
sport agonistico
provare l'ebrezza
far salire l'adrenalina
a caccia di emozioni ❶ brividi
dirigente ❶ imprenditore
direttore di gara

sponsor ❷ sponsorizzare
sponsorizzazione ❶ finanziamento
speculazione economica
diritti televisivi
campionato ❶ scudetto
battere un record ❶ primato
sport estremi
lanciarsi nel vuoto
caduta libera
rischiare ❶ mettere in pericolo la vita

esibizione ❷ esibirsi ❷
esibizionista
sfida ❷ sfidare
bravata
scandalo ❶ scalpore
doping ❷ doparsi
fare uso di anabolizzanti
squadra del cuore
patito ❶ appassionato
simpatizzante ❶ tifoso

1. Osserva l'immagine in basso. Perché, secondo te, le gare automobilistiche hanno tanto successo? Da cosa sono affascinati gli appassionati di questo sport?

2. Commenta questa affermazione "Lo sport va a cercare la paura per dominarla, la fatica per trionfarne, la difficoltà per vincerla." (Pierre de Coubertin)

3. Osserva le due immagini a destra e commentale con un compagno. Quali emozioni provano, secondo voi, gli sportivi audaci?

4. Leggi il primo testo ed estrapola le idee principali.

5. Alcuni atleti enfatizzano le loro prestazioni, fino al punto di spettacolarizzarle. Secondo te, per quale motivo?

6. Osserva le due immagini alla pagina seguente e, con un compagno, individua gli aspetti che hanno in comune.

7. Leggi il secondo testo e individua le opinioni dell'autore.

8. Giochi di potere di dirigenti senza scrupoli, partite "truccate", riciclaggio di denaro, doping: questi sono alcuni esempi di alcuni scandali che spesso colpiscono il mondo dello sport. Perché, secondo te, l'antico ideale sportivo è così disprezzato e tradito?

9. "Dimmi cos'è che ci fa sentire amici anche se non ci conosciamo / Dimmi cos'è che ci fa sentire uniti anche se siamo lontani / Dimmi cos'è, cos'è che batte forte, forte, forte in fondo al cuore, che ci toglie il respiro e ci parla d'amore / … / che ci fai piangere e abbracciarci ancora / … / che ci fai vivere e sentire ancora una persona nuova" (da *Grazie Roma*, Antonello Venditti): questa è la dedica di un cantante, tifoso della sua squadra del cuore. Quali sono le tue opinioni sull'essere simpatizzante di un atleta o di una squadra?

10. Il dibattito di oggi ha come titolo "Il tifo violento: l'altra faccia dello sport". Perché alcuni tifosi compiono atti di vandalismo? Perché arrivano a uccidere? Ci sono delle ragioni psicologiche e sociali del tifo violento?

❶ Adrenalina negli sport estremi

Lanciarsi da un aereo a 4000 metri, scalare le montagne più alte del mondo, camminare nel vuoto su un filo spesso pochi centimetri, spingersi a velocità elevatissime: perché?

Perché alcune persone praticano sport estremi mettendo a repentaglio la propria vita? Patrick de Gayardon (paracadutista), Reinhold Messner (alpinista e scalatore), Maurizio Zanolla (arrampicatore estremo) Stefano De Benedetti (sciatore estremo) sono solamente dei "pazzi" che non stimano il pericolo? Se non avete mai praticato uno sport estremo, non potete nemmeno lontanamente immaginare la sensazione che pervade ogni centimetro del corpo in quel momento: è chiamata "botta adrenalinica" e ci fa provare sensazioni uniche. [...]

Una delle ragioni che spingono le persone a sfide quasi impossibili e rischiose è il fascino di fare esperienze in cui è possibile "sentirsi vivi". In quei momenti si riesce ad avere il controllo assoluto sul proprio corpo e provare sensazioni che nella vita di tutti i giorni non si provano. Questo può essere dovuto a una necessità fisiologica di produrre ormoni e neurotrasmettitori che procurino benessere e piacere. Queste persone vengono anche chiamate «sensation seekers», ovvero i cacciatori di emozioni, e da alcuni studi emerge che essi presentano bassi livelli di neurotrasmettitori, che non vengono prodotti normalmente. Attraverso questi sport ad alto rischio il corpo reagisce producendoli e procurando così piacere. Un'altra causa può essere dovuta da una mutazione dei geni che esprimono il recettore per la dopamina: queste persone possiedono un minor numero di recettori e quindi provano sensazioni, dopo il rilascio di dopamina, meno intense rispetto agli altri. Sentono quindi il bisogno fisiologico di compiere attività che portino a una sovrapproduzione del neuromediatore stimolante, così da ottenere effetti che in altre persone vengono vissute ad una soglia inferiore di sollecitazione. L'abbondante produzione di dopamina che avviene quando si praticano sport estremi tende a generare sensazioni piacevoli simili a quelle sperimentate quando si assumono sostanze stupefacenti o durante il sesso. [...] Alcune persone diventano proprio "drogate" di adrenalina: sono dipendenti dallo svolgere queste attività per provare sensazioni piacevoli e non ne possono fare a meno, esattamente come un drogato non può fare a meno della sua dose di eroina.

Se non avete mai provato nessuna di queste sensazioni dopo aver praticato uno sport, vi consiglio vivamente di mettere da parte la paura e provare a lanciarvi con il paracadute. Ne rimarrete estasiati.

tratto da: www.body-fitness.it

❷ Gli sport poveri

In principio la spaccavamo a metà. C'era il calcio e c'erano gli altri sport. Ma c'erano anche i giornalisti, razza brutta sempre alla ricerca del colpo di penna che resti nella storia. Detto che la storia giustamente guarda e passa, i giornalisti restano e ci provano. Attualmente siamo a 3 categorie. Gli sport ricchi, gli sport da ricchi e gli sport poveri. Alcune discipline distribuiscono, per meglio dire sperperano, soldi; altre ne richiedono per la pratica, altri (i poveri appunto) sono quelli che fanno i conti per sopravvivere, li fanno in termini economici e di reclutamento atleti senza grandi sponsor o una TV che si degni di trasmettere le gare. Sono quelli che entrano nei bar o nelle discussioni del quotidiano e che escono sulle colonne dei giornali nelle immediate vicinanze di un evento olimpico. E sono quelli che non tradiscono mai. Da italiano dico la scherma piuttosto che il canottaggio o i vari tipi di tiro, ma pure per San Marino la sostanza cambia poco. E converge su trap e bocce. La raffa, sport tecnico che richiede anche un bella preparazione fisica, è disciplina affascinate e spettacolare. Non è ancora olimpica come invece il badminton (auguri), ma si vergogni chi continua a considerarla gioco da spiaggia o dei dopolavoristi. Le medaglie arrivano dagli sport poveri, perché la cultura del sacrificio premia. L'altra paga e ognuno è libero di scegliere da che parte stare.

ROBERTO

tratto da: www.smtvsanmarino.sm

33 | Religioni e credenze

1. Osserva e confronta le tre foto. Secondo te, che ruoli hanno nella società mondiale questi uomini? Come assolvono i loro compiti?

2. L'essere umano ha sempre creduto in un ente superiore a se stesso. Qual è la tua opinione in merito? Pensi che credere faccia parte della nostra natura e che sarà sempre così? Scambia le tue idee con la classe.

3. Osserva i due grafici alla pagina seguente e commenta i dati con un compagno. Credete che nel vostro Paese le percentuali siano simili a quelle italiane? Che differenze ci sono?

4. Leggi il primo testo ed estrapola il messaggio che l'autore vuole trasmetterci. Discuti del tuo punto di vista con un compagno.

5. Se la pace della fede rappresenta un ideale ancora da realizzare, è perché molto spesso la cosiddetta "guerra di religione" non è altro che un pretesto dietro il quale si celano altre diversità: politiche, economiche, modi di concepire la vita e il potere. Parlane con un compagno.

6. La chiesa cattolica si rivolge ai giovani, agli emarginati, ai diversamente abili e agli anziani e sempre più spesso interviene su temi sociali, quali la contraccezione e l'aborto. Pensi che sia giusto farlo oppure ritieni che la chiesa debba restare fuori dalle questioni sociali e culturali e occuparsi esclusivamente degli obblighi derivanti dal suo potere spirituale? Confronta le tue opinioni con la classe.

7. Ti sei mai rivolto a un cartomante o a un astrologo per conoscere il tuo futuro? Leggi il secondo testo e individua quali sono le motivazioni che spingono le persone a rivolgersi ai maghi. Nel tuo Paese si fa ricorso alla divinazione? Parlane con un compagno.

8. Le superstizioni sono millenarie ed è difficile sradicarle. La natura, gli animali, l'ambiente domestico, le persone stesse: tutto sembra trasmetterci un messaggio. Si rompe uno specchio? Sette anni di disgrazia! E, soprattutto, non aprite mai un ombrello in casa perché è presagio di sventura! Nel tuo Paese esistono delle superstizioni come in Italia? Confrontati con un compagno.

9. Le credenze popolari non sono soltanto timore di disgrazie. In un'epoca in cui non esistevano i meteorologi, la gente prevedeva il tempo osservando gli animali, com'è il caso della pioggia in arrivo se il gatto si passa la zampa dietro le orecchie; oppure rivolgeva lo sguardo al cielo per trarre consigli anche sul come vestirsi:

   ◆ *"Per la Santa Candelora* (2 febbraio) *dall'inverno semo fora, ma se piove e tira vento, all'inverno semo dentro."*

   ◆ *"D'aprile non ti scoprire, di maggio non ti fidare, di giugno fa quel che ti pare."*

   ◆ *"Rosso di sera, bel tempo si spera."*

   In Italia è usanza trasmettere questi proverbi ai bambini molto piccoli. Cosa avviene nel tuo Paese? Riuscite a conservare e tramandare la cultura popolare? Parlane con un compagno.

10. La classe è chiamata a presentare una relazione sui condizionamenti delle superstizioni e le loro ripercussioni nella vita sociale e domestica. Insieme a un compagno prepara una scaletta su questi aspetti, tenendo conto anche:

    ◆ delle motivazioni dei superstiziosi;
    ◆ del tipo di pratica divinatoria scelta;
    ◆ del costo delle prestazioni offerte per un responso.

    Al termine, scambiate le vostre opinioni con la classe e verificate se i vostri punti di vista sono affini o discordanti.

Lessico utile

dialogo ⊘ scontro tra religioni
guerra di religione
scambio interculturale
dogma ❶ principio ❶ verità
potere spirituale ⊘ temporale
sacralità ❶ santità ❶ venerabilità
venerazione ❶ adorazione
culto ❶ devozione
professare una religione ❶ credere
credo ❶ fede ⊘ ateismo
agnosticismo ❶ scetticismo ⊘ scettico
divinità ❶ ente supremo ❶ superiore
praticante ⊘ non praticante
occulto ❶ arcano
fanatismo
setta
superstizione ❶ scaramanzia
paranormale ❶ sovrannaturale
credenza popolare
monito ❶ avvertimento
allontanare la iettatura ❶ il malocchio
fare gli scongiuri
sventura ❶ disgrazia
amuleto ❶ talismano
pratica rituale ❶ divinatoria
formula magica ❶ propiziatoria
responso ❶ profezia
stregoneria
negromanzia
esorcismo
divinazione

❶

Scontro o dialogo?
Difficoltà e fascino di un dialogo tra religioni

Pace, dialogo, tolleranza, scambio: mai come in questo periodo queste parole sono state usate, ripetute, inflazionate. Ma il problema del dialogo tra religioni diverse, del confronto tra culture e mentalità differenti, è antico quanto il mondo. Per rimanere nell'ambito della storia occidentale, le difficoltà riguardano, è inutile negarlo, la sempre angusta convivenza delle tre grandi religioni monoteiste: il cristianesimo, l'islam, l'ebraismo. La nostra storia è ricca di guerre, crociate, invasioni reciproche, senza contare l'antisemitismo più o meno latente nella cultura cattolica come in quella islamica. Non dobbiamo, però, credere che i valori della tolleranza e del dialogo siano appannaggio solo dell'uomo moderno. Molti, anche se non tantissimi, nel passato, si sono resi conto che non solo con la forza delle armi si può riportare la pace e la concordia tra i popoli, quanto invece con la ragione e gli argomenti persuasivi. Il testo più straordinario e interessante, riguardante il dialogo tra religioni, è senza dubbio il *De pace fidei* del cardinale tedesco, Nikolaus Krebs -Nicola Cusano- che lancia, a metà del 1400, una proposta che noi moderni chiameremmo "pacifista": la pace e il dialogo fra religioni diverse sono necessari e possibili sulla base della fede nel Dio unico che è il centro delle grandi religioni monoteiste.
Nel testo è chiaramente espressa la volontà razionale di trovare ogni possibile argomento di accordo sia con l'islam che con l'ebraismo, tralasciando gli argomenti letterali più limitativi, ed elevandosi all'essenza dei contenuti religiosi. Lo scopo è tendere ad alleggerire le possibili divergenze sostenendo un nucleo di verità, a cui anche tutte le altre religioni non possono non consentire. Secondo Cusano è possibile quindi una purificazione intellettuale delle parziali verità delle singole confessioni, perché i contenuti essenziali di tutte le religioni sono fondamentalmente uguali. Trovato l'accordo per ciò che riguarda le verità essenziali, si scopre che tutte le altre diversità consistono più nei riti, nelle cerimonie, che nel culto di un solo Dio. Il dialogo, in linea di principio, è sempre possibile in virtù della stessa natura umana per la quale tutti gli uomini sono uomini. Tuttavia, ci si guarda bene dal negare la diversità di ciascun uomo con il suo simile, in una miope presa di posizione egualitaria: il mondo è dominato dalla diversità. Ma non si deve credere che ciò che è afferrabile in modo diverso sia nel diverso, cioè nell'errato. La diversità non è un concetto totalmente negativo, ma indica solo un "altro" essere, diverso in quanto come noi diviso, parziale e distinto da qualcos'altro.
Al di là di ogni considerazione, appare evidente che i temi della pace e del dialogo traducono un'esigenza umana, politica, sociale, religiosa ancora attuale e gli avvenimenti lo dimostrano costantemente.

tratto da: *www.giubal.it*

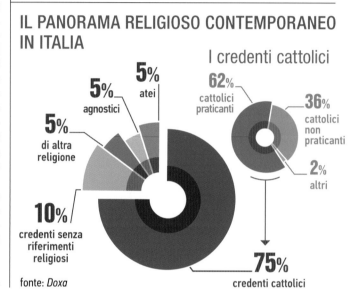

IL PANORAMA RELIGIOSO CONTEMPORANEO IN ITALIA

5% atei
5% agnostici
5% di altra religione
10% credenti senza riferimenti religiosi
75% credenti cattolici

I credenti cattolici
62% cattolici praticanti
36% cattolici non praticanti
2% altri

fonte: *Doxa*

---

❷
L'economia in crisi fa crescere il fatturato dei maghi

tratto da: *www.lavoce.info*

Nei primi sei mesi dell'anno il fatturato presunto di maghi, cartomanti e simili avrebbe raggiunto gli 8,3 miliardi. In crescita netta rispetto a solo pochi anni fa. Un fenomeno che potrebbe essere collegato alla crisi economica.
Esiste una relazione tra l'intensificarsi del ricorso a maghi e cartomanti e la crisi economica? Quasi che le difficoltà economiche imponessero di affiancare le aspettative e le scelte con elementi di irrazionalità, ovvero rendessero necessaria una conferma di fiducia ricorrendo a consulenze paranormali. Non possediamo un *data set* sufficientemente ampio per procedere ad analisi econometriche che offrano relative certezze sul tema, ma una ricognizione a volo d'uccello di alcuni recenti materiali che indagano l'"'espansione" dell'occulto ci permette, quanto meno, di formulare qualche credibile osservazione. Più di una ricerca sembra confermare l'assunto di partenza. Nei primi sei mesi dell'anno, il fatturato (presunto) dell'occulto, qui inteso come il settore nel quale lavorano maghi, cartomanti, fattucchieri, cui vanno aggiunti spiritisti, sensitivi, rabdomanti, è aumentato del 18,5 %, passando da 7,5 miliardi a 8,3 miliardi. Un numero considerevole di operatori dell'occulto – 160mila – fornisce 30mila prestazioni giornaliere a quei quattro italiani su dieci che confidano nelle previsioni di chiaroveggenti, spendendo per una "consulenza" un importo variabile tra 50 e mille euro. L'emergere del lavoro come argomento sul quale ottenere conferma o smentita di aspettative è ribadito da un'altra ricerca sul tema, quella condotta dal Comitato italiano per il controllo delle affermazioni sul paranormale (Cicap). Al cartomante o mago si chiedono previsioni sul lavoro, cercando di esorcizzare così l'incubo di perderlo o di non trovarlo per sé ma anche per i figli. Poi, a seguire, le domande cercano rassicurazioni su affari in corso, salute, amore perso o trovato. Si intensificano i contatti tra i maghi e gli indovini e i professionisti della finanza, i top manager e gli imprenditori, finalizzati a conoscere sviluppi e tempi della crisi. Le modalità di pagamento delle prestazioni esoteriche variano molto: ora sono effettuate anche in natura (generi alimentari, gioielli); oppure ricorrendo a prestiti, con relativa rateizzazione del saldo, concessi a volte da organizzazioni specializzate in operazioni di usura.

Lessico utile

relazione familiare

affettività

ruoli familiari ❶ domestici

doveri ❶ responsabilità genitoriali

scuola per genitori

centro di ascolto ❶ di orientamento ❶ di sostegno

consultorio familiare

gruppo di mutuo-aiuto

associazionismo ❶ rete sociale

famiglia eterosessuale ❷ omosessuale

famiglia nucleare

famiglia lunga

famiglia monogenitoriale ❶ monoparentale

famiglia ricostituita ❶ ricomposta ❶ allargata

famiglia di fatto

famiglia mista

famiglia immigrata

frammentazione ❶ contaminazione culturale

cultura migrante ❶ ospitante

politiche sociali

mercato del lavoro minorile

sussidi statali

asili nido

doposcuola

agevolazioni ❶ contributi

buoni pasto ❶ sconti per famiglie disagiate

detrazioni fiscali

congedo di paternità

permesso per allattamento al padre

ONLUS

1. Cambiano le società, le ideologie e i costumi, e cambiano anche i modelli familiari. In Italia convivono vari tipi di famiglia: qual è la situazione nel tuo Paese? Confrontati con la classe.

2. Osserva la vignetta in alto e commentala con un compagno. Che tipo di famiglia vi suggerisce?

3. Da diversi decenni le donne italiane lavorano, spesso più dei mariti/compagni, pertanto non possono dedicare tempo sufficiente ai figli. Chi ha possibilità economiche assume una baby-sitter ma in molti casi subentrano i nonni. Nel tuo Paese come si organizza una madre-lavoratrice? Discutine con un compagno.

4. Anche i ruoli dei padri sono cambiati nel tempo: osserva l'immagine in basso e commentala con un compagno.

5. Leggi il primo testo e riassumilo.

6. Osserva il grafico alla pagina successiva e con la classe compara la tendenza del tuo Paese.

7. La denatalità non è soltanto frutto del cambiamento della società ma, anche, della crisi economica e della disoccupazione che non consentono più al tradizionale nucleo familiare, ancor meno alla famiglia monogenitoriale, di soddisfare i bisogni della prole. Come si può intervenire a sostegno dei genitori? Quali servizi potrebbero essere offerti?

8. Leggi il secondo testo e commentalo con un tuo compagno. Il calo delle nascite è legato anche al desiderio della madre di far carriera. Nel tuo Paese, le donne come gestiscono il desiderio di carriera e quello di maternità?

9. In Italia esistono alcune associazioni che offrono dei servizi di supporto alle famiglie, come il nido e il doposcuola, ma sono a pagamento, salvo rari casi in cui ricevono dei contributi comunali o regionali. Che cosa accade nel tuo Paese quando un genitore single non ha un lavoro stabile o è disoccupato?

10. Fate parte della ONLUS "Per la famiglia" e vi siete uniti ad altri centri di ascolto per presentare un progetto al Governo per aiutare gratuitamente tutte le famiglie disagiate ad affrontare la quotidianità, nel rispetto dei doveri parentali e delle responsabilità civili. Elencate le proposte che intendete sottoporre. Segue un dibattito con la classe.

① Nuovo minimo storico dall'Unità d'Italia

CROLLO NASCITE

Per la prima volta in 90 anni l'Italia perde popolazione

Per la prima volta negli ultimi 90 anni, l'Italia perde popolazione: se rimane il contributo positivo, seppur ridotto, della componente migratoria, pesa invece in negativo il fatto che i decessi superano in modo consistente le nascite, determinando un calo della popolazione di circa 130 mila unità. Ciò è dovuto a un effetto strutturale legato all'invecchiamento della popolazione, con conseguente aumento della mortalità, ma dipende anche dall'accentuarsi del declino della natalità, che perdura ormai in modo importante. L'anno scorso i nati sono stati 485.780, quasi il 16% in meno rispetto a 7 anni fa; si tratta di un nuovo minimo storico dall'Unità d'Italia. A evidenziarlo è l'ultimo numero della pubblicazione periodica "Statistiche Flash", curata dalla Sezione Sistema Statistico della Regione del Veneto. La caratteristica di più elevata natalità e fecondità, che ha caratterizzato il territorio negli anni passati, fa spiccare ancor di più un declino che caratterizza tutte le regioni. La diminuzione del numero di nati dipende da diversi fattori, uno dei quali è strutturale. Negli ultimi anni, infatti, si è conclusa la vita riproduttiva delle donne nate nella fase del baby-boom di metà degli anni '60 e la riproduzione si affida alle generazioni successive di donne, che sono meno numerose. Un altro fattore che penalizza il desiderio di maternità è il mercato del lavoro. Il tasso di occupazione delle donne con figli è, per tutte le età fertili, sistematicamente più basso di quello delle donne senza figli, mettendo in evidenza quanto poco il mercato del lavoro contempli la conciliazione familiare. Una nota di speranza per una ripresa della natalità nel prossimo decennio viene dall'affacciarsi al periodo di massima fertilità delle donne nate durante il trend di crescita degli anni novanta e duemila.

tratto da: www.rainews.it

Rinunciare ai figli per la carriera, una scelta diffusa ②

Per tre donne su quattro la maternità passa in secondo piano rispetto alla vita professionale. Può sembrare strano ma questa è la tendenza attuale delle donne italiane, sempre più spesso in crisi a causa della difficoltà nel conciliare un impiego con le esigenze della prole. Come si apprende da un'indagine Adecco, condotta su oltre duemilacinquecento lavoratrici donne, il motivo di questa scelta deriva dalla constatazione che sul lavoro i ruoli di comando sono quasi totalmente in mano agli uomini. Il sondaggio Adecco si è basato su una domanda posta a tutte le intervistate, invitate a elencare le priorità della propria vita. La percentuale di donne che ha affermato a chiare lettere di voler riuscire a conciliare lavoro e famiglia è pari al 42,8%, ma per il 63,21% questo fine è ostacolato dalla predominanza maschile in ambito professionale.

"A cosa non sei disponibile a rinunciare per il lavoro?"

A questo quesito, invece, solo il 27% ha risposto indicando i figli come motivo determinante per rinunciare alla carriera, mentre una percentuale di gran lunga maggiore, pari al 43.15%, considera molto importante la vita di coppia. Infine, metterebbe da parte famiglia e partner l'11,16% delle donne.

27% **43**,15% **11**,16%

L'indagine Adecco ha anche scandagliato le opinioni dei dirigenti di oltre duecento aziende, tutti di sesso maschile, e sembra che oltre la metà degli interpellati condivida con le esponenti donne la convinzione che le imprese italiane siano tendenzialmente maschiliste.

tratto da: www.diredonna.it

Le nascite in Italia

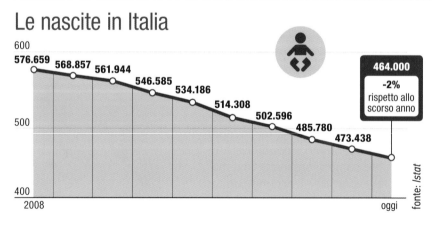

576.659   568.857   561.944   546.585   534.186   514.308   502.596   485.780   473.438

600
500
400
2008   oggi

464.000
-2%
rispetto allo scorso anno

fonte: Istat

Lessico utile

identità sessuale
diritto alla sessualità
inibizione ⊘ disinibizione
linguaggio del corpo
stereotipizzazione
del corpo

disuguaglianze di genere ⊘
pari diritti
sessismo ➲ sessista
discriminazione sessuale
fallocentrismo
machismo
maschilismo ⊘
femminismo
misoginia ⊘ misandria

gruppo di avversione
mercificazione ❶
sfruttamento
donna-oggetto
pornografia ➲ pornografico
assoggettamento fisico e
psicologico
maltrattamenti
molestie sessuali

violenza ❶ abuso
sessuale ❶ stupro
femminicidio
contrasto alla violenza
centri antiviolenza
sostegno ❶ supporto
psicologico
indennizzo alle
vittime

1. Osserva e commenta l'immagine in alto con un compagno. Che cosa ti fa pensare lo slogan "libertà di amare"?

2. Quanta strada è stata percorsa per ottenere l'emancipazione sessuale eppure sono ancora molte le mete da raggiungere. Che cosa è stato fatto o viene fatto in merito nel tuo Paese (manifestazioni, altre iniziative ecc.)? Parlane con un compagno.

3. Osserva l'immagine in basso. A cosa ti fa pensare l'affermazione "Con il mio corpo non si tratta"? Il manifesto a che tipo di "domanda" si riferisce?

4. Il corpo delle donne è spesso utilizzato per generare più profitto e audience. Spot pubblicitari, cartellonistica e carta stampata propongono un doppio ideale di donna: il tradizionale angelo del focolare oppure una donna sexy e voluttuosa 'mangiauomini'. È così anche nel tuo Paese? Secondo te, può esistere una visione intermedia tra i due stereotipi? Parlane con un compagno.

5. Leggi il primo testo e, con un compagno, commenta la sentenza del giudice. Sei d'accordo o contrario?

6. "Di sprezzo degno se stesso rende chi pur nell'ira la donna offende" (da *La Traviata*, Giuseppe Verdi). A distanza di oltre 150 anni, credi che quest'affermazione sia ancora valida?

7. Su *la Repubblica* è apparsa questa considerazione: "Non bastano le leggi per garantire le donne. Certamente quelle conquistate negli scorsi decenni sono servite per ottenere, almeno in Occidente, pari diritti e, anche sul piano dell'emancipazione sociale, nell'ultimo mezzo secolo sono stati fatti numerosi passi avanti. Ma, se consideriamo la sfera privata delle donne, quella più intima e quotidiana, vediamo che il dominio maschile persiste, che sessualità e famiglia restano terreni di conquista non ancora realizzati e che, dunque, la liberazione femminile è ancora lontana" (Silvana Mazzocchi). Sei d'accordo? Con un compagno confronta il tuo punto di vista.

8. Leggi il secondo testo e commentalo con un compagno. Secondo voi, un uomo giovane cosa cerca in una donna più matura? Pensate che le motivazioni siano comuni?

9. Un aspetto dell'emancipazione della sessualità riguarda la possibilità di scegliere con chi avere una relazione e quanto tempo farla durare, e anche condividere desideri, aspettative, emozioni di coppia. Nel tuo Paese, la libertà sessuale, maschile e femminile, è diffusa e tutelata? In che modo? Parlane con un compagno.

10. Questa sera in TV si parla di discriminazione sessuale verso le donne. Interverranno ospiti di correnti opposte che si fronteggeranno per esprimersi a favore o contro la libertà sessuale. Tu da che parte stai? Unisciti ai sostenitori o agli oppositori e argomenta le tue motivazioni in modo persuasivo.

❶ Palermo, assolto ex dirigente che molestò impiegate: rendiamogli pan per focaccia

Molto bene. In questo Paese o l'accusa dimostra senza nessun ragionevole dubbio che l'imputato è un satiro colpito da un irrefrenabile impulso sessuale, oppure palpeggiando sul posto di lavoro una donna la si può benissimo fare franca. Le motivazioni relative alla sentenza che assolse l'ex direttore dell'Agenzia delle Entrate Palermo 1, accusato di avere molestato due impiegate del suo ufficio "palpeggiandole", dicono che: "Non si deve fare riferimento alle parti anatomiche aggredite e al grado di intensità fisica del contatto instaurato, ma si deve tenere conto dell'intero contesto. Nel comportamento dell'ex direttore non era ravvisabile alcun fine di concupiscenza o di soddisfacimento dell'impulso sessuale". L'ex direttore, quindi, viene sì giudicato "immaturo" dal Tribunale, descrivendo il suo atteggiamento come "inopportuno atteggiamento di scherzo, frammisto ad una larvata forma di prevaricazione e a una, sia pur scorretta, modalità di impostazione dei rapporti gerarchici all'interno dell'ufficio", ma lo assolve dal reato di molestia.

Ecco, secondo me, questo è l'aspetto più grave della sentenza di Palermo: l'aver sostanzialmente sottovalutato un'azione sessista e non aver stabilito alcun provvedimento – per esempio delle ore di volontariato in una struttura per il recupero di donne abusate e violentate – se non appellare l'imputato come "immaturo". Ma il giudice, rispondendo alle pesanti critiche che da più parti gli sono arrivate, ha difeso il suo lavoro e confermato la tesi dello "scherzo pesante" che era stata avanzata da altri lavoratori presenti nell'ufficio sotto indagine ed aggiungendo che "non può considerarsi un buffetto sul sedere o toccare il bottoncino di una scollatura come fatto avente una connotazione sessuale". Certo, formalmente, signor Giudice lei ha ragione, ma vorrei ci soffermassimo sulle conseguenze che avrà il suo verdetto, in una società, come dicevo, sin troppo piegata verso gli interessi, i gusti e le ascendenze maschili. Di certi palpeggiamenti fatti sui luoghi di lavoro d'ora in avanti si parlerà semplicemente come di "scherzi", da non farne "una questione" ma da sottovalutare tranquillamente.

tratto da: www.ilfattoquotidiano.it

❷ SE LUI È MOLTO PIÙ GIOVANE DI LEI LA COPPIA FUNZIONA?

Le relazioni dove la donna è più grande dell'uomo sono sempre più diffuse ed è ora di smettere di considerarle come un'anomalia. Abbiamo chiesto se è vero alla psicoterapeuta Nicoletta Suppa, per capire come vivere al meglio queste storie d'amore, senza farsi condizionare da parenti, amici e colleghi, che possono guardarci come mantidi e non come donne innamorate.

tratto da: d.repubblica.it

Una coppia in cui la donna è più grande di età rispetto all'uomo suscita ancora scalpore. Cosa che non accade quando i ruoli sono invertiti...

"Ci sono ancora tanti tabù a riguardo e le ragioni sono essenzialmente due. La prima, di carattere sociologico, ha a che fare con i ruoli stereotipati del maschile e del femminile in una coppia: l'uomo è la parte forte, che protegge, che ha più esperienza e per questo guida. E a rafforzare questa differenza in questo cliché è proprio l'età anagrafica. La seconda motivazione è di carattere filogenetico: il tabù si regge sulla possibilità che ha l'uomo di esse-

re fertile anche in età avanzata, cosa che non succede alla donna, la quale ha una limitazione temporale legata alla menopausa".

Cosa spinge una donna a mettersi con un uomo più piccolo? E cosa cerca in questo tipo di rapporto?

"Di solito dietro questa scelta c'è un intimo bisogno di affermazione di sé, della propria femminilità. Il riconoscimento dato da un uomo più piccolo è molto importante in termini di conferma del proprio potere seduttivo. Inoltre un compagno più giovane può stimolare maggiormente, perché è più propositivo, forse anche più imprevedibile. C'è quella trasgressione che accende il desiderio sessuale femminile, inoltre il sentirsi desiderata da uno più giovane è fonte di estrema gratificazione. Le donne che scelgono partner così, spesso escono da relazioni deludenti con dei coetanei, nelle qua-

li hanno sofferto e hanno visto sacrificata e svalorizzata la propria femminilità. Scatta così il desiderio di essere apprezzate e di tornare a credere in se stesse".

Perché questa diade viene considerata sbilanciata e spesso si pensa che non può durare?

"Si crede che i diversi bisogni e le diverse esigenze dei due partner possano portare prima o poi ad una rottura. Si tratta di un rapporto che necessita di impegno reciproco e forza nel superare le difficoltà date dalla grande differenza di età e dal confronto col sociale. Ma come detto prima, tutte le storie d'amore per durare hanno bisogno di un impegno, da parte di entrambi, nel continuare a scegliersi ogni giorno e nutrendo il sentimento negli anni. Sono questi i segnali che possono far capire che durerà, anche tra dieci anni, quando magari le differenze, non solo estetiche, si faranno sentire di più".

36 | Quando il gioco diventa malattia

Lessico utile

ruota della fortuna

dea bendata

tentare la sorte

premio ❶ montepremi milionario

scommesse sportive

pronostico

vincente o piazzato

favorito ✪ sfavorito

agenzia di scommesse

ricevitoria

sale VLT

giocare la schedina (del Totocalcio)

calcioscommesse

giocare al Lotto e Superenalotto

estrazione dei numeri

numeri ritardatari

combinazione ❶ sistema

calcolo delle probabilità

giocata

puntata

quota

vincita ❶ guadagno netto

calcolo delle probabilità

la Smorfia

biglietti della lotteria

lotteria istantanea ❶ gratta e vinci

casinò

gioco d'azzardo

virus del gioco

ludopatia

---

1. Per definizione, il gioco, singolo o collettivo, è uno svago che aiuta a potenziare le energie psico-fisiche. Osservando le due immagini, puoi affermare con sicurezza che si tratti di situazioni di gioco?

2. L'Italia è il Paese in cui sono venduti più *gratta e vinci* al mondo e in cui si stampa un quinto di tutti i biglietti in circolazione sul pianeta. D'altra parte solo un premio su tre supera il prezzo pagato per il biglietto e le possibilità di vincere il primo premio sono dello 0,000013 per cento. Nel tuo Paese esiste la lotteria istantanea? Che tu sappia, la probabilità di vincere una somma importante è più alta rispetto all'Italia? Confrontati con un compagno.

3. Leggi il primo testo e commentalo con un compagno. In Italia non è necessario attendere che un nostro caro defunto ci dia dei numeri durante il sonno; esiste un libro dei sogni, la Smorfia, di antica tradizione napoletana, secondo cui ciò che si sogna può essere analizzato e interpretato come numeri da giocare al Lotto. Cosa ne pensate? Ci sono tradizioni simili da voi?

4. Quanto credi sia importante essere fortunati al gioco? Oppure è sufficiente studiare sistemi e applicare combinazioni secondo il calcolo delle probabilità? Parlane con un compagno.

5. In Italia esistono numerose agenzie di scommesse, molte autorizzate e alcune clandestine, ed è possibile scommettere anche online. Che opinione hai delle scommesse sportive? È possibile guadagnare abbastanza con questo tipo di gioco? Come funzionano nel tuo Paese? Confrontati con un compagno.

6. Leggi il secondo testo ed estrapola le motivazioni per cui si gioca d'azzardo. Parlane con un compagno.

7. Passeggiando lungo le strade cittadine s'incontrano locali adibiti al gioco, non solo ricevitorie e centri scommesse, ma è possibile giocare presso i tabaccai e i bar, dove spesso ci s'imbatte in persone tese o tristi davanti a una slot machine, detta anche "macchina mangiasoldi". Che ne pensi? Com'è la situazione del tuo Paese? A te è mai capitato di giocarci? Confronta la tua esperienza con quella della classe e chiedi se con le slot machine è possibile accumulare soldi.

8. All'ingresso delle ricevitorie si trovano affissi alcuni cartelli che invitano alla moderazione e alla responsabilità, come questo: "Il gioco può provocare dipendenza patologica". Secondo te, com'è possibile che il gioco, attività ricreativa per eccellenza, possa causare dipendenza, alla stessa stregua del fumo e dell'alcol? Parlane con un compagno.

9. Gli italiani affetti da GAP (gioco d'azzardo patologico) sono in costante aumento e sta dilagando ciò che viene definito il "virus del gioco" che provoca ludopatia, tanto grave sul piano economico e sociale da costringere il Governo ad adottare dei provvedimenti urgenti. Cosa potresti suggerire per arginare questo fenomeno? Confronta le tue idee con un compagno.

10. Tu e un tuo compagno fate parte di un Osservatorio Nazionale che si pone come obiettivo quello di salvaguardare la salute e la sicurezza dei cittadini. Vi è stato richiesto di individuare le conseguenze economiche e sociali del gioco d'azzardo e di ipotizzare un identikit del giocatore patologico. Svolto questo lavoro di analisi, aprite un dibattito con la classe.

❶ RUVO, IL MARITO MORTO LE VIENE IN SOGNO E FA UN TERNO SECCO

La vita di coppia dura in «eterno»? E anche dall'aldilà? Beh, forse sì, vedendo quanto accaduto ad una vedova di Ruvo. Ha giocato al lotto 5 euro e ne ha vinti poco più di 7mila. Un terno secco. È infatti la fortunata vincita di una signora, vedova, sessantenne, che qualche giorno fa ha sognato il marito (morto da circa un mese) che le avrebbe «suggerito» di giocare al lotto i tre numeri: 7, 20 e 54 sulla ruota nazionale.

Come si chiama il frate più assiduo giocatore del lotto?

Padre Terno

All'inizio la donna, forse ancora un po' assonnata, non ha dato tanto peso a quel sogno. Ma l'indicazione era precisa: vai e gioca questi tre numeri. Al mattino, appena sveglia, la signora ha preso un appunto su un pezzo di carta lì sul comò per evitare di dimenticare il suggerimento. Sbrigate le faccende di casa, la vedova si è presentata alla ricevitoria n. 424 in piazza Bovio per dar seguito all'invito. Al titolare ha raccontato frettolosamente quanto accaduto la notte precedente. Ha puntato cinque euro sui tre numeri in fila della ruota nazionale. La sera poi, al momento dell'estrazione, alla donna non è sembrato vero: ecco i tre numeri vincenti. E le lacrime di gioia sono scoppiate quando ha appreso della vincita di poco più di settemila euro. Forse c'è una morale: a volte, credere nelle parole del marito conviene. Anche dall'aldilà.

tratto da: www.lagazzettadelmezzogiorno.it

❷ Gioco d'azzardo, la dipendenza di chi non ha altri piaceri

Molte persone afflitte dalla "febbre del gioco d'azzardo" riferiscono di provare la sensazione di vivere come all'interno di una "bolla", una sorta di mondo ovattato scandito dal gioco dove è possibile provare sensazioni di gioia, speranza, dolore e rabbia, mentre al di fuori tutto appare piatto e inutile. Ma a destare preoccupazione è il fatto che molti di loro non identificano il gioco come un problema, se non quando la situazione è ormai compromessa al punto da aver mandato a monte i risparmi e gli affetti di una vita intera.

A livello clinico giungono spesso soltanto i casi estremi. Anche per questo è probabile che il fenomeno della patologia da gioco d'azzardo sia ampiamente sottostimato ed è importante imparare a riconoscere i segnali di pericolo sin dall'inizio, spegnendo sul nascere qualsiasi atteggiamento sbagliato. Gli italiani amano giocare d'azzardo, al punto che la rivista *Economist* ha stimato che perdono ogni anno circa 24 miliardi di euro in scommesse sportive, videopoker, "gratta e vinci" e gioco del Lotto. La differenza tra un giocatore d'azzardo comune e uno patologico sta principalmente nell'intensità e nella frequenza con cui l'attività del gioco viene ricercata e praticata. Mentre una persona normale sa riconoscere le situazioni di rischio e riesce a porre un freno quando questo diventa troppo alto, un soggetto con la patologia del gioco non riesce a porsi dei limiti e vive nella totale indifferenza rispetto alle potenziali conseguenze negative del proprio modo di giocare. Le ricerche nel campo delle neuroscienze compiute negli ultimi 15 anni individuano una base genetica comune, responsabile di un difetto nella capacità di provare piacere. Sarebbe proprio l'incapacità di provare emozioni piacevoli nella vita quotidiana a spingere alcuni soggetti a ricercare emozioni forti, che alcuni ritrovano nel gioco d'azzardo. Le persone che in famiglia hanno avuto qualcuno con esperienze negative nell'ambito del gioco d'azzardo sono a maggior rischio di altre. Per il resto le condizioni che più si associano al gioco d'azzardo patologico sono quelle della dipendenza, come l'alcolismo, la dipendenza dalla droga e in particolar modo dalla cocaina. Non dimentichiamo poi che la dipendenza dal gioco d'azzardo non coinvolge soltanto le slot machine o il "gratta e vinci", ma anche la borsa. Ed è proprio nel settore della finanza che si registrano molti casi di dipendenza patologica, con conseguenze economiche anche peggiori per via delle grandi somme di denaro che è possibile perdere.

tratto da: www.lastampa.it

Lessico utile

paesi in via di sviluppo (PVS)
indicatori statistici, sociali ed economici
indice di sviluppo umano
modello sociale e culturale
tensioni ❶ conflitti sociali
sottosviluppo ❶ arretratezza
disuguaglianza sociale
economia di mercato
disparità economiche
debito del terzo mondo
sfruttamento ❶ depauperamento delle risorse naturali ❶ minerarie
tasso di natalità ❶ mortalità
sovrappopolazione
controllo delle nascite
speranza di vita
malattie epidemiche ❶ epidemie

siccità ❶ aridità
carestia
calamità ❶ disastri naturali
mutamenti climatici
malnutrizione e denutrizione
vivere di espedienti
denuncia ❶ accusa ❶ rapporto
azioni ❶ misure umanitarie
donazioni ❶ lasciti
adozione a distanza
commercio equo e solidale
associazioni di volontariato ❶ non governative (ONG)
Save the Children, Unicef, Action Aid, Medici senza frontiere, Emergency

1. Osserva la vignetta e, con un compagno, rifletti sullo sfruttamento delle risorse naturali a scapito delle popolazioni più povere.

2. Il commercio equo e solidale garantisce ai Paesi in via di sviluppo un prezzo equo ai loro prodotti, rispetto dei diritti dei lavoratori e cooperazione a programmi locali di sviluppo. Acquisti mai prodotti provenienti dai PVS? Nel tuo Paese ci sono negozi che vendono manufatti o prodotti da coltivazione biologica? Ottieni informazioni dai tuoi compagni.

3. Osserva l'immagine in basso e commentala con un compagno. Che sensazione provate nel vedere queste persone tra i rifiuti?

4. In un reportage di *L'Espresso*, noto settimanale italiano, si legge: «I nostri consumi tecnologici crescono, e così i rifiuti; ogni anno si producono tra i 20 e i 50 milioni di tonnellate di *e-waste*. Dove finiscono? In posti come la periferia di Accra, dove migliaia di ragazzi lavorano senza tutele in un ambiente tossico». Commenta questa denuncia con un compagno e rifletti sulla possibilità di riciclo del materiale elettronico.

5. Leggi il primo testo e riassumi i punti-chiave relativi al problema della scarsità dell'acqua pulita in determinate aree del pianeta.

6. «Gli svantaggi imputabili alla povertà, all'appartenenza di genere o alla disabilità impediscono a milioni di adolescenti di realizzare il loro pieno diritto ad avere un'istruzione di qualità, a ottenere assistenza sanitaria, protezione e partecipazione» (Geeta Rao Gupta, vicedirettore generale dell'UNICEF). Con un compagno discuti di questi svantaggi confrontandoli con i diritti acquisiti dagli adolescenti occidentali.

7. Leggi il secondo testo e commentalo con un compagno. Secondo voi, quali sono le condizioni di vita di questi medici?

8. Sono molte le ONG che lavorano per migliorare le condizioni sociali dei più poveri nel mondo. Nel tuo Paese esistono queste organizzazioni? Ritieni che svolgano il loro operato seguendo principi di correttezza e lealtà?

9. Sfruttamento delle risorse, scarsità di acqua pulita, povertà estrema e malnutrizione. Perché una parte del nostro pianeta è colpita da questi drammi? Quali sono le cause e cosa si può fare per avere un futuro migliore? Parlane con un compagno.

10. Le organizzazioni internazionali si occupano di portare cibo e acqua, istruzione e medicine alle popolazioni povere. Ma noi cosa possiamo fare quotidianamente? Presenta le tue idee alla classe e ascolta le altre proposte che puoi condividere o contraddire.

❶ NEL MONDO... 700 MILIONI DI PERSONE... SENZA ACQUA PULITA

Ogni minuto un neonato muore per infezioni contratte a causa delle cattive condizioni igieniche. Il 42% delle strutture sanitarie africane non ha acqua potabile. A sud del Sahara il diritto all'acqua viene negato a 4 persone su 10 provocando la diffusione di diarrea, colera, tifo. Infezioni che diventano letali se non sono curate in tempo.

Le cifre di una tragedia. Il 15% delle mamme muore per infezioni contratte nelle prime 6 settimane dal parto. E ogni giorno centinaia di donne e ragazze africane non possono prendersi cura dei figli né portarli a scuola o studiare o lavorare perché sono occupate nella ricerca e nel trasporto dell'acqua. Spendono in questa ricerca 40 miliardii di ore all'anno: camminano per 8 chilometri al giorno per raggiungere la fonte più vicina e nella stagione secca questo tempo raddoppia. Le malattie legate all'igiene debilitano e uccidono un milione di africani ogni anno. Le persone che soffrono di scarsa igiene occupano metà dei letti d'ospedale dell'Africa Sub-Sahariana e assorbono il 12% del budget.

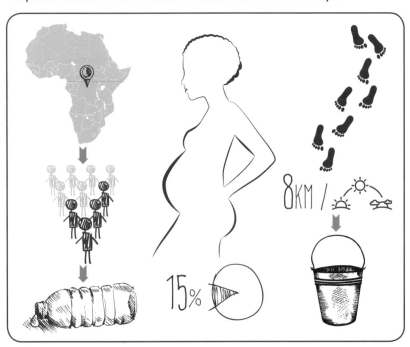

Strutture per affrontare l'emergenza. Tra le varie Ong impegnate, Amref non solo cerca l'acqua e realizza pozzi, ma costruisce collegamenti con i sistemi di distribuzione locale, crea cisterne e soprattutto fa formazione. "La popolazione locale deve gestire la manutenzione delle strutture e deve saper affrontare l'emergenza, dunque serve saper lavorare sulla prevenzione e sulla scelta di sistemi alternativi. Non basta creare un pozzo sul posto se non c'è chi lo sa mantenere in attività. Noi puntiamo a fare in modo che gli africani gestiscano la propria acqua".

Acqua per lo sviluppo. Un'altra Ong, Action Aid, lavorerà perché intorno all'acqua si creino sistemi virtuosi che migliorino le condizioni socio-economiche dei territori. L'acqua può diventare fonte di salute ma anche di reddito. Può essere incanalata e utilizzata per gli orti, a uso privato o per il commercio. Un modo per rispondere a fame e povertà. Acqua per la salute, dunque, ma anche acqua per lo sviluppo. Secondo una stima del World Bank Sanitation Programme, si può ricondurre all'assenza di fonti idriche sicure un calo del Prodotto Interno Lordo di questi Paesi che va dal 2 al 7% ogni anno.

tratto da: www.repubblica.it

❷ News e storie da Medici Senza Frontiere

Attualmente, più di 6.000 persone dormono all'aperto senza protezione dal caldo, dalla pioggia e dalle mosche. Gli sfollati non hanno nemmeno gli strumenti di base per cucinare le loro razioni di cibo e l'acqua non è abbastanza per soddisfare i bisogni minimi di tutti. Molti bambini arrivano già in uno stato critico. La scarsa assistenza e la mancanza di servizi sanitari peggiora la loro condizione. (Katja Lorenz, rappresentante di MSF ad Abuja)

Dobbiamo considerare che quando un bambino è gravemente malnutrito, le sue funzioni metaboliche sono compromesse e il sistema immunitario ne risente. Questo è il motivo per cui possono facilmente contrarre infezioni e le complicazioni possono essere fatali (Chibuzo Okontavice, coordinatore per le emergenze di MSF)

Gli ultimi dati sulla tubercolosi offrono un quadro vergognoso sull'incapacità del mondo di affrontare una malattia curabile, che continua a uccidere più di un milione e mezzo di persone ogni anno. I governi stanno affrontando la malattia infettiva più mortale al mondo con pericolosa mediocrità. È il settimo anno consecutivo che circa il 40% dei casi di tubercolosi non viene diagnosticato, quando abbiamo i mezzi per fare molto di più. Se non stiamo nemmeno diagnosticando i pazienti, come potranno essere curati?" (Sharonann Lynch, Esperta di HIV e TB per la campagna sull'Accesso ai Farmaci)

tratto da: www.medicisenzafrontiere.it

38 | Genitori a tutti i costi

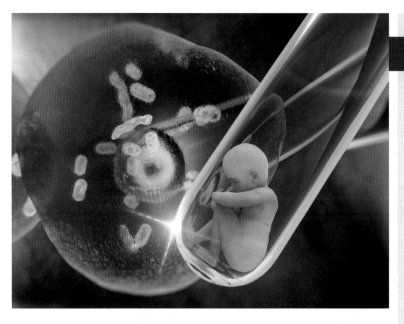

1. Osserva l'immagine in alto e commentala con un compagno.

2. Pensi che la fecondazione assistita sia l'unica soluzione per tutte le coppie che non possono avere figli? Oppure pensi che ci siano dei limiti da rispettare? Confrontati con un compagno.

3. Osserva l'infografica e commentala con un compagno.

4. Il fenomeno della migrazione alla ricerca della fecondazione assistita eterologa riguarda anche il vostro Paese? Oppure provenite da uno degli Stati che consentono questo tipo di fecondazione? Cosa ne pensate?

5. È possibile che il diritto alla fecondazione artificiale farà aumentare il già crescente numero di donne che scelgono di diventare madri, pur restando single? Cosa ne pensante di questa tendenza?

Lessico utile

fertilità ⊝ *infertilità*

sterile ⊝ *sterilità*

tecnologie riproduttive

inseminazione ➊
fecondazione assistita

tecniche di procreazione medicalmente assistita (PMA)

fecondazione artificiale ➊ *in vivo*

fecondazione in provetta ➊ *in vitro*

fecondazione assistita eterologa

banca del seme

reclutamento donatori di seme

maternità surrogata ➊
gestazione per altri

madre biologica ⊝
gestante ➊ *d'appoggio*

surrogazione tradizionale

ovulo

embrione

biotecnologia

bioetica

eugenetica

adozione nazionale ⇄
internazionale

genitore adottivo

figlio adottivo ➊
adottato

tribunale per i minori

servizi socio-assistenziali

dichiarazione di adottabilità del minore

diritto al parto anonimo

adozioni illegali ➊
racket delle adozioni

---

6. Leggi il primo articolo e rintraccia l'opinione del giornalista.

7. Condividi il punto di vista del giornalista oppure pensi che la fecondazione sia un diritto esclusivo? Qual è la situazione nel tuo Paese? Confronta le tue opinioni con la classe.

8. Leggi il secondo brano ed esprimi la tua opinione sul desiderio di avere un figlio in tarda età.

9. In un'intervista al settimanale *TV Sorrisi e Canzoni*, la rockstar italiana Gianna Nannini – che a 56 anni ha dato alla luce una bambina – così replicò alle numerose critiche sulla sua età avanzata per avere un figlio: «All'improvviso tutti si sono dimenticati della libertà e del diritto che ha ciascuno di noi di fare quello che vuole, quando e con chi vuole». Sei d'accordo con quest'affermazione? Confrontati con un compagno.

10. Sono migliaia le famiglie italiane in attesa di adottare un figlio. Siete ospiti di un talk show in cui si parlerà dell'adozione come soluzione migliore in caso di sterilità della coppia. Fra gli ospiti ci sono i sostenitori e gli oppositori. Tu da che parte stai? Unisciti a chi condivide le tue idee e aprite un dibattito sui pro e i contro. L'insegnante è il vostro mediatore.

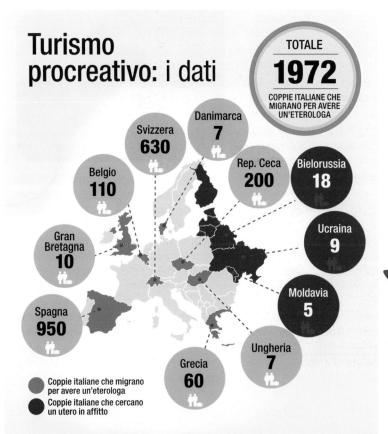

Turismo procreativo: i dati

TOTALE
1972
COPPIE ITALIANE CHE MIGRANO PER AVERE UN'ETEROLOGA

Svizzera **630**

Danimarca **7**

Belgio **110**

Rep. Ceca **200**

Bielorussia **18**

Gran Bretagna **10**

Ucraina **9**

Spagna **950**

Moldavia **5**

Ungheria **7**

Grecia **60**

Coppie italiane che migrano per avere un'eterologa
Coppie italiane che cercano un utero in affitto

❶ GENITORI A TUTTI I COSTI

L'Italia resta un Paese tradizionalista, dove le coppie di fatto sono ancora un'esigua minoranza e i divorzi relativamente pochi. Non se ne conosce il numero esatto, c'è chi dice 300 mila e chi oltre un milione, poca cosa comunque rispetto ai 14 milioni di coppie coniugate. La loro esclusione dalla fecondazione assistita sarebbe stata una discriminazione inaccettabile. Se due persone di sesso diverso che vivono da anni sotto lo stesso tetto han-

no un progetto d'amore e di vita che incontra degli ostacoli naturali, per quale motivo si dovrebbe negare loro l'assistenza? Sarebbe come vietare il by-pass a un malato di cuore che non risponda a certi requisiti di moralità. E poi, non si capisce perché l'idoneità a essere genitori debba valere solo per chi ricorre a tecniche artificiali. Una ragazza minorenne può diventare madre e ha diritto a riconoscere il suo bambino anche se il padre lo rifiuta (con la benedizione della Chiesa che condanna l'aborto). Perché lo Stato dovrebbe mostrarsi più severo nei confronti di cittadini onesti, colpevoli soltanto di voler concepire un figlio in provetta?

tratto da: *la Repubblica*

❷ Cercare un figlio dopo i 40 anni: una realtà soprattutto italiana

Il nostro è il Paese occidentale con il più alto numero di donne che decide di cercare un bambino a 40 anni (o anche molto più avanti). Per tanti motivi: le donne oggi studiano di più ed entrano più tardi nel mondo del lavoro; si trovano spesso ad avere lavori precari e stipendi bassi; non trovano subito il partner giusto. Cercare un bambino però dopo i 40 anni è decisamente meno facile. La fertilità femminile, infatti, declina già alcuni anni prima della menopausa, anche in presenza di cicli regolari.

Nell'arco di tutta la sua vita riproduttiva una donna ha 350-400 ovulazioni; un numero che si riduce di anno in anno, mentre aumenta la quota di ovociti imperfetti, inadeguati alla riproduzione e destinati ad andare incontro a un aborto spontaneo (si va dal 14% nelle donne sotto i 35 anni, al 19% tra i 35 e 37 anni, al 25% tra i 38 e i 40 anni, mentre dopo i 40 anni si arriva sino al 40%). Con la menopausa (tra i 45 e i 55 anni), restano circa 1.000 follicoli, numero che rappresenta la soglia che fa scattare la cessazione della mestruazione. In pratica, una donna che decide di cercare un bambino a 40 anni ha la probabilità del 65% di concepire in un anno, se invece ha oltre i 45 anni ha realisticamente soltanto il 5% di possibilità di restare incinta.

La tendenza a rimandare la maternità dopo i 40 anni spiega, anche se in parte, il sempre più frequente ricorso da parte di tante donne alle tecniche di procreazione medicalmente assistita (PMA). Il limite di età di una donna per accedere a tali tecniche a carico del Servizio sanitario nazionale, e, più in generale, l'età sempre più avanzata di donne che desiderano un figlio sono temi che stanno facendo molto discutere, medici, esperti e gente comune. C'è chi sostiene che l'aspettativa di vita si è allungata e quindi è giusto che una donna ricorra anche alla scienza per diventare mamma, e chi ritiene che le tecniche di PMA troppo spesso, in determinate circostanze, invece che offrire nuove opportunità alla donna, creino in lei false illusioni.

tratto da: *www.bimbisaniebelli.it*

Una volta incinta, la donna over 40, considerando anche che corre un rischio di abortività precoce del 25-30% e che ha un aumentato rischio di concepire un bambino con alterazioni cromosomiche (la più comune è la sindrome di Down), deve tenere sotto controllo la sua gravidanza. Con regolarità, senza inutili assilli. Di solito, i ginecologi, dopo avere illustrato alla donna i benefici ma anche i possibili rischi, consigliano di procedere con indagini diagnostiche invasive (che cioè possono provocare un aborto), quali la villocentesi e l'amniocentesi.

39 | Piccoli delinquenti

1. Osserva l'immagine a sinistra e commentala con un compagno.
2. Nel tuo Paese accadono spesso episodi di violenza fra compagni di scuola? Parlane con un compagno.
3. Osserva l'immagine in basso a sinistra e, con un compagno, parla delle sensazioni che ti suscita.
4. Leggi il primo testo e commentalo con un compagno.
5. Sei a conoscenza di episodi di violenza? Come sono stati puniti? Le istituzioni e i genitori cosa potrebbero fare per prevenirli? Parlane con un compagno.
6. "Ti difenderò da incubi e tristezze / Ti riparerò da inganni e maldicenze / E ti abbraccerò per darti forza sempre / Ti darò certezze contro le paure / Per vedere il mondo oltre quelle alture / Non temere nulla io sarò al tuo fianco / Con il mio mantello asciugherò il tuo pianto / E amore mio grande amore che mi credi / Vinceremo contro tutti e resteremo in piedi / E resterò al tuo fianco fino a che vorrai / Ti difenderò da tutto, non temere mai." Questi sono alcuni versi di una toccante canzone di Marco Mengoni (*Guerriero*), rivolta ai più deboli cui offrire un supereroe che li aiuti ad affrontare violenze e soprusi. Che consigli daresti a chi subisce soprusi dai compagni di scuola? Parlane con un compagno.
7. Leggi il secondo testo e riassumi i concetti principali.
8. Leggi la locandina "La genialità contro la violenza". Pensi che questa iniziativa possa bastare per arginare il fenomeno della microcriminalità? Motiva la tua risposta.

Lessico utile

disagio ❶
disadattamento sociale
disgregazione familiare
aggressività ➋
aggressore ➋ aggressivo
sopruso ❶ angheria ❶
vessazione
estorcere ❶ dissanguare
bullismo ❶ bullo
criminalità minorile
banda di minori ❶ baby gang
microcriminalità organizzata
affiliazione a cosche
pretesti ❶ motivazioni futili
violenza da abuso di alcol e droghe
violenza fisica ❶
pestaggio

abuso sessuale ❶ stupro
violenza verbale ❶
linguaggio offensivo
insulti ingiuriosi ❶
diffamazione
minacciare ➋ minaccia
violenza psicologica
terrorizzare
assalto ❶ assaltare
atti vandalici
carcere minorile
comportamenti evianti
danni a cose e persone
fattori scatenanti
contesto urbano
classi sociali abbienti
sicurezza urbana
periferie degradate ➋ deprivazione culturale
orientamento socio-educativo

CONCORSO **Creatività giovanile**
per ragazze e ragazzi dai 15 ai 30 anni

La genialità contro la violenza

Scegli una categoria

poesia, racconto, articolo
SCRITTURA CREATIVA

disegno, fumetto, pittura, fotografia
ARTI VISIVE

architettura moda, artigianato, scultura
ARTI APPLICATE

9. In Italia si potrebbe affrontare il problema, prendendo ad esempio l'Islanda, con una maggiore collaborazione tra istituti scolastici e famiglie, con l'introduzione di divieti e con la creazione di attività extrascolastiche che coinvolgano maggiormente gli adolescenti. Sei d'accordo con queste misure? Qual è la situazione nel tuo Paese? Scambia le tue opinioni con un compagno.

10. Per fronteggiare le baby gang servono azioni mirate e occorre mettere in campo anche operatori sociali di strada ed esperti, che individuino i capi dei gruppi e li fermino. Le forze dell'ordine da sole non bastano. Pensa a delle possibili azioni da intraprendere e apri un dibattito con la classe sul tema "Comprendere le motivazioni per superare il disadattamento sociale".

≡ MENU   🔍 CERCA   IL✦MATTINO.it   ACCEDI   **ABBONATI**

| HOME | NAPOLI | AVELLINO | BENEVENTO | SALERNO | CASERTA | ALTRE SEZIONI |

Baiano, spedizione punitiva: denunciati i baby aggressori

Avellino

Sono stati denunciati i quattro minorenni responsabili dell'aggressione avvenuta ai danni di due ragazze lo scorso 15 giugno a Baiano in piazza Mercato. Si tratta di giovani dell'età compresa tra i 13 e i 16 anni, tra i quali una ragazza, originari del Mandamento e dell'hinterland nolano. L'aggressione nacque per futili motivi legati ad accese discussioni su chat e social network. Il gruppo di minorenni, incontrate le due ragazze (rispettivamente di 12 e 15 anni) a Baiano, ha aggredito le malcapitate con spintoni, calci e pugni, apostrofandole con parole offensive e minacciose.

Subito dopo gli aggressori sono scappati via ed una delle vittime, per le percosse subite, è stata costretta a ricorrere alle cure mediche. Mediante l'acquisizione di testimonianze e la visione delle immagini estrapolate dalle telecamere di videosorveglianza, i carabinieri sono riusciti a ricostruire la dinamica dell'azione violenta e a identificare i componenti della baby gang.

💬 3 Commenti ▼

---

2 # Delinquenti di "buona famiglia"

Notizie di ieri e di oggi:

Un gruppo di ragazzi di **BUONA FAMIGLIA** devasta una stazione.

Un giovane di **BUONA FAMIGLIA** stermina la famiglia in cucina per avere l'eredità.

Due ragazzi di **BUONA FAMIGLIA** stuprano una coppia di giovani appartati in macchina.

Ragazzi di **BUONA FAMIGLIA** danno fuoco ad un barbone.

Ma dove sta la bontà di queste famiglie?

Nella maggior parte dei casi i giovani sono incensurati e, forse, chiunque si fosse messo in giro a cercare un parere su di loro si sarebbe sentito dire: "Sono bravi ragazzi".

Bravi ragazzi che per sentirsi uomini e per provare un'emozione hanno cercato un debole sul quale compiere un "gesto eclatante". Già è mortificante constatare che l'unico modello culturale che fa presa su molti giovani sia quello della sopraffazione, già siamo abbastanza depressi al pensiero di vivere in uno stato in cui l'unica cosa certa è l'incertezza della pena, ma vedere anche sdoganata l'assimilazione tra "famiglie benestanti" e "buone famiglie" è davvero troppo.

Ciò che ancora una volta colpisce, al di là delle analisi sociologiche, psicologiche, pedagogiche che si sprecheranno consumando inchiostro senza dir nulla, credo sia infatti una frase che si riporta ogni volta che accade qualcosa di brutto che coinvolge dei giovani: "... tutti di buona famiglia...".

Trovo non ci sia niente di più vuoto, inutile, insulso ed offensivo di definire degli imbecilli, figli di buone famiglie. Essere di buona famiglia significa conoscere il valore delle persone e distinguerlo dal valore delle cose (che poi uno se le possa permettere o meno è irrilevante), discernere ciò che è moralmente accettabile da ciò che non lo è. Avere almeno un po' insito dentro sé il comune senso del pudore e del vivere civile. Essere di buona famiglia significa essere cresciuti secondo insegnamenti severi ma giusti, senza stupide rigidità, ma con qualche scappellotto educativo quando è stato il caso, e senza l'ipocrisia dei "genitori amici": un genitore non è un amico, il suo ruolo è un altro, e deve rammentarlo a sé stesso e alla prole che decide di mettere al mondo.

tratto da: *www.personaedanno.it*

Lessico utile

calamità naturale ❶ evento catastrofico

stato di emergenza

dissesto idrogeologico

alluvione ❶ inondazione

bomba d'acqua ❶ nubifragio

ciclone ❶ uragano

tempesta ❶ bufera di neve

valanga ❶ slavina di neve

frana ❶ valanga di fango

incendio colposo ⮂ doloso

appiccare il fuoco

piromane

disboscamento

eruzione vulcanica ❶ lava ❶ ceneri

terremoto ❶ scossa sismica

epicentro

sciame sismico

degrado territoriale

cementificazione selvaggia

abuso ❶ abusivismo edilizio

speculazione edilizia

ecomostro

crollo

evacuazione ➋ evacuare

vittime

sfollati ❶ senzatetto

Vigili del fuoco ❶ Protezione civile

prestare soccorso ❶ soccorrere

primo ❶ pronto intervento

prendere delle misure ❶ dei provvedimenti

macerie

norme antisismiche

condono ❶ sanatoria

Mappa di pericolosità sismica del territorio nazionale

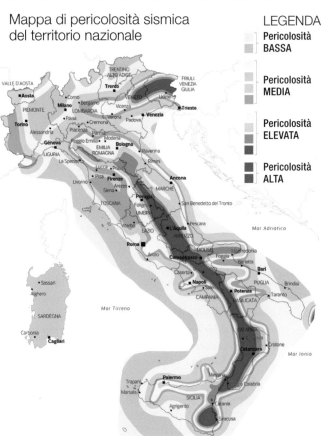

LEGENDA

Pericolosità BASSA

Pericolosità MEDIA

Pericolosità ELEVATA

Pericolosità ALTA

1. Osserva l'immagine in basso a sinistra e commentatela con un compagno.

2. Il tuo Paese è ricco di fiumi e torrenti come l'Italia? Ci sono spesso piene e alluvioni? Come affrontate le conseguenze catastrofiche di questi fenomeni naturali? Confrontati con un compagno.

3. Osserva l'immagine in basso a destra ed esprimi le emozioni o i pensieri che suscita in te. Chi tutela queste persone?

4. Leggi il primo testo e riassumi le soluzioni proposte per proteggersi dal terremoto.

5. Il tuo Paese è ad alto rischio sismico? Che misure vengono prese per affrontare i terremoti? Ti sei mai trovato coinvolto in uno sciame sismico? Confrontati con la classe.

6. Osserva la mappa di pericolosità sismica dell'Italia e parlane con un compagno.

7. Per motivi precauzionali, pensi sia giusto chiedere alle popolazioni che abitano in zone ad alta pericolosità di abbandonare le loro case per trasferirsi in aree meno pericolose? Tu lo faresti? Parlane con un compagno.

8. Leggi il secondo testo e spiega il concetto per cui la calamità è "innaturale"?

9. «Soprattutto d'estate, in Italia sono frequenti gli incendi, molti dei quali dolosi. La loro estensione mette a repentaglio la vita e può devastare ettari di patrimonio paesaggistico. I colpevoli, se individuati, rischiano il carcere.» Commenta l'affermazione: quali sono i motivi che spingono queste persone a fare ciò? Credi possano esserci interessi economici nascosti? Nel tuo Paese cosa rischiano i piromani? Confrontati con un compagno.

10. Questa sera sei ospite del programma televisivo *Porta a Porta* dove si affronterà il tema del rapporto dell'essere umano con i fenomeni atmosferici dal titolo "La natura è tanto distruttiva per noi, quanto noi lo siamo per lei". Apri un dibattito con la classe. L'insegnante è il mediatore.

① Terremoti, come proteggersi. Dal Giappone l'airbag per la casa

Il terremoto che ha devastato il Centro Italia e, in un certo senso, anche il commento della *Cnn*, poi bersagliato dalle critiche del web, hanno ricordato al Paese quella che è una sua antica vulnerabilità: il patrimonio di edifici storici che, però, non garantiscono la sicurezza in caso di eventi come quello accaduto.

Se in un certo senso è vero, come ricordava l'emittente americana, "che sono gli edifici a uccidere le persone e non i terremoti", qualcosa per correre ai ripari può essere fatto; anche in un contesto che fa della sua storicità una ricchezza cui non si vuole rinunziare.

L'ingegneria moderna ha elaborato anche soluzioni davvero raffinate. Fra le più curiose c'è quella lanciata dai giapponesi della Air Danshin Systems: si tratta di un dispositivo in grado di sollevare da terra l'edificio con un sistema ad aria compressa in grado di far levitare fino a tre centimetri in caso di scossa sismica; elaborato dopo il terremoto giapponese del 2011, sono già centinaia le case dotate di questo cuscinetto d'aria anti terremoto.

Nel parlarne, il quotidiano britannico *Telegraph* lo presentò in questo modo: "il Giappone svela una protezione airbag per la casa contro il terremoto". E, di fatto, si tratta di un vero e proprio airbag.

Al costo di 3 milioni circa di yen (equivalente inferiore a 23.000 euro circa) – a seconda della dimensione dell'edificio – lo strumento che fa levitare la casa è molto più conveniente rispetto ad altri sistemi, e richiede poca manutenzione. La garanzia dura 10 anni.

Racconta una serie di possibili soluzioni anche l'architetto Roberto Pirzio-Biroli, fra i coordinatori della ricostruzione in Friuli dopo il terremoto del 1976, intervistato da *Donna Moderna*:

"Per gli edifici storici, la soluzione più utilizzata è quella dei tiranti. Si tratta di tubi di metallo che collegano e fissano le pareti parallele di una casa, da una parte all'altra, rinforzando la struttura nel suo complesso, per cui i muri vengono bloccati e non c'è più la possibilità che uno si muova rispetto all'altro", dice l'architetto, stimando i costi di una simile operazione tra i 50 e i 100 euro al metro cubo; una soluzione però, non praticabile "per grandi strutture come chiese o fabbriche". Altri interventi possibili includono il rafforzamento "delle pareti della casa con reti elettrosaldate e la sostituzione degli intonaci con quelli più moderni e resistenti, a base di calce".

tratto da: *www.wallstreetitalia.com*

② Alluvioni e dissesto idrogeologico, chiediamo lo "stato di calamità INnaturale"

Finalmente si parla del dissesto idrogeologico. Mentre il territorio nazionale viene – come ogni anno in questo periodo – stravolto da fango e acqua senza controllo, si inizia a smettere di collegare queste tragedie al fato e alla natura inclemente e si inizia a parlare di dissesto idrogeologico. E delle sue conseguenze. Dibattiti, convegni, interventi vari.

Forse si inizia a capire che l'Italia sta crollando sotto qualche pioggia puramente e semplicemente perché un degrado seriale, storico, incessante del territorio ha sterilizzato ogni minima forma di difesa idrogeologica naturale. E, di conseguenza, tutto viene giù senza freni. Tutto qui.

E il degrado del territorio è stato dovuto – altrettanto puramente e semplicemente – alla cementificazione selvaggia che ha divorato senza freni inibitori la nostra terra con tutto quello che c'era sopra e serviva per un equilibrio naturale delle cose. Questa voracità di cementificazione è stata alimentata da un abusivismo incontrollato e incontrollabile, non contrastato con proporzionato impegno nel suo divenire (ancora oggi siamo a dibattere su chi è "competente" per sequestrare i cantieri abusivi in aree protette...), e premiato poi da condoni e sanatorie puntuali e seriali; ma anche da furbizie procedurali, da malevoli letture e dadistorte (non) applicazioni delle leggi vigenti in quel pantano degli "illeciti ambientali in bianco" dove, con le carte da bollo (apparentemente) in regola, abbiamo autorizzato a radere al suolo, scavare, costruire, sbancare, prelevare ovunque e comunque.

Abbiamo costruito dentro i fiumi, sopra i territori boscati, sulle rive e coste del mare, dentro le aree protette e abbiamo ignorato ogni vincolo e divieto. Trasformato fiumi e torrenti in condotte di cemento, raso al suolo ogni albero e arbusto possibile, prelevato sabbia e ghiaia ovunque, trivellato e sbancato dappertutto. Invece di serrare le file per un impegno finalmente serio e credibile contro l'abusivismo più scellerato, abbiamo levato gli scudi contro i rari tentativi di abbattimento giudiziario delle costruzioni illegali programmate in alcuni (rari) territori. E si scende in campo a difesa delle folle di abusivisti cronici, i quali ormai – perso ogni minimo pudore e scemato completamente a livello di percezione sociale il carattere illegale del cemento abusivo – atteso il carattere di massa delle violazioni paesaggistico-edilizie, scendono di nuovo in piazza e fanno cortei, appunto, di massa. E trovano sostenitori non solo tra i politici, ma perfino tra uomini di cultura d operatori del diritto.

tratto da: *www.greenreport.it*

Lessico utile

capitale ❍ capitalizzare

Fondo monetario

investimento ❍ investitore ❍ investire

alto ❍ basso rendimento

tasso di interesse

credito ❍ creditore

debito ❍ debitore ❍ indebitamento

Borsa Valori ❍ Piazza Affari

quotazioni in Borsa

scambio di titoli

tracollo ❍ crac finanziario

quote ❍ azioni ❍ azionista

società ❍ socio

impresa collettiva

ditta multinazionale

fusione di imprese

pool di imprese

competitività ❍ competizione

concorrenza

privatizzazione ❍ statalizzazione ❍ nazionalizzazione

globalizzazione ❍ mercato globale

liberalizzazione

delocalizzazione

crisi ❍ ripresa economica

inflazione

moneta unica ❍ Euro

fisco ❍ tasse ❍ imposte

evasione fiscale

1. Osserva l'immagine sotto e commentala con un tuo compagno.

2. Quotidianamente i telegiornali ci parlano di quotazioni in borsa, di scambio di titoli, di crolli e rialzi di valute estere. Secondo te, gli scambi e i movimenti finanziari della Borsa Valori influenzano molto la vita dei cittadini? In che modo?

3. Leggi e spiega l'aforisma in basso a destra. Lo condividi?

4. Leggi il primo testo e riassumilo.

5. Che cosa pensi della liberalizzazione degli scambi commerciali su scala globale? Secondo te, quali effetti ha avuto e ha il mercato globale sulla società nel tuo Paese? Parlane con un compagno.

6. "Gli errori dei medici li ricopre la terra, quelli dei ricchi il denaro." Commenta questo proverbio italiano con un tuo compagno.

7. Come va l'economia del tuo Paese? Quali sono i suoi punti forti? Quali le cause di eventuali problemi? Cosa si potrebbe fare per migliorare la situazione?

8. Leggi il secondo testo e commentalo con un compagno.

9. "Non è ricco chi il denaro tiene chiuso, ma chi lo spende per farne buon uso." Questo è un altro proverbio italiano. Lo condividi? Confronta le tue opinioni con la classe. In che modo si potrebbe farne un buon uso?

10. Ti consideri come Zio Paperone oppure sei contrario alla sua visione del denaro? Poni la stessa domanda alla classe.
Segue uno scambio di opinioni sugli effetti, positivi e negativi, dell'essere avaro o prodigo.

Tra l'avarizia e la prodigalità sta l'economia ed è questa una virtù che l'uomo onesto deve praticare.

Paolo Mantegazza

1

Mercato, se unico non è libero

L'Unione Europea si regge su una serie di equivoci utilizzando termini ambigui come quello del mercato unico. Nella vulgata europeista si tratterebbe di un'innovazione per favorire i commerci e gli scambi commerciali costituendo una sorta di mercato libero in cui chiunque è libero di vendere e comprare qualsiasi bene e servizio. Ma succede questo nel cosiddetto mercato unico europeo? Vero che fra i Paesi che aderiscono all'Unione Europea le persone e le merci possono circolare più o meno liberamente, ma qual è il prezzo di tale apparente libertà? In realtà per godere di questa libertà di circolazione sono state imposte le stesse regole per tutte le nazioni che aderiscono all'Unione, che è cosa ben diversa dalla libertà di comprare o vendere un qualsiasi bene o servizio senza barriere. La libertà di commercio è quella di poter comprare un bene, per esempio messicano, senza pagare dazi e senza essere bloccato alla frontiera perché il prodotto non rispetta leggi nazionali. Obbligare un prodotto o un servizio a rispettare leggi nazionali significa imporre una barriera all'entrata e im-

plicitamente dichiarare che il consumatore non è in grado di valutare la bontà o meno di una merce o di un servizio. Un esempio banale è quello della pizza per cui l'Unione Europea per motivi igienici voleva abolire il forno a legna, specialità tutta italiana. Sarà ben conscio il consumatore di cosa mangiare. Lo stesso ragionamento vale per qualsiasi altro prodotto o servizio. Dall'altro canto, che senso ha una legislazione uguale per la Sicilia e la Scandinavia? Un'auto che deve circolare nelle fredde strade innevate della Finlandia non può avere le stesse caratteristiche di un'auto che deve circolare nelle assolate strade del sud della Spagna o della Sicilia. Un mercato veramente libero dovrebbe però permettere ad un siciliano di poter comprare un'auto prodotta in Finlandia senza per questo essere costretto a modificarla per poterla immatricolare in Italia. Naturalmente questo è solo un esempio, ma lo stesso concetto dovrebbe essere applicato a qualsiasi bene e servizio. Tutto ciò è ben diverso da un mercato unico che è creato da un accordo fra stati e non fra consumatori o produttori,

per imporre le stesse regole a tutti. Che cosa ne sanno gli stati di come si produce?

Un altro problema che emerge dal voler adottare regole comuni è la presunzione di pensare che le proprie regole siano migliori di quelle degli altri. Se gli americani utilizzano, facendo un esempio automobilistico, motori di grossa cilindrata avranno i loro buoni motivi. Nell'Unione Europea, per quanto si parli di democrazia, non tutti gli stati hanno lo stesso peso e se si devono creare delle regole comuni è piuttosto probabile che chi ha un peso maggiore finirà per far approvare delle norme più consone ai suoi produttori, piuttosto che a quegli degli altri Paesi. E non è detto che le regole così create siano le migliori. In un mercato veramente libero, con prodotti e produttori diversi, potrebbero diffondersi le tecnologie migliori perché sarebbe il consumatore a scegliere, mentre in un mercato unico è il burocrate che impone regole a tutti uniformando prodotti e tecnologie, rallentando il tasso di innovazione e l'emergere di nuovi prodotti e tecnologie.

tratto da: www.lospiffero.com

---

2 ESSERE COME ZIO PAPERONE È UN PROBLEMA EREDITARIO

tratto da: www.stilopolis.it

Antipatici, avari, scontrosi e asociali. Vi ricorda nessuno? Proprio lui, il papero odioso dei fumetti di Paperino, il ricchissimo e avarissimo Zio Paperone. La gente che si comporta così potrebbe non avere nulla a che fare con gli stereotipi del "genovese tirchio" o dello "scozzese bracciocorto"… ma avere ereditato questo difetto!

La chiamano "Sindrome di Scrooge", dal personaggio cattivo della fiaba di Dickens, *Canto di Natale*, e secondo un team di ricercatori della Università di Buffalo e dell'Università della California Irvine è solo una questione di genetica! Gli studi da loro condotti si basano sui geni che tutti possediamo, quindi tutti possiamo essere dei potenziali Zii Paperoni, o al contrario dei santarellini che non fanno male a nessuno e donano tutto ai poveri come San Francesco. Dipende da come questi nostri geni si combinano, interagendo con due ormoni, l'ossitocina e la vasopressina.

Durante lo studio, i ricercatori hanno sottoposto a un test 171 soggetti di svariate età e genere sessuale, chiedendo loro domande specifiche su soldi, spesa e generosità. Hanno quindi prelevato campioni di DNA da ciascuno dei soggetti e confrontato le interazioni genetiche con ossitocina e vasopressina sulla base delle risposte date. È risultato appunto che chi si dimostrava avaro, intollerante e scontroso aveva sviluppato, dalla nascita, la versione "sbagliata" di questa interazione. Mentre chi aveva avuto "in dono" la combinazione giusta non riusciva ad essere superficiale nemmeno volendolo! Una cura per questo? Non esiste… bisogna quindi tollerare e magari compatire i musoni tirchi che non dicono mai di sì.

LA VIOLENZA SI FERMA SOLO CON LA VIOLENZA.

ALLORA, QUANDO SI FERMA?

42 | Criminalità e violenza

1. Osserva la fotografia in basso e commentala con un compagno.

2. Sulla stampa italiana questo tipo di scatto è ricorrente. Qual è la situazione nel tuo Paese? Ci sono molti casi di reato? Di che genere? Confrontati con un compagno.

3. Osserva la vignetta a sinistra. Pensi che prima o poi sarà possibile fermare la violenza? Come? Parlane con la classe.

4. La fotografia sul retro è stata scattata durante un'interrogazione parlamentare. Cosa pensi vogliano chiedere al Governo gli onorevoli fotografati?

5. In Italia si dibatte molto sul confine fra "legittima difesa" e "giustizia fai da te". Nel tuo Paese questa diatriba è molto sentita? Cosa può fare un cittadino per difendersi quando non ha la possibilità di chiamare le forze dell'ordine? Confrontati con un compagno.

6. Leggi il primo testo, estrapola il punto di vista del giornalista e parlane con un compagno.

7. «La lotta alla mafia non doveva essere soltanto un'opera di repressione, ma un movimento culturale e morale che coinvolgesse tutti e specialmente le giovani generazioni, le più adatte – proprio perché meno appesantite dai condizionamenti e dai ragionamenti utilaristici che fanno accettare la convivenza col male – a sentire subito la bellezza del fresco profumo di libertà che fa rifiutare il puzzo del compromesso morale, della indifferenza, della contiguità e quindi della complicità». Queste amare parole di Paolo Borsellino (magistrato italiano ucciso da Cosa Nostra) rivelano il fallimento della lotta alla mentalità mafiosa. Che cosa pensi di questo movimento culturale e morale? È attuabile? E in che modo? Confrontati con un compagno.

8. Leggi il secondo testo e riassumilo brevemente.

9. Il terrorismo è purtroppo un fenomeno anche dei nostri tempi: quali atti terroristici ricordate di più? Parlatene. Come credi che reagiresti se ti trovassi vicino alla scena di un attacco terroristico? Come si può combattere questo fenomeno?

10. Quante volte avete pensato o sentito dire "vorrei vivere in un mondo migliore"? Come dovrebbe essere questo mondo? Che cosa dovrebbe fare o non fare ognuno di noi per poter un giorno realizzare un mondo così? Sviluppa un monologo da presentare alla classe.

Lessico utile

delinquenza ❷ *delinquente*

arresto ❷ *arrestare*

manette ❷ *ammanettare*

commettere un reato

atto criminoso ❶ *crimine*

furto ❶ *rapina*

rapina a mano armata

sparatoria

colpi di arma da fuoco

gambizzare

ladro ❶ *rapinatore*

svaligiare un negozio

scippo ❷ *scippatore* ❷ *scippare*

rapimento ❷ *rapitore* ❷ *rapire*

sequestro di persona ❷ *sequestratore* ❷ *sequestrare*

omicidio ❶ *delitto* ❶ *assassinio*

omicida ❶ *assassino*

serial killer ❶ *assassino seriale*

vittime ❶ *morti* ❶ *cadaveri* ❶ *salme*

malavita ❶ *malvivente*

criminalità organizzata

boss mafioso

omertà ❷ *omertoso*

pentiti

terrorismo ❷ *terrorista*

attentato terroristico ❶ *strage* ❶ *eccidio*

esplosione ❷ *far esplodere*

forze dell'ordine

poliziotto in divisa ❷ *in borghese*

commando ❶ *pattuglia* ❶ *squadra* ❶ *reparto speciale*

sistemi di antifurto ❶ *allarme*

① Sto con la giustizia e non con i giustizieri

Da oltre venti anni nei miei corsi di diritto penale in varie Università italiane ed estere ho sempre insegnato che la legittima difesa è una causa di giustificazione che impedisce la punizione di un fatto che comunque costituisce sempre reato. Se non si comprende questo aspetto imprescindibile è difficile comprendere il resto del discorso. Occorre concepire che l'uso della violenza, della forza, è sempre vietato, si tratta di una prerogativa che lo Stato riserva esclusivamente a se stesso e solo in casi eccezionali e tipici, per esigenze particolari di autotutela. Quando è chiaro che non è possibile un intervento tempestivo dello Stato allora è ammissibile una deroga al monopolio statale dell'uso della forza.

Questa precisazione in uno Stato di diritto è un punto fermo e inattaccabile, pena il venir meno degli stessi principi di civile convivenza di una comunità sociale. In nessun modo lo Stato può legittimare ipotesi di cittadini che si fanno giustizia da sé. Che poi in specifiche situazioni, tassativamente previste dalla legge, lo Stato eviti di punirlo, è ben altro discorso. Sono certo che incitare il cittadino alla giustizia "fai da te" sia una scelta insensata. Il cittadino onesto non si deve illudere di poter competere con il delinquente perché è un errore madornale. Non mi piacciono i cittadini-sceriffi che si armano, pronti ad ogni evenienza. Bisogna considerare che anche il delinquente si adeguerà a questo rischio ed entrerà in casa pronto a rispondere o, peggio, pronto a sparare per primo. Incentivare la legittima difesa contro il topo d'appartamento è una soluzione barbarica, perché di fatto fa scendere il valore di una vita umana al livello dei beni materiali.

La soluzione al problema allora quale sarebbe? Senza dubbio alcuno, quella di responsabilizzare lo Stato che sostanzialmente deve fare il suo dovere: da un lato reprimere i reati e difendere i cittadini onesti, e dall'altro rimuovere le condizioni di degrado sociale che portano alla delinquenza. Il mio maestro di diritto penale, un certo Giuliano Vassalli, era solito dirmi che armare il cittadino significava segnare la fine del modello rieducativo della pena. Io la penso esattamente come lui. La cultura dell'autodifesa armata non può appartenere ad uno Stato di diritto di matrice solidaristico sociale come spero sia ancora la nostra democrazia.

tratto da: www.articolo21.org

② Riflessioni sulla violenza

Isaac Asimov diceva che "la violenza è l'ultimo rifugio degli incapaci". Sicuramente il grande scrittore e scienziato russo aveva ragione, anche se più di "incapaci" si dovrebbe parlare di "idioti".

Purtroppo il secolo attuale sembra essere caratterizzato da una crescita esponenziale della violenza diretta o indiretta di stampo gratuito, e soprattutto dalla sua glorificazione e spettacolarizzazione. Difatti, la violenza vende come non mai, tra film, videogame o video su Youtube, e fa presa, ovviamente, soprattutto sui più giovani.

Caratteristica di questa epoca è infatti il prevalere di tutti quegli aspetti degradanti, tra cui lo stesso elogio della violenza gratuita o di quello dell'arroganza e della superficialità, tutti aspetti che in età classica erano visti come caratteristiche della parte peggiore della società.

Invece oggi quasi quasi sono eretti a nuovi "valori" e, soprattutto a "livelli alti", si può notare come le classi dominanti a livello politico o economico siano espressione di questa tendenza epocale, classi che in teoria dovrebbero dare un esempio positivo ai rappresentati e invece abbiamo tutt'altro. C'è da segnalare inoltre che oltre a femminicidi, violenza gratuita, atteggiamenti prevaricatori, "giochi" perversi tipo il "knockout game", bullismo giovanile e così via, la società contemporanea è sempre più pervasa da un dominio preponderante di episodi di violenza nella quotidianità, pur se la maggior parte di essi di entità perlopiù "lieve", e lo stesso sistema economico e sociale attualmente dominante si fonda sulla violenza perlopiù indiretta e accettata all'interno della stessa società. Chiaramente c'è da dire che la violenza nella storia delle società umane è sempre esistita, ma mai come oggi si è assistito all'elogio di quella più brutale e animalesca, nonostante la maschera perbenista.

Difatti, viviamo in un mondo dove ogni giorno i vari rappresentanti politici o i diversi V.I.P. parlano di pace e fratellanza, e intanto si assiste al proliferare di continue guerre, che dietro la patina "umanitaria" si rivelano peggiori di quelle del tanto demonizzato passato, in quanto basate sull'imbroglio e l'aggressione a senso unico, ovvero senza distinzione tra civili e militari. Per concludere, c'è da sperare che tale "cultura" basata sull'esaltazione diretta o indiretta della violenza finisca al più presto, per porre le basi per la costruzione di una società realmente libera e migliore, fondata su valori costruttivi.

tratto da: www.informazioneconsapevole.blogspot.it

Lessico utile

trapianto ❯ trapiantare

espianto ❶ prelievo di un organo

espiantare ❶ prelevare un organo

conservazione di materiale biologico

banca degli organi e dei tessuti

donazione di organi

donatore ⊝ ricevente

organi artificiali ❶ protesi

prestare il consenso ❶ acconsentire

commercio ❶ traffico di organi

bioetica ❶ problemi etici e morali

genetica

geni

biotecnologia

informatica biomedica

macchinari ❶ dispositivi diagnostici ❶ apparecchiature elettromedicali

diagnosi

terapia

riabilitazione

clonazione ❯ clone ❯ clonare

ibernazione umana

ricerca e sperimentazione

ingegneri biomedici

distretti biomedicali

nanotecnologie

---

1. Osserva l'immagine in alto. Quali emozioni ti suscita? Parlane con un compagno.

2. Per la donazione di organi, in Italia attualmente vige il principio del consenso o del diniego esplicito: chi vuole può esprimere la propria volontà riguardo alla donazione di organi e tessuti. Se non lo fa, la legge prevede la possibilità per i famigliari aventi diritto di opporsi al prelievo. È così anche nel tuo Paese? Che cosa ne pensi?

3. Osserva l'immagine in basso e descrivila con un compagno.

4. "Un secolo di storia di Paralimpiadi: la lunga marcia per l'uguaglianza" è il titolo di un articolo de *La Gazzetta dello Sport*, quotidiano sportivo italiano. Secondo te, le Paralimpiadi sono un evento importante? Perché e per chi? Confrontati con un compagno.

5. Leggi il primo testo e riassumilo.

6. «Dare a migliaia di cittadini malati una speranza di vita e sollevare i loro familiari da una pesante angoscia quotidiana». Questo è stato il pensiero costante dell'oncologo italiano Umberto Veronesi sulla donazione e il trapianto di organi. Sei d'accordo con la sua volontà? Parlane con un compagno.

7. Leggi il secondo testo e confrontalo con il precedente.

8. Il futuro della scienza medica ci parla anche di ibernazione per i malati terminali che sperano di essere 'risvegliati' e curati, grazie a future competenze mediche. Che ne pensi? Ti sottoporresti a una tecnica che ti garantisca l'immortalità? Confronta le tue opinioni con un compagno.

9. Cinema, televisione, fumettistica, letteratura: molti sono gli ambiti della cultura che si sono addentrati anche nel campo della clonazione. Essere clonati ci attira, sempre per il desiderio d'immortalità, ma vi sono forti implicazioni etiche e morali a riguardo. Tu cosa ne pensi? Parlane con un compagno.

10. Oggi interverrai al dibattito dal titolo "Non ci ammaleremo più e saremo immortali". Pensa alle argomentazioni, a favore o contrarie a questo tema, che vorrai addurre a sostegno della tua opinione. Gli ospiti rappresenteranno due gruppi: i favorevoli e i contrari. L'insegnante è il mediatore del dibattito.

Nuove frontiere per i trapianti: scienziati Usa fanno crescere organi umani dentro i maiali

Scienziati dell'Università della California stanno portando a termine una ricerca che potrebbe aprire nuove frontiere nel campo dei trapianti: la crescita di organi umani all'interno dei maiali. I ricercatori, scrive la BBC, hanno iniettato cellule staminali umane negli embrioni dei maiali per creare degli embrioni ibridi noti come "chimere". Lo scopo è quello di dare una risposta alla cronica mancanza di organi per i trapianti. Gli animali usati per gli esperimenti sono comuni maiali, ma uno dei loro organi è composto da cellule umane. L'embrione chimera si sviluppa dentro la scrofa per 28 giorni prima della fine della gravidanza e prima che i tessuti vengano rimossi per le analisi. L'obiettivo è che "il maiale si sviluppi normalmente ma con un pancreas umano che possa essere compatibile per un trapianto", ha spiegato il biologo Pablo Ross. La principale agenzia statunitense per la ricerca, il National Institutes of Health, ha imposto una moratoria sul finanziamento di questi esperimenti, a causa dei dubbi derivati dal fatto che le cellule staminali umane possano migrare fino al cervello e in qualche modo rendere l'animale più umano.

tratto da: *www.meteoweb.eu*

Le sfide per la salute del futuro

Grazie agli sviluppi fatti nel campo della salute del futuro, *Prellis Biologics** conta di realizzare il primo organo umano fatto con la stampa 3D, partendo dalla scoperta dei vasi capillari tridimensionali. "Ho incontrato per la prima volta la stampa 3D in un laboratorio di ricerca quando ero ancora nel mondo accademico", ha detto in un'intervista la fondatrice Melanie Matheu. "Sono stata affascinata sin da subito dalla libertà di lavorazione e sviluppo fornita dalla stampa 3D. Poco dopo ho iniziato a pensare alle implicazioni per l'assistenza sanitaria e la medicina; alcune delle sfide più importanti per la stampa 3D sono la standardizzazione e il controllo della qualità. Abbiamo messo degli strumenti straordinari nelle mani di persone molto intelligenti, ma assicurarci che ci sia qualità di livello medico consentirà al settore di passare dalla produzione una tantum alla realizzazione di vere soluzioni mediche".

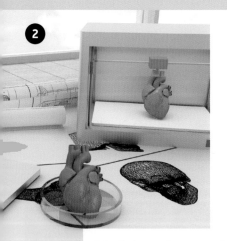
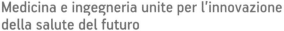

Medicina e ingegneria unite per l'innovazione della salute del futuro

Per arrivare a questo importante traguardo che potrebbe cambiare il mondo dei trapianti per sempre e mettere le basi per la rivoluzione della salute del futuro, l'azienda americana sta costruendo un nuovo tipo di **stampante 3D basata sulla tecnologia laser** che la rende estremamente veloce. I nostri investitori e io abbiamo sviluppato un sistema che stampa materiali biologici più velocemente di qualsiasi altra tecnologia conosciuta", ha aggiunto Matheu, "si tratta di una nuova possibilità nell'unione tra ingegneria e medicina."

Salute del futuro: stampa 3D e bioreattori

La velocità di questa particolare stampa in 3D è importante perché significa che le cellule non muoiono immediatamente e il tessuto stampato rimane in vita, generando così l'impalcatura interna per supportare e sostenere il materiale organico. Gli organi creati in laboratorio dovranno essere collocati in un bioreattore prima che vengano trapiantati in un animale, ma la differenza è che la società mira a produrre organi completi piuttosto che campioni di tessuto o campioni di piccole cellule e i bioreattori possono simulare le pressioni biomeccaniche che assicurano che un organo funzioni correttamente.

*Una start up con sede a San Francisco (USA), fondata nel 2016.

tratto da: *www.digitalic.it*

Lessico utile

assemblea legislativa

sistema elettorale

legge elettorale

campagna elettorale

elezioni ⊜ eleggere

Presidente della Repubblica

Presidente del Consiglio

Camera dei Deputati

Senato ⊜ senatori

partito di governo ❶ maggioranza

partito di opposizione ❶ minoranza

coalizione di partiti

leader

potere politico

abuso di potere

referendum

astensione ⊜ astensionismo

sondaggio elettorale

candidatura ⊜ candidato

nepotismo ❶ favoritismo

corruzione ⊜ corrotto

tangente ❶ bustarella ❶ mazzetta

parlamento ⊜ parlamentari

europarlamento ⊜ europarlamentari

direttive europee

fondi europei

1. Osserva l'immagine in basso a sinistra. Cosa ti suggerisce? Parlane con un compagno.

2. L'Italia è una repubblica democratica molto giovane che ha scelto, tramite referendum (2-3 giugno 1946), di abolire la monarchia per seguire ideali molto diversi. Quale sistema politico c'è nel tuo Paese? Descrivilo e individua le similitudini o le differenze con l'Italia.

3. Osserva la seconda immagine e descrivila.

4. «Troppe voci si levano a pontificare nel mondo della politica. Troppi sapienti, arroganti, opportunisti e falsi. Occorrerebbero uomini intelligenti, onesti, chiari nel parlare, difensori delle classi più umili, alieni da ogni compromesso, capaci di affrontare l'incerto per un ideale». Con un compagno commenta l'opinione di Romano Battaglia, giornalista e scrittore italiano.

5. Leggi il primo testo ed estraine le idee principali.

6. C'è chi paragona i partiti politici a grandi imprese che curano soprattutto i propri interessi. E anche per questo molti giovani non vanno nemmeno a votare. Cosa ne pensate? Voi, in base a quali criteri scegliete un partito o un politico?

7. Leggi il secondo testo e commentalo con un compagno.

8. Il Parlamento italiano non gode di ampio consenso da parte dei cittadini e spesso è accusato di non prendere decisioni lungimiranti e di legiferare senza tutelare tutta la popolazione, ma solo parte di essa. Che cosa accade nel tuo Paese? Confrontati con un compagno.

9. Molto più severe sono le opinioni sulla politica mondiale. "Se siete quelli comodi e state bene voi / Se gli altri vivono per niente perché i furbi siete voi / Se siete ipocriti, abili, non siete mai colpevoli / Se non state mai coi deboli, e avete buoni stomaci / Ed è sempre stato facile fare delle ingiustizie / Prendere, manipolare e fare credere." Questi versi sono tratti dalla canzone *Gli spari sopra* di Vasco Rossi. Che ne pensi? Come si collega il tema "politica" a questi versi? Che idea hai dei politici in generale? Parlane con un compagno.

10. Partecipi a un dibattito focalizzato su un'affermazione di Oriana Fallaci (giornalista, scrittrice e attivista italiana): «Il vero potere non ha bisogno di tracotanza, barba lunga, vocione che abbaia. Il vero potere ti strozza con nastri di seta, garbo, intelligenza». Discuti con la classe delle modalità di attuazione di questo potere.

❶ La politica senza potere nell'Italia del non fare

Nessun Parlamento, nessun governo, nessun sindaco può pensare davvero di far pagare le tasse a chi dovrebbe pagarle, di avere una burocrazia fedele alle proprie direttive, di licenziare tutti i mangiapane a tradimento che andrebbero licenziati, di ridurre l'enorme area del conflitto d'interessi, di stabilire reali principi di concorrenza.

Perché da anni in Italia ogni tentativo di cambiare in meglio ha quasi sempre vita troppo breve o finisce in nulla? Perché ogni tentativo di rendere efficiente un settore dell'amministrazione, di assicurare servizi pubblici migliori, una giustizia più spedita, un Fisco meno complicato, una sanità più veloce ed economica, di rendere la vita quotidiana di tutti più sicura, più semplice, più umana, perché ognuna di queste cose in Italia si rivela da anni un'impresa destinata nove volte su dieci ad arenarsi o a fallire? Perché da anni in questo Paese la politica e lo Stato sembrano esistere sempre meno per il bene e l'utile collettivi?

La risposta è innanzitutto una: perché in Italia non esiste più il potere. Se la politica di qualunque colore pur animata dalle migliori intenzioni non riesce ad andare mai al cuore di alcun problema, ad offrire una soluzione vera per nulla, dando di sé sempre e solo l'immagine di una monotona vacuità traboccante di chiacchiere, è per l'appunto perché da noi la politica, anche quando vuole, non può contare sullo strumento essenziale che è tipicamente suo: il Potere. Cioè l'autorità di decidere che cosa fare e di imporre che si faccia, trovando gli strumenti per farlo; che poi si riassumono essenzialmente in uno: lo Stato. Al di là di ogni apparenza, la crisi italiana, insomma, è innanzitutto la crisi del potere politico in quanto potere di fare, e perciò è insieme crisi dello Stato.

tratto da: *www.corriere.it*

❷

ITALO CALVINO, APOLOGO SULL'ONESTÀ NEL PAESE DEI CORROTTI

❝ *C'era un paese che si reggeva sull'illecito. Non che mancassero le leggi, né che il sistema politico non fosse basato su principi che tutti più o meno dicevano di condividere. Ma questo sistema, articolato su un gran numero di centri di potere, aveva bisogno di mezzi finanziari smisurati (ne aveva bisogno perché quando ci si abitua a disporre di molti soldi non si è più capaci di concepire la vita in altro modo) e questi mezzi si potevano avere solo illecitamente cioè chiedendoli a chi li aveva, in cambio di favori illeciti. Ossia, chi poteva dar soldi in cambio di favori in genere già aveva fatto questi soldi mediante favori ottenuti in precedenza; per cui ne risultava un sistema economico in qualche modo circolare e non privo d'una sua armonia... Così tutte le forme d'illecito, da quelle più sornione a quelle più feroci si saldavano in un sistema che aveva una sua stabilità e compattezza e coerenza e nel quale moltissime persone potevano trovare il loro vantaggio pratico senza perdere il vantaggio morale di sentirsi con la coscienza a posto. Avrebbero potuto dunque dirsi unanimemente felici, gli abitanti di quel paese, non fosse stato per una pur sempre numerosa categoria di cittadini cui non si sapeva quale ruolo attribuire: gli onesti. Erano costoro onesti non per qualche speciale ragione (non potevano richiamarsi a grandi principi, né patriottici né sociali né religiosi, che non avevano più corso), erano onesti per abitudine mentale, condizionamento caratteriale, tic nervoso. Insomma non potevano farci niente se erano così, se le cose che stavano loro a cuore non erano direttamente valutabili in denaro, se la loro testa funzionava sempre in base a quei vieti meccanismi che collegano il guadagno col lavoro, la stima al merito, la soddisfazione propria alla soddisfazione d'altre persone. Il potere non lo trovavano abbastanza interessante per sognarlo per sé... in una società migliore non speravano perché sapevano che il peggio è sempre più probabile. Dovevano rassegnarsi all'estinzione? No, la loro consolazione era pensare che così come in margine a tutte le società durante millenni s'era perpetuata una controsocietà di malandrini, di tagliaborse, di ladruncoli, di gabbamondo, una controsocietà che non aveva mai avuto nessuna pretesa di diventare la società, ma solo di sopravvivere nelle pieghe della società dominante e affermare il proprio modo d'esistere a dispetto dei principi consacrati, e per questo aveva dato di sé (almeno se vista non troppo da vicino) un'immagine libera e vitale, così la controsocietà degli onesti forse sarebbe riuscita a persistere ancora per secoli, in margine al costume corrente, senza altra pretesa che di vivere la propria diversità, di sentirsi dissimile da tutto il resto, e a questo modo magari avrebbe finito per significare qualcosa d'essenziale per tutti, per essere immagine di qualcosa che le parole non sanno più dire, di qualcosa che non è stato ancora detto e ancora non sappiamo cos'è.* ❞

tratto da: *www.ilmoralista.it*

45 | Alimentazione, ambiente e **biotecnologie**

Non alimentare lo spreco.

Lessico utile

nutrizione ❯ nutrizionista

proprietà nutritive

educazione alimentare

combinazioni alimentari

industria alimentare

settore agroalimentare

filiera alimentare corta ➊ a Km 0

abitudini alimentari

mangiare sano ➊ alimentazione equilibrata

dieta vegetariana ➊ stile vegetariano

veganesimo ❯ vegano

prevenzione alimentare

disturbi alimentari

rapporto con il cibo

intolleranze alimentari

allergie alimentari

prodotti transgenici

organismi geneticamente modificati (OGM)

contraffazioni alimentari

contaminazioni alimentari

uso di erbicidi e pesticidi

tutela ➊ difesa del consumatore

standard igienico-sanitari

sicurezza alimentare ❯ rintracciabilità

etichettatura ❯ etichetta alimentare

1. Osserva la vignetta. Che cosa ti suggerisce?

2. L'incremento della produzione alimentare solleva il paradosso dello spreco del cibo prodotto a livello globale. Nel tuo Paese si spreca molto cibo? Fai qualcosa per evitare che ciò avvenga? Confrontati con un compagno.

3. Oggi l'etichettatura di un prodotto confezionato è obbligatoria e deve descrivere le caratteristiche principali del prodotto stesso. Tu quali informazioni cerchi nelle etichette? Pensi che esse siano scritte in modo completo e veritiero? Confrontati con un compagno.

4. Osserva l'immagine in basso e, con un compagno, commenta le conseguenze della contraffazione alimentare.

5. «Detesto l'uomo che manda giù il suo cibo affermando di non sapere che cosa mangia. Dubito del suo gusto in cose più importanti» (Charles Lamb, drammaturgo e poeta inglese). Con un compagno commenta quest'affermazione.

6. Leggi il primo testo ed estrapola le idee principali sul modello alimentare descritto.

7. Secondo te, per quali motivi e per quali scopi viene applicata la biotecnologia all'agricoltura e all'allevamento? Aumentare e stabilizzare la produttività? Migliorare la resistenza delle piante (a parassiti, malattie e stress climatico)? Migliorare le caratteristiche nutrizionali degli alimenti? Li condividi? Quali alimenti preferisci consumare tu?

8. Leggi il secondo testo e discuti con un compagno delle conseguenze per la nostra salute che possono derivare dalla produzione di carne sintetica.

9. Prima di essere immessi in commercio, i prodotti geneticamente modificati sono sottoposti a numerosi test di sicurezza volti ad attestare che per la salute umana e per l'ambiente siano sicuri tanto quanto i prodotti convenzionali. Purtroppo non sempre è così e la tutela del consumatore passa in secondo piano rispetto agli interessi economici delle aziende produttrici. Che cosa pensi accada nel tuo Paese? Parlane con un compagno.

🎭 10. Questa sera a *Porta a Porta* si discuterà sul tema "Prodotti convenzionali o prodotti biotech?". Schierati fra i sostenitori o gli oppositori della produzione transgenica e giustifica le tue argomentazioni nel tentativo di convincere gli avversari.

❶ Di quale sistema alimentare stiamo parlando?

tratto da: *www.slowfood.com*

Il modello agroalimentare industriale moderno, che si è affermato negli ultimi 50 anni, può avere portato a un'aumentata produttività nell'immediato, ma l'impatto ambientale è stato devastante: inquinamento, erosione del suolo, danni al paesaggio, riduzione delle risorse energetiche e una complessiva perdita della diversità, sia biologica che culturale. In base a questo modello, la produzione agricola ha assunto le caratteristiche dell'industria, cambiando forma e diventando industria agroalimentare. I segni distintivi di questo sistema, ovvero il crescente utilizzo di derivati del petrolio (fertilizzanti e pesticidi, carburante per le attrezzature agricole), la produzione limitata a certe varietà vegetali, la diffusione delle monoculture, soprattutto per garantire l'alimentazione animale, hanno causato gravi conseguenze per l'ambiente e compromesso la sopravvivenza economica dei piccoli produttori. Secondo questo modello le risorse naturali sono considerate semplici materie prime da consumare e lavorare su vasta scala con uno sfruttamento indiscriminato delle risorse come l'acqua, la terra, il suolo e le foreste. Questo approccio comporta pesanti conseguenze, con prospettive allarmanti per il futuro e la salute del nostro ambiente. Con l'aumento della popolazione mondiale da 6 a 9 miliardi previsto per il 2050, la concorrenza per l'utilizzo delle risorse naturali diventerà sempre più accanita, mettendo ulteriormente sotto pressione il nostro pianeta. L'attuale sistema alimentare globale dovrà essere rivisto radicalmente se si vuole ridurre significativamente il suo impatto sull'ambiente.

❷ CARNE SINTETICA, GLI ALLEVATORI DICONO NO

L'IMPATTO SAREBBE DISASTROSO

La novità arriva da un'azienda americana, la Memphis Meats. Nel 2013, questa ditta aveva creato il primo hamburger di carne sintetica, ricavato quindi non da animali allevati ma da cellule staminali coltivate in laboratorio. L'ultimo annuncio della Memphis Meats riguarda la capacità di riprodurre sinteticamente anche la carne di pollo e di anatra. La precedente innovazione aveva già fatto discutere, ma poi di hamburger sintetici non ne è stato messo in vendita neanche uno. E alla stessa sorte sembrano destinate le carni sintetiche di pollo e anatra. Dalla produzione alla commercializzazione, la distanza è ancora enorme dunque. E tale deve rimanere per gli allevatori e pare anche per i cittadini italiani.

Secondo un'indagine Ipr marketing diffusa da Coldiretti, il 97% degli italiani è contrario anche solo alla produzione di carni sintetiche.

tratto da: *www.veronasera.it*

Un'innovazione che porta con sé dubbi di carattere etico, ma soprattutto economico come spiegato ad Ansa da un allevatore veronese: "Avrebbe un impatto disastroso per la filiera italiana e per l'agricoltura in genere visto che l'animale viene allevato col mais. L'indotto rischia il KO. Il made in Italy ha investito molto sulla qualità, il territorio, la tracciabilità e il taglio degli antibiotici. La carne sintetica sarebbe un tracollo etico rispetto al nostro saper fare, al nostro modo di produrre, e di fare impresa. Vedo minate le buone pratiche in agricoltura da un biotech che invece di aiutarci ci sostituisce".

Compiti comunicativi

Svolgete i seguenti compiti comunicativi.
Un/una compagno/a (o l'insegnante) può fungere da interlocutore.

1 Un caro amico italiano ti chiama per annunciarti che trascorrerà alcuni giorni nella tua città e vorrebbe vederti, anzi vorrebbe che tu lo ospitassi! Tu accetti con piacere, visto che per te sarà un periodo di ferie. Gli chiedi tutti i particolari del suo viaggio (data di arrivo e di partenza, volo, ecc.) e gli proponi in breve alcune cose da fare e alcuni posti da visitare in quei giorni.

2 Per migliorare il tuo italiano hai deciso di frequentare un corso estivo in Italia, ma sei confuso/a tra le tante offerte delle scuole. Allora, chiami un tuo amico fiorentino e chiedi il suo aiuto; gli spieghi, dunque, le caratteristiche della scuola adatta ai tuoi bisogni e alle tue possibilità economiche. Lui, con delle domande, cerca di capire il corso specifico che stai cercando e promette di aiutarti, visitando due o tre scuole che ritiene più interessanti.

3 Un tuo amico italiano, da anni proprietario di una scuola d'italiano nel tuo Paese, ti annuncia che vorrebbe tornare in Italia e fare qualcosa di completamente diverso. In particolare avrebbe intenzione di rispondere al seguente annuncio:

> **AFFARE** causa trasferimento vendo negozio abbigliamento, posto centrale, clientela garantita. **Milano**
>
> 📞 3423450880   ✉ affarenegozio@mail.com
> Sig. Armani   ☆☆☆☆☆

Tu credi che il tuo amico incontrerà molte difficoltà, non avendo alcuna esperienza in questo settore. Cerchi, dunque, di fargli cambiare idea anche se lui insiste.

4 Stai viaggiando in treno, nel tuo Paese, quando noti accanto a te un/una ragazzo/a della tua età che, seduto/a da solo/a, legge un libro italiano. Ti presenti e attacchi discorso: gli chiedi di dov'è, dove va, quanto si fermerà, gli racconti quando, dove e perché hai studiato la lingua italiana ecc. Poi, discutete del libro che sta leggendo, di quello che leggi tu e infine gli chiedi quali sono le sue aspettative per il viaggio e gli proponi posti da visitare.

5 Hai appena comprato un bellissimo maglione molto costoso. Vai a casa e - naturalmente - lo provi, ma mentre ti guardi nello specchio ti rendi conto che ha un piccolo buco! Torni al negozio, spieghi alla commessa la situazione e le chiedi di sostituirti il maglione. I problemi, però, sono due: non ce n'è uno della stessa taglia e, in assenza della proprietaria, lei non ti può dare indietro i tuoi soldi. Inoltre, la commessa non sembra molto convinta che il buco ci fosse fin dall'inizio!

6 Un tuo parente vuole trascorrere due settimane di vacanza in Italia, ma, non fidandosi tanto delle agenzie di viaggi e degli annunci pubblicitari online, chiede il tuo aiuto. Tu telefoni ad un tuo amico italiano che lavora nel campo del turismo e gli chiedi di suggerirti un posto tranquillo vicino al mare e un aiuto per trovare una sistemazione per il tuo parente. Indichi le caratteristiche che l'alloggio deve avere e inoltre parlate di date, costi ecc.

7 Un tuo amico italiano ha deciso di comprare uno degli appartamenti del seguente annuncio:

> 📍 **BASILICATA**. Vendesi casa di campagna mq. 1.500, divisa in **sei** appartamenti, vasto giardino, box, minimo anticipo.
>
> 📱 3625730797   ✉ annagall@mail.com
> Sig.ra Gallo   ♡

Gli consigli di pensarci bene poiché la convivenza non è una cosa semplice e, inoltre, lui, abituato a vivere in città, incontrerà forse delle difficoltà con la vita di campagna. Infine, case come quella dell'annuncio hanno spesso bisogno di ristrutturazione o, comunque, richiedono alti costi di manutenzione. Ovviamente, il tuo amico insiste.

8 Un ragazzo italiano si è trasferito da due settimane nel tuo Paese per motivi di lavoro, ma non è ancora riuscito ad ambientarsi: ha fatto poche conoscenze e non si è abituato ai ritmi della città. Cerchi di consolarlo e di aiutarlo ad uscire dal suo isolamento; gli consigli, dunque, varie attività per il suo tempo libero, posti e locali dove andare, e lo inviti ad uscire una sera insieme ai tuoi amici. Infine, gli suggerisci una buona scuola dove imparare la lingua e cominciare a conoscere la realtà del tuo Paese.

9 Hai saputo che un'amica italiana si è finalmente laureata, superando parecchi esami difficili in pochi mesi! La chiami per farle gli auguri e chiederle come ha festeggiato o come festeggerà questo traguardo. Inoltre le fai delle domande su quello che pensa di fare adesso, quanto cambierà la sua vita, se cercherà subito un lavoro, ecc.

10 Sei in vacanza a Venezia insieme alla tua famiglia, ma avete dei problemi con l'albergo: dalla vista delle camere alla colazione, dalla pulizia al rumore, ecc. Insomma, i servizi offerti non corrispondono al prezzo alto o alle informazioni presenti sul sito. A te, l'unico in famiglia che parla bene l'italiano, viene assegnato il compito di parlare con il direttore dell'albergo per esprimere tutte le vostre lamentele e chiedergli di risolvere i vostri problemi.

11 Sei in macchina (o in taxi) per andare a incontrare una persona cara. All'improvviso ti squilla il cellulare: è il tuo amico che, proprio all'ultimo momento, ti avvisa che purtroppo deve cancellare il vostro appuntamento perché gli è successo qualcosa. Ma a te questo non basta e gli chiedi spiegazioni.

12 Un tuo amico milanese ti chiama per invitarti a casa sua a Natale. Anche se ti sarebbe piaciuto molto andarci, hai già altri progetti (o impegni) per quel periodo. Lo ringrazi dell'invito, ti scusi gentilmente, spiegandogli i motivi per cui non puoi accettare e lo inviti a tua volta nella tua casa al mare per le vacanze estive.

13 Finita l'università in una città italiana, torni nel tuo Paese. Qualche giorno dopo il tuo ritorno, incontri per strada il tuo vecchio insegnante d'italiano che non vedevi da anni. Alla notizia della laurea si complimenta con te e ti fa delle domande sulla vita in Italia, l'università, le eventuali difficoltà che hai incontrato, ecc.

14 Ad un tuo amico italiano è stato offerto un posto di lavoro nel tuo Paese e, in particolare, nella tua città. Ti chiama e ti chiede delle informazioni sui pro e i contro della vita da voi (costo della vita, traffico, inquinamento, divertimento, ecc.). Rispondi a tutte le sue domande, consigliandogli di accettare la proposta.

15 Vorresti trascorrere alcuni giorni di vacanza in una località turistica in Italia. Su un sito italiano leggi il seguente annuncio:

Cesenatico Valvedere,
vicino al mare, affittasi per l'estate appartamento autonomo, confortevole, ristrutturato, con vista panoramica, WI-FI.

Informazioni: dott. M. Sabini   📞 +393927709729

Telefoni per chiedere informazioni sull'appartamento, il prezzo e il metodo di pagamento, la posizione esatta, ecc.

16 Un tuo amico intimo, sposato da appena un anno, ti fa sapere che sta per divorziare! Dopo il primo shock, gli chiedi i motivi per cui sta per prendere una decisione del genere in così poco tempo. A quanto pare, si è pentito di essersi sposato tanto giovane e di aver preso una tale decisione in maniera così affrettata. Tu, dopo aver sentito i problemi che ha con sua moglie, gli consigli di pensarci bene perché può darsi che la colpa sia anche sua e di riflettere sulle sue responsabilità.

17	Un tuo amico italiano ti chiama dopo parecchio tempo e chiede tue notizie. Tu attualmente sei un po' triste perché, dopo molti tentativi, non sei ancora riuscito a trovare un lavoro. Il tuo amico, che nel frattempo ha avviato una *start-up* innovativa, ti chiede che tipo di lavoro vorresti trovare e in che modo lo stai cercando. Alla fine ti consiglia di avviare una tua attività professionale, ma tu non ti senti pronto a fare questo passo.
18	Tu e una tua amica state facendo un veloce giro turistico dell'Italia. L'ultimo giorno del tour vi trovate per poche ore a Milano dove, finalmente, avrai la possibilità di visitare il meraviglioso Duomo. Purtroppo, proprio accanto al Duomo si trova la Rinascente, il più noto dei grandi magazzini italiani e una grandissima tentazione per la tua amica. Insomma, dovete scegliere tra arte e moda italiana. Ma alla fine riesci a convincere la tua compagna a seguirti.
19	Nell'appartamento accanto al tuo si è da poco trasferita una giovane coppia italiana. Tutti e due sono persone simpatiche, il loro cane invece non tanto! Abbaia continuamente, a volte anche di notte, e non ti lascia in pace. Una sera, stanco dei vani tentativi fatti per concentrarti e studiare, bussi alla loro porta e protesti, dicendo che non si può andare avanti così e che dovranno prendere delle misure, altrimenti sarai purtroppo costretto a denunciarli! Dopo una breve discussione trovate una soluzione.
20	Sei in Italia come studente e, poiché l'università dista parecchio da casa tua decidi di comprare un'auto usata. Su internet trovi questo annuncio che non è molto dettagliato, ma sembra interessante: **FIAT 500**, usata, pochi chilometri, Euro 4, buone condizioni, prezzo trattabile. CHIAMA Chiami, dunque, il proprietario e gli chiedi più informazioni: chilometri fatti, prezzo e metodo di pagamento, colore, anno di produzione, incidenti ecc. Infine, fissi un appuntamento per andare a vederla.
21	Sei in Italia ospite di un amico napoletano. Suo padre, insegnante al liceo, ti fa delle domande sulla scuola del tuo Paese: come è strutturata, quali sono i suoi pro e i contro, come sono i rapporti tra insegnanti e alunni, come ci si iscrive all'università, ecc. Tu rispondi chiedendo a tua volta alcune informazioni sull'università italiana.
22	Una tua amica ti chiama molto agitata: ha litigato con i suoi genitori ed è andata via di casa! Non sapendo cosa fare, pensa di venirti a trovare e ti chiede di ospitarla per qualche giorno. Tu, sorpreso, cerchi di calmarla e spiegarle che questa non è la soluzione ideale, ma creerebbe solo più problemi. Inoltre, per incoraggiarla un po', le parli dei problemi che anche tu avevi con i tuoi in passato e che hai risolto parlandone faccia a faccia con loro.
23	Sei a Siena dove frequenti un corso estivo di quattro settimane. Dopo la prima settimana, però, sei molto deluso dalla scuola che hai scelto e decidi di tornare nel tuo Paese. Poiché è impossibile ottenere un rimborso dalla scuola, cerchi almeno di convincere la padrona dell'appartamento che hai preso in affitto a darti indietro i soldi che le avevi dato in anticipo. Per convincerla pensi a mille scuse.
24	Sei studente in Italia da tre anni e, a causa di difficoltà economica, stai cercando un lavoro part time. Tra gli annunci che leggi su *subito.it* consideri più interessanti questi due: **NEGOZIO** abbigliamento cerca commesso/a, anche part time, bella presenza, conoscenza lingue. ♡ CHIAMA **RISTORANTE** cerca camarieri/e extra, esperti/e o apprendisti/e, orario serale, massima serietà. ♡ CHIAMA Telefoni per chiedere più informazioni (orario preciso, stipendio, zona) ma anche per spiegare che non sei italiano però conosci molto bene la lingua. In più rispondi alle domande del proprietario (età, esperienza, nazionalità, ecc.) e fissate un appuntamento.

25 Sei in Italia in vacanza. All'improvviso, cercando nella tua borsa, ti rendi conto che non c'è più né il tuo portafoglio né il tuo passaporto. Forse li hai persi o te li hanno rubati. Vai subito in questura e spieghi all'agente la tua situazione. In più fornisci tutti i tuoi dati personali, l'albergo in cui alloggi, la data di partenza ecc. e chiedi informazioni su cosa fare adesso che sei senza soldi e documenti.

26 Sei in vacanza al mare nel tuo Paese, seduta/o sotto un ombrellone e leggi una rivista italiana. Un/Una ragazzo/a italiano/a, notando la rivista, ti prende per una/un sua/o connazionale e ti saluta, chiedendoti di dove sei. Quando si rende conto che non sei italiana/o comincia a farti delle domande, meravigliato/a del fatto che una persona straniera parli così bene l'italiano. Alla fine ti invita ad uscire, ma tu rifiuti gentilmente trovando una scusa.

27 Sei appena tornato/a nel tuo Paese dopo due settimane in Italia, dove sei stato/a ospite di una famiglia italiana. Li chiami per ringraziarli per tutto quello che hanno fatto per te, per dirgli quanto ti sei divertito/a - ricordando qualche momento particolarmente divertente -, per invitarli a casa tua per ricambiare l'ospitalità e per chiedergli un ultimo favore: spedirti quanto prima alcuni libri che hai dimenticato a casa loro e di cui hai veramente bisogno.

28 Tu e una tua amica siete in un prestigioso ristorante italiano, dove mangiate divinamente. Quando arriva il conto, però, il vostro buon umore cambia subito: dovete pagare il doppio di quello che avevate calcolato! Parlate con il proprietario e cercate di spiegargli che probabilmente c'è stato qualche errore. Ma la verità si trova a metà strada.

29 Ti sei iscritto all'Università di Bologna, hai sistemato quasi tutto, tranne un "piccolo" particolare: non sei ancora riuscito a trovare casa. Stai in albergo da qualche giorno e comincia a prenderti l'angoscia. Alla mensa vedi il seguente annuncio:

> **OFFRESI POSTO LETTO IN AMPIA CAMERA DOPPIA IN OTTIMO APPARTAMENTO, ZONA SAN DONATO. INTERNET COMPRESO**
>
> Tel. 392 9237095   Tel. 392 9237095   Tel. 392 9237095   Tel. 392 9237095   Tel. 392 9237095   Tel. 392 9237095   Tel. 392 9237095   Tel. 392 9237095   Tel. 392 9237095   Tel. 392 9237095   Tel. 392 9237095

Telefoni subito e chiedi più informazioni: numero degli inquilini, dimensioni e condizioni della camera, affitto, eventuali mobili, distanza dall'università e come ci si può andare, ecc. Infine, fissi un appuntamento per vedere la camera e conoscere i tuoi futuri coinquilini.

30 Un tuo familiare (fratello/sorella/cugino ecc.) partirà presto per l'Italia per andare a studiare all'università. Chiami una cara amica italiana, la informi di questo fatto e della data di arrivo, pregandola di aiutare quanto possibile il tuo familiare, specialmente durante il primo periodo (iscrizione all'università, ricerca casa, ecc.). Ringrazi in anticipo la tua amica promettendole di restituirle il favore appena possibile.

31 Sei appena atterrato a Roma per la prima volta e sei pieno di entusiasmo. Aspetti le tue valigie, guardandoti intorno e ammirando il bellissimo aeroporto "Leonardo Da Vinci". Un'ora dopo il tuo entusiasmo si è trasformato in panico perché le tue valigie non si trovano da nessuna parte! Ti rivolgi all'apposito ufficio dove dichiari di aver perso i tuoi bagagli e ti informano che, probabilmente, sono stati imbarcati sull'aereo sbagliato. Per trovarli devi fornire all'impiegato tutti i particolari: numero del volo, modello, colore delle valigie e indirizzo a cui ti saranno spedite una volta trovate, ecc.

32 È lunedì sera, sei a casa seduto davanti alla TV quando all'improvviso suona il campanello: è un tuo carissimo amico italiano, appena arrivato dall'Italia senza avvisarti per farti una sorpresa! Ospitarlo non è tanto un problema poiché abiti da solo, ma proprio questa settimana è una delle più intense e difficili per te. Gli dici che sei molto contento di vederlo, ma che purtroppo non sarai in grado di dedicargli molto tempo. Gli spieghi il motivo e gli proponi delle attività per le ore in cui sarai impegnato.

Espressioni e massime

Gli amici

Il falso amico è come l'ombra che ci segue fin che dura il sole.

Nella sventura dei nostri migliori amici, troviamo sempre qualcosa che non ci spiace del tutto.

Patti chiari, amicizia lunga.

- ◆ Spiegate il significato generico delle massime.
- ◆ Quanto è importante oggi l'amicizia?
- ◆ È sempre facile identificare gli amici veri? Che qualità deve avere, secondo voi, l'amico ideale? Parlatene.
- ◆ Credete che sia più autentica l'amicizia tra uomini o tra donne? Motivate le vostre risposte.

L'amore

L'amore è come la fortuna: non gli piace che gli si corra dietro.

Amore non è guardarsi a vicenda: è guardare insieme nella stessa direzione.

A giudicare l'amore dalla maggior parte dei suoi effetti, somiglia più all'odio che all"amicizia.

- ◆ Spiegate il significato generico delle massime.
- ◆ Credete che oggi sia più difficile amare che in altri tempi? Motivate le vostre risposte.
- ◆ Cosa vuol dire per voi "vero amore"? Scambiatevi idee. Per alcuni, amare significa possedere. Voi cosa ne pensate?
- ◆ Dicono che l'amore sia un continuo gioco, con regole che bisogna rispettare. Siete d'accordo? Parlatene.

Bene e male

Il male che gli uomini compiono si prolunga oltre la loro vita, mentre il bene viene spesso sepolto insieme alle loro ossa.

Non è necessario credere in una fonte sovrannaturale del male: gli uomini da soli sono perfettamente capaci di qualsiasi malvagità.

Il genere umano non odia mai tanto chi fa il male, né il male stesso, quanto chi lo nomina.

- ◆ Spiegate il significato generico delle massime.
- ◆ Secondo voi, l'uomo di natura è più incline al bene o al male? Scambiatevi idee.
- ◆ C'è chi dice che l'uomo ha sempre avuto bisogno di un Dio in cui credere e di un diavolo di cui avere paura, così li creò entrambi. Qual è la vostra opinione?
- ◆ Credete di essere persone buone? Essere troppo buoni potrebbe avere degli effetti negativi? Motivate le vostre risposte.

La bugia

Le bugie sono per natura così feconde, che una ne vuole partorir cento.

Le bugie hanno le gambe corte.

Le masse... cadranno vittime più facilmente di una grossa menzogna che di una piccola.

- ◆ Spiegate il significato generico delle massime.
- ◆ Credete che la sincerità sia una qualità rara nella nostra epoca? Se sì, perché?
- ◆ In quali occasioni è preferibile mentire? Ci sono bugie innocenti? Motivate le vostre risposte.
- ◆ Vi è mai capitato di uscire da una situazione difficile grazie a una bugia? Parlatene.
- ◆ Oggi tante persone sono molto diffidenti e sospettose verso gli altri. Secondo voi, fanno bene o male?

La cortesia

Quando si deve uccidere un uomo, non costa niente essere gentili.

Chi sa carezzar le persone, con poco capitale fa grosso guadagno.

La cortesia è per la natura umana quello che è il calore per la cera.

- ◆ Spiegate il significato generico delle massime.
- ◆ Credete che nella società contemporanea la cortesia sia un valore superato? Motivate le vostre risposte.
- ◆ Voi credete di essere cortesi? In quali occasioni vi dà particolare fastidio la mancanza di gentilezza?
- ◆ Troppa gentilezza vi fa paura? Parlatene.

La cultura

La cultura rende un popolo facile da guidare, ma difficile da trascinare; facile da governare, ma impossibile da ridurre in schiavitù.

Solo l'uomo colto è libero.

Il principale compito della cultura, la sua vera ragion d'essere, è difenderci contro la natura.

- ◆ Spiegate il significato generico delle massime.
- ◆ Che significato ha per voi la parola cultura? Scambiatevi idee.
- ◆ Com'è possibile ampliare la propria cultura? Quanto è importante questo per voi? Motivate le vostre risposte.
- ◆ Che idea avete delle persone colte? Parlatene.

Dolore e gioia

La felicità è benefica al corpo, ma il dolore quello che sviluppa le facoltà dello spìrito.

Tutte le grandi gioie si somigliano nei loro effetti, a differenza dei grandi dolori che hanno una scala di manifestazioni molto varia.

Il saggio cerca di raggiungere l'assenza di dolore, non il piacere.

- ◆ Spiegate il significato generico delle massime.
- ◆ La vita è piena sia di momenti belli che difficili; quali sono quelli che ci "segnano" di più? Motivate le vostre risposte.
- ◆ Vorreste vivere una vita priva di ogni dolore e problema? Scambiatevi idee.
- ◆ Qual è il modo migliore per superare i momenti difficili? Parlatene.

La felicità

La felicità materiale riposa sempre sulle cifre.

Bisognerebbe tentare di essere felici, non foss'altro per dare l'esempio.

La felicità di ciascuno è costruita sull'infelicità di un altro.

- ◆ Spiegate il significato generico delle massime.
- ◆ Esiste la felicità? Che cos'è, secondo voi? Scambiatevi idee.
- ◆ Felici si diventa o si può anche imparare ad esserlo? Motivate le vostre risposte. Voi vi sentite felici o no e perché?
- ◆ Quali sono le cose che vi rendono felici o infelici? Scambiatevi idee.

La gelosia

Questa grande, nobile, deliziosa passione, l'unico simbolo autentico dell'amore, se non addirittura il suo alter ego.

Come geloso, io soffro quattro volte: perché sono geloso, perché mi rimprovero di esserlo, perché temo che la mia gelosia finisca col ferire l'altro, perché mi lascio dominare da una banalità, quella di essere come tutti gli altri.

La gelosia nasce sempre con l'amore, ma non sempre muore insieme.

- ◆ Spiegate il significato generico delle massime.
- ◆ La gelosia è un sentimento positivo o negativo? Motivate le vostre risposte.
- ◆ Secondo voi, c'è amore senza gelosia e gelosia senza amore?
- ◆ Siete mai stati artefici o vittime di eccessiva o ingiustificata gelosia? Come vi siete comportati? Parlatene.

La guerra

La guerra è il sistema più spiccio per trasmettere una cultura.

La guerra è una cosa troppo seria per lasciarla ai militari.

Tutti i popoli sono per la pace, nessun governo lo è.

- ◆ Spiegate il significato generico delle massime.
- ◆ La guerra è una cosa orribile che tutti odiano, eppure continua a svolgersi quasi senza tregua in ogni angolo del pianeta, coinvolgendo anche Stati sviluppati e "civilizzati". Perché, secondo voi?
- ◆ Una guerra può essere fatta per nobili propositi? Scambiatevi idee.
- ◆ La guerra segna per sempre tutti quelli che la vivono da vicino. Che effetti ha sulle generazioni nate e cresciute durante o subito dopo una guerra? Parlatene.

L'invidia

Gli uomini non conoscono la propria felicità, ma quella degli altri non gli sfugge mai.

Il milionario non godrebbe niente se gli mancasse l'invidia del popolo.

L'invidia è la base della democrazia.

- ◆ Spiegate il significato generico delle massime.
- ◆ Secondo voi, l'invidia può anche essere costruttiva? Motivate le vostre risposte.
- ◆ Credete che la società stessa ci renda in qualche modo propensi all'invidia? Parlatene.
- ◆ Avete invidiato qualcuno o qualcosa nella vostra vita? Se sì, in che modo vi ha influenzato tale sentimento?

La legge

Anche quando le leggi sono scritte, non dovrebbero mai rimanere immutate.

La legge è fatta esclusivamente per lo sfruttamento di coloro che non la capiscono o ai quali la brutale necessità non permette di rispettarla.

Le leggi sono come ragnatele che rimangono salde quando vi urta qualcosa di molle e leggero, mentre una cosa più grossa le sfonda e sfugge.

- ◆ Spiegate il significato generico delle massime.
- ◆ Una società senza leggi è un'utopia o qualcosa di realizzabile? Scambiatevi idee.
- ◆ Secondo voi, si obbedisce alla legge per paura della pena, per disciplina personale o per altro? Parlatene.
- ◆ La legge è "uguale per tutti"? Motivate le vostre risposte.
- ◆ Legge e giustizia coincidono sempre? Voi infrangereste la legge pur di fare del bene?

La libertà

La libertà è il diritto di fare tutto quello che le leggi permettono.

O libertà, quanti delitti si commettono in tuo nome!

I governi che sopprimono la libertà di parola fanno come quei bambini che chiudono gli occhi per non farsi vedere.

◆ Spiegate il significato generico delle massime.

◆ Siamo veramente liberi? Esiste, secondo voi, la libertà totale?

◆ Siamo in grado di apprezzare il valore della libertà? Motivate le vostre risposte. Ne siete mai stati privati in qualche modo? Parlatene.

◆ La libertà si concede o si conquista? Voi vi sentite completamente liberi? Parlatene.

La lode

Guai a voi quando tutti gli uomini diranno bene di voi.

È un grave segno di mediocrità lodare sempre con moderazione.

Amiamo a volte persino le lodi che non crediamo sincere.

◆ Spiegate il significato generico delle massime.

◆ Credete che sia importante lodare le persone e quando in particolare? Parlatene.

◆ In quali occasioni la lode può avere risultati positivi e in quali no? Motivate le vostre risposte.

◆ Vi interessa quello che gli altri pensano di voi? Quanto è importante per voi l'approvazione delle vostre azioni? Scambiatevi idee.

Il matrimonio

Il matrimonio è stato spesso paragonato a quelle feste dove chi è fuori vorrebbe entrare e chi è dentro sarebbe tanto contento di uscire.

La morte stessa non è, per chi vi rifletta, cosa così seria come il matrimonio.

Matrimonio: comunità composta di un padrone, d'una padrona e di due schiavi, il che fa in tutto due persone.

◆ Spiegate il significato generico delle massime.

◆ Perché, secondo voi, oggi ci sono meno matrimoni e probabilmente sono meno felici? Motivate le vostre risposte. Quali potrebbero essere in futuro le conseguenze di tale tendenza?

◆ Credete che il matrimonio "uccida" l'amore? Se sì, perché?

◆ Se per tanti il matrimonio è schiavitù perché ci si sposa? Voi vorreste sposarvi e perché? Quali credete siano i segreti di un matrimonio felice? Parlatene.

La morale

Rivoltatela come più vi pare, prima viene lo stomaco, poi viene la morale.

La moralità è un lusso privato e costoso.

Per il momento, riguardo alla morale, so soltanto che è morale ciò che mi fa sentir bene e immorale ciò che mi fa sentir male dopo che l'ho fatto.

◆ Spiegate il significato generico delle massime.

◆ Nella società contemporanea ha senso parlare di moralità o è ormai una cosa rara? Motivate le vostre risposte.

◆ La moralità può essere anche qualcosa di negativo? Se sì, in quali occasioni? Parlatene.

◆ Qual è il modo migliore per educare alla moralità?

◆ Che cosa ritenete immorale nella vita moderna? Scambiatevi idee.

Ricchi e poveri

Le barzellette di un ricco fanno sempre ridere.

Ci sono fortune che gridano "Imbecille!" all'uomo onesto.

Si lamentava un saggio della sua miseria: era andato in un prato a mangiare erba. Si voltò e vide che un altro mangiava l'erba che lui aveva lasciato indietro.

- ◆ Spiegate il significato generico delle massime.
- ◆ Credete che la nostra sia una società fatta da e per i ricchi? Scambiatevi idee.
- ◆ Cosa significa, secondo voi, essere "ricco" e cosa essere "povero"? Motivate le vostre risposte.
- ◆ Credete di apprezzare abbastanza tutto ciò che avete o lo date per scontato? Parlatene.

Ridere

Mi affretto a ridere di tutto, per la paura di essere costretto a piangerne.

Si conosce un uomo dal modo in cui ride.

Ridi e il mondo riderà con te; piangi e piangi da solo.

- ◆ Spiegate il significato generico delle massime.
- ◆ Qual è l'importanza del riso nella vita moderna? Motivate le vostre risposte.
- ◆ Meglio fidarsi di più di chi ride facilmente o di chi difficilmente ride?
- ◆ Secondo voi, nel vostro Paese la gente ha il senso dell'umorismo? Parlatene.

Saggezza - esperienza

Saggio è colui che si stupisce di tutto.

È il grande inganno, la saggezza dei vecchi. Non diventano saggi. Diventano attenti.

Esperienza è il nome che ciascuno dà ai propri errori.

- ◆ Spiegate il significato generico delle massime.
- ◆ Cos'è la saggezza e come si acquisisce?
- ◆ Bisogna dare retta alla saggezza altrui o cercare la propria? Scambiatevi idee.
- ◆ Che importanza hanno gli errori nella vita? Motivate le vostre risposte.
- ◆ Come tutti, anche voi avrete commesso degli errori, magari gravi; quali sono state le conseguenze e quali gli insegnamenti che ne avete tratto? Parlatene.

La speranza

La speranza è un sogno fatto da svegli.

La speranza è buona come prima colazione, ma è una pessima cena.

Chi di speranza vive, disperato muore.

- ◆ Spiegate il significato generico delle massime.
- ◆ È importante essere ottimisti? In quali occasioni potrebbe essere pericoloso, invece? Motivate le vostre risposte.
- ◆ L'ottimismo è una qualità che si ha di natura o è possibile acquisirla? Scambiatevi idee.
- ◆ Nel corso della vita diventiamo più ottimisti o più pessimisti?
- ◆ Un obiettivo troppo alto di solito vi scoraggia o vi stimola maggiormente? Parlatene.

La vita

La maggior parte degli uomini spende la prima metà della sua vita a rendere infelice l'altra.

Ci prepariamo sempre a vivere, ma non viviamo mai.

Vivi come desidererai di aver vissuto quando sarai sul letto di morte.

- ◆ Spiegate il significato generico delle massime.
- ◆ È possibile, secondo voi, vivere l'oggi e non pensare al domani? Voi lo fate o no? Parlatene.
- ◆ La vita di per sé è un dono preziosissimo; secondo voi, sappiamo apprezzarne il valore e la bellezza? Perché tante persone non sono mai soddisfatte della propria vita? Scambiatevi idee.
- ◆ A scuola e all'università impariamo tantissime cose, ma chi ci insegna a vivere, a godere la vita? È qualcosa che ci viene insegnato o che si impara da soli, secondo voi? Motivate le vostre risposte.

Glossario

In questo glossario, contenente tutte le parole del *Lessico utile*, abbiamo cercato di spiegarle nel modo più semplice possibile, dando ogni volta il significato che hanno nel determinato contesto in cui vengono incontrate.

1 VACANZE E TURISMO

agenzia di viaggi online: sito internet dove trovare e acquistare soluzioni di viaggio

alloggio: sistemazione, luogo in cui si vive temporaneamente (albergo, pensione, B&B ecc.)

bagaglio a mano: borsone o valigia di piccole dimensioni che il turista può portare con sé

campeggio: luogo attrezzato per le vacanze in tenda

camper: furgone o pulmino attrezzato per essere abitabile

carta di identità, passaporto: documenti necessari per pernottare in un albergo e per oltrepassare la frontiera

nave da crociera: nave per fare viaggi in mare a scopo di piacere

dépliant: opuscolo, foglio pieghevole o libretto di poche pagine a carattere informativo o pubblicitario

Ferragosto: ricorrenza religiosa del 15 agosto (Festa dell'Assunta); è considerato il periodo di vacanza per eccellenza

imbarcarsi: salire su una nave o un aereo (*contr.* **sbarcare**)

imprevisto: fatto o evento inaspettato

esotico: si dice di una località lontana

itinerario: percorso prestabilito di un viaggio, di un'escursione, di una visita

last minute: modalità di acquisto all'ultimo minuto, che offre sconti su biglietti aerei o pacchetti di viaggio

low cost: a basso costo, economico

meta turistica: destinazione, luogo di vacanza

pacchetto turistico: formula che include il pernottamento, i pasti e i vari servizi

pernottamento: permanenza in un luogo per passare la notte

prendere le ferie: ottenere un periodo di pausa dal lavoro

roulotte: veicolo senza motore trainato da un'automobile, attrezzato come abitazione per campeggi o viaggi

sacco a pelo: copertura a forma di sacco lungo usato per dormire all'aperto

soggiorno: permanenza in una località o struttura ricettiva

tenda: riparo di tessuto, smontabile e trasportabile, per campeggiatori

truffa/raggiro: reato compiuto con l'inganno ai danni del turista

turista fai da te: espressione che indica chi si organizza il viaggio turistico autonomamente

vacanza culturale: vacanza in località note per il patrimonio artistico o paesaggistico

vacanza studio: viaggio organizzato inclusivo di studio, sistemazione e intrattenimenti

viaggio organizzato: vacanza di gruppo organizzata da agenzie, enti o associazioni

villaggio turistico: complesso di abitazioni, casette o bungalow, attrezzato per i turisti

2 GENITORI E FIGLI

adolescente: giovane, ragazzo in età compresa fra gli 11/12 e i 19/20 anni

atteggiamento: comportamento, condotta, modo di fare

autonomia: indipendenza, libertà di azione

coccolare: trattare qualcuno con particolare cura e attenzione

crescere/allevare: prendersi cura di bambini e ragazzi

dialogare: parlare, conversare, discutere

diritto: ciò che è giusto fare o ricevere (*contr.* **dovere**)

disciplina: rispetto di regole comportamentali

disubbidiente: indisciplinato, ribelle, che non rispetta le regole (*contr.* **ubbidiente**)

educato: che si comporta con cortesia e rispetto (*contr.* **maleducato**)

genitore iperprotettivo: che tende a proteggere e influenzare eccessivamente le azioni del figlio

genitore permissivo: tollerante, che lascia libero il figlio di agire autonomamente

genitore retrogrado: che è attaccato al passato, conservatore, tradizionalista, all'antica (*contr.* **genitore moderno**)

imporre un divieto: proibire, vietare

maltrattare: comportarsi male verso qualcuno, con durezza o violenza

minorenne: che ha meno di 18 anni (*contr.* **maggiorenne**)

obbedire: rispettare, seguire una regola o un comando

picchiare: colpire violentemente qualcuno con le mani o con un oggetto

rapporto: relazione, legame, vincolo

responsabilizzare: rendere qualcuno cosciente e consapevole delle sue responsabilità

ribelle: rivoltoso, indisciplinato

rimproverare: non approvare una persona o un comportamento

rimprovero: sgridata, richiamo, ramanzina, paternale

severo: duro, autoritario

trasgredire: eccedere i limiti, violare le regole, disobbedire (*agg.* **trasgressivo**)

vietare: proibire, non permettere di fare qualcosa

viziare: quando la cura verso qualcuno è eccessiva

3 LAVORO

aspettativa: assenza dal lavoro richiesta per motivi familiari o personali

associazione: insieme di persone che si organizzano per conseguire uno scopo comune

competenza: conoscenze e abilità raggiunte con lo studio e l'esperienza

datore di lavoro: chi offre lavoro, il titolare, il principale (*scherz.* **capo, boss**)

determinazione: modo di agire risoluto e deciso, tenacia, ostinazione

dipendente: chi è assunto con contratto di lavoro (*est.* **impiegato**)

disoccupato: chi è senza lavoro (*contr.* **occupato**)

disoccupazione: condizione di chi non ha un lavoro retribuito (*contr.* **occupazione**)

frustrazione: insoddisfazione, delusione

impegnarsi: prendere un impegno, occuparsi di qualcosa con responsabilità

inoccupato: chi non ha mai avuto un lavoro ed è in cerca della sua prima occupazione (*s. f.* **inoccupazione**)

laurearsi/specializzarsi: studiare per ottenere competenze specifiche in un settore

lavoratore autonomo/libero professionista: chi lavora in proprio e svolge l'attività dietro corrispettivo (*contr.* **dipendente**)

migrante: persona che si sposta da un Paese all'altro (*contr.* **stanziale**)

operaio: chi svolge attività manuale solitamente nelle fabbriche

pensionato: il lavoratore che ha raggiunto l'età per non lavorare più

posto di lavoro: il luogo dove un lavoratore si reca abitualmente per svolgere la sua attività

precario: chi lavora senza garanzia di stabilità e continuità

presentare la candidatura: richiedere un lavoro consegnando il proprio curriculum vitae

professione: attività per la quale è richiesta una laurea e una specializzazione

qualifica: ruolo di un dipendente o titolo professionale

requisito: qualità necessaria per un determinato lavoro

retribuzione: stipendio, salario, paga

scioperare: rifiutarsi di lavorare a scopo di protesta

sciopero: astensione dal lavoro per la difesa dei propri diritti

sindacato: gruppo di persone organizzate per la tutela dei diritti e degli interessi dei lavoratori

tener duro: resistere, insistere, mostrare tenacia e determinazione

trucchi del mestiere: particolare tecnica acquisita con l'esperienza, perizia, destrezza

turno festivo: orario di lavoro domenicale e delle festività nazionali

turno feriale: orario di lavoro svolto dal lunedì al venerdì o sabato

4 COMUNICAZIONE E SOCIAL MEDIA

abbellire: rendere più gradevole alla vista

aggiungere un tag/taggare: marcare o contrassegnare per rendersi riconoscibili

avatar: immagine identificativa riconoscibile

chattare: (*gerg.*) conversare attraverso la rete

connessione: collegamento a internet

creare un profilo: sottoscrivere un servizio in rete fornendo dati e informazioni personali

emoticon/smile/faccine: simboli che rappresentano uno stato d'animo

falsificare: imitare, manipolare, travisare

garante: chi tutela dati e informazioni personali

identità personale: dati identificativi di un utente necessari per accedere a un servizio telematico

interazione: rapporto di scambio fra utenti

interlocutore: chi partecipa a un dialogo, destinatario

iscriversi: compilare un modulo per creare un profilo (*s. f.* **iscrizione**)

mezzi di comunicazione: l'insieme degli strumenti che informano, divulgano e intrattengono

minare la credibilità: compromettere la fiducia e l'attendibilità di qualcuno o qualcosa

potere sociale: grande influenza sulle masse

scrivere un post/postare: scrivere un messaggio in rete o pubblicare un contenuto online

social network: servizio informatico in rete che mette in comunicazione milioni di persone

spersonalizzazione: alterazione delle caratteristiche della personalità, omologazione, livellamento, perdita di identità personale

sviluppo/progresso tecnologico: trasformazione o miglioramento graduale dato da maggiori conoscenze, capacità e potenzialità

tutelarsi/proteggersi: prestare attenzione ai propri dati identificativi e alle informazioni personali

utente: chi accede ai servizi telematici

vantaggi: gli interessi e le opportunità che si possono ricevere dai mezzi di comunicazione (*contr.* **svantaggi**)

violazione della privacy: mancato rispetto della tutela dei dati e delle informazioni personali

virtuale: simulato, costruito al computer (*contr.* **reale**)

visualizzazioni: le volte in cui un contenuto digitale è stato visto da altri utenti

5 SCUOLA

alunno/allievo: chi frequenta la scuola, studente

anno scolastico: periodo dell'anno in cui è obbligatorio andare a scuola

commissione: gruppo di docenti che valutano le competenze degli studenti

compito: attività da svolgere a casa o in classe

dirigente scolastico: preside, capo d'istituto

disciplina scolastica: materia studiata durante l'anno scolastico

educare: insegnare, istruire, formare

educazione: il processo di trasmissione del sapere

esame di maturità: esame sostenuto per il conseguimento del diploma di scuola media superiore

essere bocciato: non riuscire a superare un esame o a essere ammesso a una classe superiore (*contr.* **essere promosso**)

docente: insegnante, maestro, professore

docente di sostegno: insegnante specializzato nell'integrazione di alunni diversamente abili

interrogazione: prova orale sostenuta in classe

liceo/istituto tecnico/istituto professionale: scuole medie superiori

rappresentante di classe/d'istituto: portavoce degli studenti con i docenti e con la scuola

scuola dell'obbligo: quella che ogni cittadino italiano è obbligato per legge a frequentare

scuola interculturale: modello di scuola fondato sullo scambio e sulla valorizzazione di diverse culture

scuola materna/scuola dell'infanzia: scuola per bambini dai 3 ai 5 anni, detta anche asilo nido

scuola media: triennio successivo alla scuola primaria

scuola superiore: quinquennio successivo alla scuola media inferiore

scuola primaria/elementare: corso di studi quinquennale per bambini dai 6 agli 11 anni

scuola pubblica: che dipende direttamente dallo Stato (*contr.* **scuola privata**)

secchione: *fig.* chi studia più del necessario, sgobbone

sistema scolastico: l'insieme delle istituzioni scolastiche di uno Stato

superare un esame: aver raggiunto i risultati richiesti, essere promosso

test d'ingresso: prova solitamente scritta per accedere a un corso di studi

6 SPORT E VIOLENZA

allenarsi: esercitarsi, prepararsi per una gara o una competizione sportiva (*s. m.* **allenamento**)

andare in palestra: svolgere abitualmente un programma di allenamento

arbitro: la persona che dirige le competizioni sportive

atleta: chi pratica uno sport, sportivo

campionato: gara, torneo, competizione periodica di una specialità sportiva

celerino: agente speciale di Polizia

curva: settore di uno stadio destinata al tifo sportivo

disciplina sportiva: uno sport

evento/manifestazione sportiva: spettacolo, cerimonia, celebrazione, raduno

forze dell'ordine: l'insieme degli agenti che garantiscono la sicurezza

giocare in casa: detto di una squadra che gioca nel campo sportivo della propria città o società (*contr.* **giocare in trasferta**)

manganello: strumento a forma di bastone usato dalla Polizia per colpire

misura di sicurezza: azione compiuta per prevenire atti violenti o vandalici

praticare uno sport: svolgere abitualmente un'attività sportiva

prevenire la violenza: attuare delle misure di sicurezza

reprimere: frenare, controllare (*s. f.* **repressione**)

scorta: forze dell'ordine che accompagnano e seguono nei movimenti una persona in pericolo (*v.* **scortare**)

spirito agonistico: qualità di un atleta o di una squadra, impegno, combattività

squadra: gruppo di atleti, team

teppismo: comportamento vandalico e violento (*s. m.* **teppista**)

tifare per una squadra: sostenere con entusiasmo una squadra sportiva (*s. m.* **tifoso**)

tribuna: settore coperto di uno stadio

ultrà/ultras: accanito tifoso di una squadra

violenza negli stadi: l'insieme di atti vandalici e violenti che avvengono durante una partita di calcio

vita sedentaria: con poco o nessun movimento fisico

7 TELEVISIONE E PUBBLICITÀ

audience/indice di ascolto/share: il pubblico che segue un programma radiotelevisivo

consumatore: chi usa o acquista beni e servizi pubblicizzati

decoder: strumento che decodifica i segnali televisivi

diffusione di notizie: l'espandersi di informazioni su fatti ed eventi

fare zapping: passare da un canale all'altro usando il telecomando

fascia protetta: chi deve essere protetto da immagini e contenuti televisivi, come i bambini

informazione obiettiva: notizia reale, senza l'influsso di gusti, preferenze e opinioni personali

avvento della TV: il risultato dell'invenzione della televisione e la sua diffusione

mass media: l'insieme dei mezzi di comunicazione di massa

presentatore/presentatrice: chi conduce una trasmissione

prima serata: programmi che vanno in onda dopo le 21.00

programma televisivo: trasmissione

promozione: propaganda, il lancio di un prodotto o un servizio sul mercato

pubblicità/réclame/spot: messaggi promozionali di prodotti e servizi in vendita

pubblicizzare/reclamizzare: rendere noto un bene o un servizio

reality: programma televisivo rappresentativo della vita quotidiana, raccontata in tempo reale di qualcuno

fiction: programma televisivo a episodi che narra di fatti ed eventi immaginari

serie tv: produzione televisiva a episodi a cui prendono parte personaggi fissi

smart TV: televisore in grado di collegarsi ad internet

telecomando: strumento che serve per cambiare canale televisivo

teledipendente: chi guarda la televisione in modo eccessivo (*s. f.* **teledipendenza**)

telegiornale: notiziario trasmesso quotidianamente

telespettatore: chi guarda la televisione

Pay TV: canali o trasmissioni per cui è richiesta una somma di denaro, televisione a pagamento

TV on demand: tipo di TV a pagamento che permette di scegliere quando vedere un programma

TV digitale: i segnali televisivi sono digitali e non analogici

TV spazzatura/trash: programmi banali, di scarso contenuto, che offrono visioni distorte della realtà

8 VECCHIE E NUOVE DIPENDENZE

alcolista: alcolizzato, chi beve molti alcolici, dipendente dall'alcol (*contr.* **astemio**)

anoressia: malattia caratterizzata da mancanza di appetito o disgusto verso il cibo (*contr.* **bulimia**)

assuefazione: adattamento dell'organismo a determinate sostanze

campagna antifumo: tutte le azioni intraprese per far smettere di fumare

consapevolezza: presa di coscienza, cognizione

dipendenza: essere dipendente da qualcosa, assenza di autocontrollo

disintossicarsi: liberarsi di una dipendenza nociva (*s. f.* **disintossicazione**)

doping: fare uso di sostanze dopanti con effetto stimolante o eccitante

essere nel mirino: essere al centro dell'attenzione

fare abuso di/abusare di: usare in eccesso delle sostanze nocive alla salute

fumatore passivo: chi non è fumatore ma respira il fumo delle sigarette degli altri

gioco d'azzardo: qualsiasi gioco che comporta scommettere grandi somme di denaro

illegale: contro le legge

narcotico: sonnifero, anestetico

nocivo: dannoso, pericoloso per la salute (*v.* **nuocere**)

passatempo: attività svolta per svago o divertimento

patologia: malattia, disturbo fisico, psichico o mentale

prendere un vizio: abituarsi a qualcosa di nocivo (*contr.* **perdere il vizio**)

prevenzione: l'insieme delle misure necessarie per non prendere un vizio

rischioso: pericoloso, azzardato

shopping compulsivo: bisogno incontrollato di comprare qualcosa e di spendere soldi

sottovalutare: dare minor valore a qualcosa, non considerare rischi e pericoli

tabagismo: dipendenza dal fumo, dal tabacco

terapia: trattamento sistematico di una malattia o di un disturbo (es. con farmaci)

ubriacarsi: bere alcol in modo eccessivo

ubriaco: chi ha fatto abuso di alcol e ha perso l'autocontrollo (*contr.* **sobrio**)

9 RAZZISMO E IMMIGRAZIONE

allarme sociale: timore che un reato possa diffondersi a livello nazionale

campo nomadi: una precisa area attrezzata, destinata alle famiglie Rom

centro di accoglienza: luogo in cui sono accolti i profughi

cittadinanza: appartenenza a uno Stato con conseguenti diritti e doveri

diffidenza: sospetto, mancanza di fiducia

diversità: ciò che è differente per cultura, tradizioni e abitudini

emarginazione: esclusione dalla società, il rimanere fuori da un gruppo (*s. m.* e *agg.* **emarginato**, *v.* **emarginare**)

emigrazione: fenomeno di spostamento in un Paese diverso dal proprio, espatrio (*agg.* e *s. m.* **emigrato**)

extracomunitario: chi proviene da un Paese che non appartiene all'Unione Europea

flusso immigratorio: arrivo continuo di profughi che hanno abbandonato il proprio Paese

frontiera: linea di confine di uno Stato

generalizzazione: giudizio spesso ingiustificato verso gli immigrati, i profughi e le categorie più deboli della società

ghettizzazione: isolamento di una minoranza di persone da una comunità (*v.* **ghettizzare**, *s.m.* **ghetto**)

ideologia: la mentalità, l'insieme delle idee di una società o di un gruppo sociale

immigrazione: fenomeno di arrivo di persone dall'estero (*agg.* e *s. m.* **immigrato**)

migrante: chi si sposta da un Paese all'altro (*contr.* **stanziale**)

movimento xenofobo/xenofobia: corrente ideologica che si oppone nei confronti degli stranieri e di tutto ciò che proviene dall'estero

permesso di soggiorno: autorizzazione di permanenza temporanea in un luogo rilasciata agli stranieri

pregiudizio: giudizio basato su opinioni o credenze errate o ingiustificate

razzismo: rifiuto e ostilità verso una popolazione ritenuta inferiore

regolare: detto di chi è in regola con i documenti (*contr.* **clandestino**)

rifugiato: chi è fuggito dal proprio Stato in cerca di protezione, asilo politico

società multiculturale/multietnica: una società ricca di idee, culture e tradizioni diverse tra loro

stereotipo: modello convenzionale applicato alle idee e ai comportamenti, preconcetto, pregiudizio

straniero: il cittadino non residente (*est.* **immigrato**, **extracomunitario**)

tolleranza: comprensione e rispetto di idee e di comportamenti diversi dai propri (*contr.* **intolleranza**)

valori sociali/religiosi: l'insieme di principi, punti di riferimento, modelli

10 ARTE E PATRIMONIO ARTISTICO

ammirare: osservare attentamente qualcosa che suscita interesse o meraviglia

appassionato d'arte: chi ama la pittura, la scultura, ecc.

apprezzare: dare un giudizio positivo su qualcosa o qualcuno

atto vandalico: azione finalizzata a danneggiare o distruggere un'opera d'arte

beni artistici/culturali: opere artistiche, storiche o scientifiche considerate patrimonio di un Paese e perciò protette dallo Stato

capolavoro: la migliore opera di un artista

collezione privata: l'insieme delle opere d'arte che appartengono a un privato cittadino

custode: guardiano, sorvegliante, chi ha cura di un museo, una galleria ecc. (*v.* **custodire**)

dipinto: quadro (*v.* **dipingere**)

galleria: edificio o sala che ospita opere d'arte

graffito: disegno o scrittura su muri, pietre ecc.

imbrattare: sporcare un monumento o un'opera d'arte, o danneggiare un luogo

monumento: opera di importanza artistica e storica

mostra: esposizione di opere d'arte

museo: luogo in cui sono esposti oggetti di interesse storico, scientifico e artistico

opera d'arte: prodotto, realizzazione artistica

patrimonio artistico/culturale: le opere che sono arrivate fino ai nostri giorni

pinacoteca: galleria o parte di un museo che espone solo dipinti

scavo archeologico: operazione di ritrovamento di reperti archeologici nel sottosuolo

statua: scultura, opera scolpita

tutela dei beni artistici: misure e azioni contro atti vandalici

tutelare/salvaguardare: difendere, conservare, custodire il patrimonio artistico, paesaggistico, culturale

valorizzare: dare importanza al patrimonio artistico, paesaggistico, culturale

vandalismo: comportamento violento di chi si diverte a danneggiare o distruggere (*s. m.* **vandalo**)

11 VOLONTARIATO E SOLIDARIETÀ

aiutare il prossimo: dare conforto e sostegno morale e pratico ad altre persone

altruismo: predisposizione caratteriale ad aiutare gli altri (*agg.* **altruista**)

assistente sociale: chi aiuta le categorie a rischio (bambini, minorenni, anziani, disabili)

assistenza: aiuto, sostegno (*v.* **assistere**)

bisognoso: chi non ha lavoro né soldi e non ha un'abitazione

carità/beneficenza: azioni mirate all'aiuto economico

contributo: offerta di aiuto (*v.* **contribuire**)

diversamente abile/disabile: persona con problemi fisici o intellettivi

donazione: offerta in denaro

egoismo: amore di sé, individualismo (*agg.* **egoista**)

emarginazione: esclusione dalla società, il rimanere fuori da un gruppo (*s. m.* **emarginato**, *v.* **emarginare**)

generosità: disponibilità a dare, a offrire apertamente, magnanimità (*agg.* **generoso**)

impegnarsi in/occuparsi di: darsi da fare, dedicarsi a qualcosa di socialmente utile

impegno sociale: l'occuparsi di uno o di vari problemi della società

indifferente: che non si interessa, che non dà importanza, insensibile (*s. f.* **indifferenza**)

persona in difficoltà: chi non riesce ad essere autonomo economicamente o fisicamente

proteggere: tutelare una persona indifesa o in difficoltà (*s. f.* **protezione**)

raccolta fondi: azione con lo scopo di raccogliere denaro per sostenere una causa o finanziare un progetto

sensibile: attento ai problemi sociali, emotivamente coinvolto (*s. f.* **sensibilità**)

senza scopo di lucro/non-profit: azioni o attività per le quali non si guadagna

senza tetto/senza dimora: chi non ha una casa in cui vivere

servizio civile: partecipazione organizzata ad azioni di pace, sostegno, salvaguardia, protezione

solidarietà: fratellanza, rapporto di reciproco sostegno tra persone

sostegno: aiuto, appoggio (*v.* **sostenere**)

volontario: persona che offre il suo lavoro o aiuto senza essere pagato (*s. m.* **volontariato**)

12 CONSUMISMO E CRISI ECONOMICA

boom degli acquisti: vendita di prodotti o servizi in quantità superiore al normale (*es.* nel periodo natalizio)

buono sconto/coupon: tessera o scontrino che dà diritto ad acquistare a minor prezzo

calo/decremento dei consumi: quando vengono acquistati molti meno prodotti del normale

carta di credito/bancomat: carte usate per pagare senza utilizzare i contanti

centro commerciale: edificio all'interno del quale ci sono negozi, ristoranti, bar e cinema

commercio al dettaglio: acquisto e vendita di prodotti presso negozi

commercio all'ingrosso: acquisti e vendite di prodotti fra commercianti

commercio elettronico: acquisti e vendite effettuate tramite internet

consumatore: chi acquista un prodotto, un bene o un servizio

consumismo: atteggiamento di acquisto e consumo indiscriminato di beni o servizi non necessari (*v.* **consumare**)

convenienza: vantaggio economico rispetto al valore normale (*v.* **convenire**)

fare acquisti/shopping online: comprare prodotti e servizi tramite internet

filiera lunga: il complesso processo produttivo che va dalla produzione alla vendita di un prodotto (*contr.* **filiera corta**, dal produttore al consumatore, a chilometro 0)

grande distribuzione organizzata (GDO): sistema di vendita al dettaglio attraverso una catena di supermercati

in promozione/in offerta: detto di prodotti venduti a un prezzo più basso

marca/brand: nome di un marchio di un prodotto o di una linea di prodotti (*es.* nome, simbolo, logo di una ditta)

marchio registrato: segno distintivo che indica la tutela giuridica di un prodotto

negozio online: punto vendita in rete

prodotto/oggetto alla moda: novità, che attira più di altri, che fa tendenza e tutti la desiderano

saldi/sconti/ribassi: prezzi ridotti applicati periodicamente su beni di consumo

società materialista/consumista: coloro che apprezzano e consumano soltanto beni materiali

spesa: l'insieme di prodotti acquistati (v. **spendere**)

sprecare: spendere troppo e inutilmente (contr. **risparmiare**)

status symbol: simbolo, segno identificativo di posizione sociale

tagliare le spese: ridurre, diminuire le spese

volantino: opuscolo periodico sulle offerte e promozioni di prodotti a prezzo scontato (s. m. **volantinaggio**)

13 DONNE E POLITICA

aspirazione/ambizione: il desiderio di realizzare un'idea, un sogno, un progetto

casalinga: una donna che si occupa della famiglia e dei lavori domestici (s. m. **casalingo**)

condizione femminile: l'insieme di ruoli, opportunità, norme e visioni del mondo che riguardano il ruolo della donna nella società

differenza di genere: caratteristiche sociali, culturali e psicologiche della differenza tra i sessi

discriminazione: distinzione, penalizzazione a causa dell'esser diversi, differenza (v. **discriminare**)

divorzio: scioglimento, annullamento di un matrimonio (v. **divorziare**, agg. **divorziato/a**)

emancipato: indipendente, autonomo (s. f. **emancipazione**)

femminismo: movimento che difende i diritti delle donne (agg. **femminista**)

gravidanza: stato della donna dal momento in cui rimane incinta fino alla nascita di un bambino

maschilismo: convinzione, comportamenti e atteggiamenti di superiorità dell'uomo sulla donna

mentalità maschilista: il credere e sostenere che l'uomo sia superiore alla donna

Ministra: una donna a capo di un ministero dello Stato (s. m. **Ministro**)

molestia sessuale: atto immorale, indecente e violento di carattere erotico o sessuale ai danni di qualcuno (v. **molestare**)

pari opportunità: uguali possibilità e vantaggi offerti dalla società

parità: uguaglianza dei sessi

parlamentare: membro del Parlamento, deputata o senatrice

pregiudizio: preconcetto, tabù, superstizione

quote rosa: numero di posti riservati alle donne presso strutture pubbliche e private

rappresentanza femminile: la percentuale di donne che ha potere nelle istituzioni pubbliche e private

rivendicare: pretendere, chiedere, lottare per un diritto

sessista: chi è favorevole e sostiene la discriminazione sessuale (s. m. **sessismo**)

sesso debole: luogo comune, discriminante, per indicare le donne in genere (contr. **sesso forte**)

suffragio: voto, preferenza espressa tramite elezioni o referendum

tutela: difesa, protezione, salvaguardia (v. **tutelare**)

voto: preferenza espressa durante le elezioni o le votazioni (v. **votare**)

14 AUTOMOBILI: PRESENTE E FUTURO

accelerare: aumentare la velocità (contr. **frenare**)

airbag: dispositivo di sicurezza, cuscino salvavita

andare contromano: andare in direzione contraria a quella permessa

asfalto: materiale con cui sono coperte le strade

auto di lusso: automobile di prestigio molto costosa

autostrada: strada a più corsie a scorrimento veloce che può essere a pagamento

car sharing: condivisione di un'auto in orari prestabiliti pagando una piccola somma di denaro

cilindrata: il volume, la grandezza dei cilindri di un motore

cintura di sicurezza: fascia di sicurezza in un'auto che protegge il passeggero

comfort: caratteristiche dell'auto che rendono più confortevole la guida e la permanenza in auto

di serie: accessori e dispositivi compresi nell'auto al momento dell'acquisto (contr. **optional, su richiesta**)

eccesso di velocità: superamento di un limite di velocità

gara automobilistica: corsa di velocità su strada o pista

guidatore/automobilista/conducente/pilota: la persona a cui è affidata la guida di un mezzo di locomozione o di trasporto

incidente stradale: evento in cui sono coinvolti autoveicoli, persone, animali, con conseguenti danni di vario tipo

pedone: chi si muove a piedi in strada usando il marciapiede e le strisce di attraversamento

potenza: forza e capacità del motore

prendere una multa: obbligo di pagamento per aver violato una regola del codice della strada, contravvenzione, ammenda

prestazione: ciò che la macchina, il motore è in grado di fare

rettilineo: strada perfettamente dritta (contr. **curva**)

rivenditore/concessionario-a: venditore, commerciante di auto e veicoli a motore

segnaletica stradale: indicazioni, simboli e dispositivi che regolano la circolazione stradale

sorpassare: oltrepassare un altro veicolo (s.m. **sorpasso**)

fuoristrada, Suv, berlina, utilitaria (city car): tipi di autoveicolo differenti per dimensioni e cilindrata

vettura: autoveicolo, macchina, automobile

15 DIVISMO E PRIVACY

autografo: firma e dedica che un divo scrive su un oggetto

celebrità: una persona molto famosa nel suo campo

divo: personaggio famoso dello spettacolo o dello sport (s. m. **divismo**)

essere sotto la luce dei riflettori: essere al centro dell'attenzione

fama: notorietà, celebrità, popolarità

famoso/a: noto al pubblico, illustre, popolare

fan: ammiratore, appassionato, sostenitore

giornalista: chi scrive articoli per la stampa

idolo/mito: persona amata e ammirata

imitare: prendere a modello, a esempio (*s. f.* **imitazione**)

industria dello spettacolo: tutte le attività e il business che riguardano il cinema, la televisione, il teatro e tutte le altre forme di spettacolo

influenzare: condizionare le preferenze, le tendenze o i comportamenti

intervista: dichiarazioni rilasciate a un giornalista

intimità: la sfera personale e privata di qualcuno

paparazzo: fotografo in cerca di foto sensazionali o scandalistiche

pettegolezzo: chiacchiera, commento indiscreto sulla vita privata di qualcuno, gossip

presentatore/-trice TV: chi conduce un programma televisivo

ragazzo/-a immagine: detto di chi posa per riviste, calendari, materiale pubblicitario

Reality Show: spettacolo televisivo basato sulla vita quotidiana

rivista scandalistica: periodico che pubblica immagini e notizie sensazionali, che colpisco l'opinione pubblica

scandalo: fatto o evento di cui si parla molto perché spiacevole o indecente

stampa: l'insieme di giornali e riviste

star: stella, personaggio dello spettacolo molto famoso

star system: tutto ciò che ruota intorno al divismo

suscitare interesse: causare, provocare particolare attenzione da parte dell'opinione pubblica

tutela della privacy: protezione dei dati identificativi e delle informazioni personali

velina: ragazza che aiuta il conduttore in alcune trasmissioni televisive

violazione della privacy: non rispettare la vita privata

vita privata: intimità, fatti e comportamenti che non riguardano la vita pubblica

16 BELLEZZA

accettarsi: comprendere che alcune caratteristiche del corpo non possono essere modificate

apparenza: aspetto fisico esteriore

aspirante modello/a: chi sogna e desidera entrare nel mondo della moda

bisturi: strumento chirurgico per tagliare

canoni di bellezza: caratteristiche del corpo accettate o richieste

chirurgia plastica: gli interventi chirurgici che migliorano l'aspetto fisico, chirurgia estetica

ciccia: parola di registro basso per dire grasso, adipe

concorso di bellezza: competizione, gara che valuta l'aspetto esteriore

curare il fisico: prendersi cura del proprio corpo e della propria immagine

curve: detto di alcune parti del corpo particolarmente pronunciate e prosperose

cuscinetti di grasso: quantità di grasso che si accumula nel corpo

difetti: aspetti del corpo che non rispettano i canoni di bellezza (*contr.* **pregi**)

distinguersi: emergere, farsi notare

donna grissino: filiforme, chi è molto magra e ha un corpo senza curve

estetista: persona specializzata in cure di bellezza e che lavora presso un centro estetico

giuria: gruppo di persone che valutano e premiano i partecipanti a gare o concorsi

liposuzione: operazione chirurgica per eliminare il grasso superfluo

passerella: passaggio, corridoio destinato a chi sfila o si espone in pubblico

requisito: qualità richiesta per un determinato scopo

rughe: segni d'espressione sul viso che indicano il passare del tempo

sponsor: produttore, chi finanzia manifestazioni o spettacoli

truccarsi: usare cosmetici per il maquillage (*s. m.* **trucco**)

vanitoso/-a: poco modesto/-a, frivolo/-a (*s. f.* **vanità**)

17 TECNOLOGIE TRA PRESENTE E FUTURO

app/applicazione: programma installato su un dispositivo elettronico

cliccare: premere il pulsante del mouse

connettersi/collegarsi: mettere in contatto il proprio dispositivo a internet (*s. m.* **connessione/collegamento**)

condividere: scambiare, partecipare

dipendenza: non poter fare a meno di usare un dispositivo elettronico

dispositivo: strumento, apparecchiatura

immigrato digitale: una persona appartenente a una generazione nata prima dell'uso dei sistemi elettronici digitali e che ha dovuto adattarsi

innovazione: novità, cambiamento, trasformazione

interattivo/-a: che svolge un'azione caratterizzata da reciprocità

ipertecnologico: che presenta una tecnologia molto avanzata

multimediale: che utilizza più mezzi (immagini, suoni, grafici ecc.)

nativo digitale: chi appartiene alla generazione nata quando i sistemi elettronici digitali erano già in uso

portale: sito web in cui sono disponibili risorse di vario tipo

schermo: monitor, video

sito web: pagine elettroniche disponibili in internet

smartphone: telefono cellulare di ultimissima generazione

software: programma su un dispositivo elettronico

tablet: computer portatile di dimensioni ridotte

tastiera: insieme di pulsanti e tasti di uno strumento informatico utili per scrivere

touchscreen: schermo tattile, sensibile al tatto

wireless: senza fili

18 GIOVANI

adattarsi: adeguarsi, accettare, tollerare (*s. m.* **adattamento**)

ambizione: desiderio di realizzazione di qualcosa, desiderio di successo

angoscia: ansia, inquietudine, preoccupazione

appartenenza sociale: far parte di un gruppo che condivide idee e comportamenti

aspettativa: previsione, desiderio, speranza

aspirazione: sogno che si desidera realizzare

capacità: competenza, caratteristica, abilità

coetaneo: della stessa età

conformismo: seguire in modo passivo i gusti e le opinioni della maggioranza, omologazione

delusione cocente: aspettativa tradita, disillusione

disinteresse/passività: indifferenza, mancanza di attenzione e di cura

disoccupazione: mancanza di posti di lavoro

divario generazionale: differenza, dislivello tra la vecchia e la nuova generazione

fregarsene di: non preoccuparsi per nulla di qualcuno o qualcosa

gioventù: giovinezza, i giovani fra l'adolescenza e la maturità

incertezza: disorientamento, incapacità di trovare una stabilità e una direzione nella vita

incomprensione: incapacità di capire le differenze, le aspettative e le aspirazioni

maturo: saggio, equilibrato, ponderato (*s. f.* **maturità**, *v.* **maturare**)

menefreghismo: indifferenza, noncuranza

mentalità: il modo di pensare

minorenne: che non ha ancora 18 anni (*contr.* **maggiorenne**)

occupazione: lavoro, impegno, incarico

ottimismo: tendenza a vedere le cose in maniera positiva (*contr.* **pessimismo**)

prospettive future: idee, possibilità, opportunità, progetti realizzabili nel futuro

punto di riferimento: ciò che si prende a modello, esempio, come elemento di orientamento

rapporto interpersonale: relazione, legame, vincolo fra persone

supporto: sostegno, aiuto, protezione

valore: qualità considerata eticamente buona, ideale

valorizzazione: riconoscimento, apprezzamento, promozione (*v.* **valorizzare**)

19 SPAZIO E VITA EXTRATERRESTRE

Agenzia Spaziale Americana (NASA): agenzia governativa responsabile della ricerca aerospaziale

Agenzia Spaziale Europea (ESA)/Italiana (ASI): agenzia che si occupa di ricerca e progetti aerospaziali all'interno dell'Unione Europea/in Italia

alieno: extraterrestre

astronauta: chi è a bordo di un veicolo spaziale

astronave: veicolo destinato al trasporto nello spazio

astronomia: scienza che studia i corpi celesti e i loro fenomeni (*s. m.* **astronomo**, *agg.* **astronomico**)

avvistamento: il vedere da lontano qualcosa

conquista dello spazio: fare delle scoperte nello spazio

disco volante: velivolo alieno a forma di disco (*pop.* **UFO**)

esplorare: andare alla ricerca di qualcosa che ancora non si conosce bene, scoprire

fantascienza: genere narrativo o cinematografico con elementi scientifici e immaginari (*agg.* **fantascientifico**)

galassia: l'insieme di stelle, di pianeti e di materia interstellare

in orbita: detto di satelliti naturali o artificiali che ruotano intorno a un pianeta (*v.* **orbitare**)

lancio: il momento della partenza di una navicella spaziale (*v.* **lanciare**)

microrganismo: qualsiasi organismo animale o vegetale di dimensioni minuscole

missione spaziale: incarico, compito da svolgere di solito per motivi scientifici, umanitari ecc. nello spazio

navicella spaziale: capsula di un veicolo spaziale che contiene gli strumenti e l'equipaggio

pianeta: corpo celeste che orbita intorno a una stella

rapimento alieno: sequestro di esseri umani da parte di alieni

satellite: corpo celeste o anche meccanico che ruota intorno a un pianeta

sistema solare: il sole e i pianeti attorno a esso

sonda spaziale: piccola navicella senza equipaggio dotata di strumenti di osservazione

stazione/colonia spaziale: luogo orbitante o fisso nello spazio dove è possibile vivere per lungo tempo

telescopio: strumento ottico di osservazione e studio

UFO (oggetto volante non identificato): oggetto che si pensa provenga da un pianeta lontano

umanoide: essere vivente che ha aspetto e caratteristiche simili all'essere umano

universo/cosmo: il complesso di tutto lo spazio e di ciò che contiene

20 AMORE E VIOLENZA

aggressività: prepotenza, comportamento violento

sottomissione fisica/psicologica: stato di chi soffre il potere o la forza, la sopraffazione di qualcuno

attaccamento morboso: amore sproporzionato, esagerato, ossessivo

autostima: stima di sé, valutazione positiva delle proprie capacità (*contr.* **disistima**)

bullismo: arroganza, sfrontatezza, impertinenza, maleducazione

centri antiviolenza: strutture in cui sono accolti coloro che subiscono o sono minacciati da qualsiasi forma di violenza

cyberbullismo: bullismo virtuale, compiuto attraverso internet

disturbo post traumatico: sofferenza psicologica derivante da un trauma, atto violento passato

empatia: capacità di comprendere lo stato d'animo altrui

esclusione: allontanamento, rifiuto, eliminazione

evento stressogeno: qualsiasi evento derivante da stress psicofisico

femminicidio: omicidio di donne da parte di uomini

gelosia ossessiva: forma di gelosia patologica, morbosa nei confronti del partner

intento persecutorio: intenzione, volontà a compiere atti di persecuzione

intolleranza: incapacità a sopportare, tollerare qualcosa, una situazione, un fatto

isolamento sistematico: la condizione di chi è costantemente rifiutato e separato dal gruppo

istinto sessuale: inclinazione innata, impulso erotico naturale

maltrattamenti fisici: azioni violente, sofferenze sul corpo

misoginia: avversione nei confronti delle donne (*s. m.* e *agg. m.* **misogino**)

mobbing genitoriale: comportamento aggressivo di natura psico-fisica di un genitore verso un figlio

mobbing gerarchico/ambientale: comportamento aggressivo di un superiore verso i propri dipendenti all'interno del posto di lavoro

mobbizzare: far subire delle pesanti pressioni psicologiche ad un lavoratore

molestie morali/sessuali: tipo di violenza silenziosa che si subisce in famiglia o sul posto di lavoro

persecuzione psicologica: accanimento, oppressione, maltrattamento che crea disturbi alla psiche

premeditazione: intenzione, volontà a commettere un reato

prevenzione: precauzione, difesa, protezione

provare affetto/voler bene: provare un sentimento fatto di tenerezza, premura, benevolenza

rispetto/stima: attenzione, considerazione

sessista: chi discrimina sessualmente (*contr.* **non sessista**)

sopruso psicologico: abuso, angheria, sopraffazione psicologica

21 DISTURBI ALIMENTARI

abbuffarsi di cibo: mangiare troppo, oltre il necessario per nutrirsi

ammalarsi di: prendere una malattia

soffrire di: essere malato

anoressia: mancanza patologica di appetito, rifiuto del cibo per cause psichiche (*agg.* **anoressico**)

appetito: desiderio di mangiare

autostima/stima di sé: considerazione che un individuo ha di sé

bulimia: eccessivo desiderio di mangiare dovuto a disturbi psichici (*agg.* **bulimico**)

caloria: unità di misura dell'energia contenuta negli alimenti

cattiva nutrizione: non assumere cibi sani e nutrienti

comportamento alimentare: l'atteggiamento e le preferenze nei confronti dell'alimentazione

controllare il peso: pesarsi, salire sulla bilancia e scoprire il valore del proprio peso

digiuno: astensione dal cibo per motivi religiosi, politici o terapeutici (*v.* **digiunare**)

dimagrire: perdere peso, perdere i chili di troppo

disagio fisico/psichico: fastidio, malessere

disturbo/disordine alimentare: comportamento scorretto nell'assunzione dei cibi, a volte nocivo per la salute

fare la/stare a dieta: seguire un regime alimentare per sentirsi meglio, per dimagrire o per ingrassare

fobia di ingrassare: paura ingiustificata di aumentare di peso

fragilità emotiva: difficoltà a gestire le proprie emozioni

ingrassare/prendere peso: aumentare il proprio peso corporeo

modella scheletrica: filiforme, senza grasso e senza curve, eccessivamente magra

obesità: grave stato di grassezza (*agg.* **obeso**)

ossessione: mania, fissazione (*agg.* **ossessivo**)

ricovero in ospedale/ospedaliero: l'atto di ospitare qualcuno in ospedale per dargli cura e assistenza

rifiuto del cibo: repulsione, avversione verso il cibo

sensibilità: forte attitudine a percepire gli stati d'animo (*agg.* **sensibile**)

sottopeso: condizione in cui il peso corporeo è inferiore al peso forma (*contr.* **sovrappeso**)

vomitare: espellere dalla bocca il contenuto dello stomaco

22 ANIMALI, QUESTI NEMICI

abbandonare: lasciare qualcuno o qualcosa senza aiuto o protezione (*s. m.* **abbandono**)

amante degli animali/animalista: chi rispetta e protegge gli animali

animale domestico: animale che vive in casa come membro della famiglia

animale esotico: animale che ha origine da Paesi lontani

animale selvatico: animale che cresce e vive in libertà nel proprio habitat

associazione ecologista: gruppo di persone che si prendono cura dell'ambiente

caccia: cattura o uccisione di animali selvatici (*s. m.* **cacciatore**, *v.* **cacciare**)

cane randagio: cane senza padrone che vive in strada

cavia: piccolo mammifero usato per esperimenti nei laboratori scientifici

circo: luogo adibito a spettacoli con animali selvatici/esotici addestrati

cosmetico: prodotto di bellezza

etica: l'insieme dei principi morali e dei comportamenti (*agg.* **etico**)

gabbia: struttura di legno o di metallo dove rinchiudere gli animali

gattaro/a: amante dei gatti di strada che quotidianamente va a portare loro del cibo

maltrattamento: violenza, offesa (*v.* **maltrattare**)

mettere la museruola: applicare al muso di alcuni animali una piccola gabbia di cuoio o metallo per impedir loro di mordere o di mangiare

pelliccia: indumento o accessorio ricavato dalla pelle di alcuni animali

portare al guinzaglio: condurre un cane tramite una lunga striscia di cuoio o altro materiale

prodotto non testato sugli animali: cosmetico o farmaco che non è stato sperimentato su cavie, su animali

protezione: difesa, salvaguardia, tutela (*v.* **proteggere**)

sensibilità: forte attitudine a comprendere le necessità degli animali e essere sensibili nei loro confronti

specie in via di estinzione: gruppo, categoria di animali che rischiano di scomparire dal pianeta

specie protetta: gruppo di animali tutelato dalla legge poiché in via di estinzione

torturare: tormentare, fare soffrire fisicamente o psichicamente (*s. f.* **tortura**)

tutelare: applicare una serie di norme giuridiche che garantiscano la protezione di una specie animale (*s. f.* **tutela**)

vivisezione: sperimentazione chirurgica su animali vivi (*v.* **vivisezionare**)

bioparco: giardino zoologico (zoo) protetto e tutelato in cui vivono animali di varie specie rare o in via di estinzione

23 SALUTE: COME CURARSI?

abuso di farmaci: uso eccessivo di medicine (medicinali) con risultati e conseguenze che nuocciono alla salute

agopuntura: pratica terapeutica cinese o giapponese basata sull'uso di aghi

analgesico: medicinale che riduce o fa scomparire il dolore

antibiotico: medicinale che uccide i batteri che causano malattie

antinfiammatorio: medicamento o farmaco che riduce o elimina un processo infiammatorio

assistenza sanitaria/medica: insieme di prestazioni e iniziative finalizzate alla tutela della salute dei cittadini

effetto collaterale: le conseguenze indesiderate o impreviste di un farmaco

effetto placebo: farmaco inefficace il cui esito è basato su suggestioni psi-

cologiche

epidemia: malattia contagiosa di larga diffusione

foglietto illustrativo/bugiardino: foglio allegato ai medicinali contenente la descrizione del farmaco, le modalità d'uso e gli effetti collaterali

intervento chirurgico: operazione

malato oncologico: chi è affetto da cancro, tumore

medicina alternativa: medicina che segue e pratica metodi terapeutici diversi da quelli della medicina tradizionale

medico curante/di fiducia: il medico che segue abitualmente l'evolversi di un trattamento o terapia di un paziente

Ministero della Salute: settore del governo di uno Stato che si occupa della salute dei cittadini

naturopatia: indirizzo terapeutico alternativo che rifiuta l'impiego di farmaci di origine chimica a favore di trattamenti e di rimedi naturali (*s. m./f.* **naturopata**)

omeopatia: metodo terapeutico alternativo

pastiglia/pasticca/pillola/compressa: singola parte di un medicinale (*es.* **prendere/assumere una compressa**)

paziente: persona che si affida a un medico per curarsi

prescrivere: assegnare medicinali o cure a scopo terapeutico

prescrizione: ricetta medica rilasciata dal medico per richiedere terapie, trattamenti, analisi, ecc.

pronto soccorso: dipartimento di un ospedale dove si offrono le prime e più urgenti cure

reparto ospedaliero: sezione di un ospedale dedicata a una particolare patologia

ricoverare in ospedale: accogliere qualcuno in ospedale per dargli cura e assistenza (*s. m.* **ricovero ospedaliero**)

sintomo: manifestazione di un disturbo patologico che può essere dolore, malessere, fastidio

sistema sanitario: organizzazione e gestione di tutte le azioni mirate alla tutela della salute dei cittadini

terapia/trattamento/cura: il modo in

cui si cura una malattia o un disturbo

tranquillante/ansiolitico: medicinale che calma i nervi e riduce l'ansia o l'angoscia

24 GUERRA E SERVIZIO MILITARE

alleanza: patto, coalizione, accordo politico-militare (*s. m.* **alleato**)

arma chimica/batteriologica/nucleare: armi capaci di uccidere milioni di persone, armi di distruzione di massa

armamento: complesso delle armi e dei mezzi di guerra che possiede una nazione

arruolarsi: entrare nelle forze armate

attacco: assalto aggressivo e violento, raid, incursione, blitz (*v.* **attaccare**)

bombardare: colpire con, lanciare bombe (*s. m.* **bombardamento**)

carriera militare: scegliere di essere soldato per lavoro

caserma: il complesso degli edifici per l'alloggiamento e l'istruzione dei militari

combattere: lottare, scontrarsi

difesa: ogni azione intesa a proteggere da un danno, un pericolo, ecc. (*v.* **difendere**)

divisa: uniforme, abito militare

eccidio: sterminio, strage, carneficina

eroe/eroina: chi dà prova di grande coraggio, valore e forza d'animo (*s. m.* **eroismo**)

esercito: l'insieme delle forze armate di terra, di mare e di aria (*est.* **marina, aeronautica**)

forze armate: complesso organizzato di reparti dell'esercito di uno Stato

fronte: campo di battaglia, linea di combattimento

guerra civile: guerra tra gruppi di cittadini dello stesso Stato

guerra nucleare/chimica/batteriologica: guerra condotta con l'uso di armi nucleari oppure chimiche

profugo di guerra: chi è costretto a lasciare la propria patria e a cercare un rifugio altrove a causa di guerre

scoppiare: esplodere, *fig.* iniziare improvvisamente e violentemente (*s. m.* **scoppio**)

servizio civile: occupazioni e attività

che i cittadini di uno Stato possono svolgere a favore di enti pubblici e/o privati

servizio militare/di leva: periodo di addestramento militare obbligatorio

soldato/militare: membro dell'esercito

25 LA TERZA ETÀ

abbandonare: lasciare soli gli anziani, non occuparsi di loro

andare in pensione: smettere di lavorare per motivi di età

anziano: senile, attempato (*s.f.* **anzianità**)

assistenza medica/sanitaria: servizio di cure sanitarie

attivo/energico: anziano che nonostante l'età è ancora efficiente e forte

avere un aspetto giovanile: una persona anziana che ha un aspetto e una mentalità giovane

benessere: buono stato di salute (*contr.* **malessere**)

casa di riposo: struttura che accoglie gli anziani bisognosi di cure e di attenzione

centro sociale/centro per anziani: luogo di svago e di intrattenimento per gli anziani

eredità: l'insieme di beni che un anziano lascia agli eredi dopo la sua morte (*v.* **ereditare**, *s. f./m.* **erede**)

essere afflitti dagli acciacchi: avvertire fastidio o malessere diffuso per tutto il corpo

età anagrafica: l'età ufficiale come figura sui documenti identificativi

età biologica: l'età dell'organismo

età media: età calcolata statisticamente dagli enti di ricerca

invecchiare: diventare anziani con il passare degli anni (*s. m.* **invecchiamento precoce o tardivo**)

la/il badante: assistente, sorvegliante

longevità: durata della vita più lunga rispetto alla media (*agg.* **longevo**)

pensionato: chi non lavora più per motivi di età

portarsi bene l'età: avere un aspetto giovanile, dimostrare un'età anagrafica inferiore

previdenza sociale: istituzione che

assicura ai cittadini assistenza in caso di malattia, disoccupazione, ecc.

rughe/segni del tempo: linee della pelle che indicano il passare del tempo

saggezza: sapienza, maturità (*s. m. e agg.* **saggio**)

solitudine: condizione di chi è solo

ultracentenario: chi ha compiuto più di 100 anni

vecchiaia: stato di avanzamento dell'età anagrafica (*s. m. e agg.* **vecchio**)

vivere a lungo: superare l'età media di sopravvivenza, essere longevo

26 DROGA

allucinogeno: stupefacente, narcotico (*s. f.* **allucinazione**)

assuefatto: dipendente dalla droga (*s. f.* **assuefazione**)

bucarsi: drogarsi facendo uso di siringhe

cocaina: tipo di droga prodotta a partire dalle foglie di coca

cocainomane: dipendente dalla cocaina, assuefatto

comunità di recupero: centro di riabilitazione e di reinserimento nella società di persone con problemi sociali

crisi di astinenza: reazione all'astensione dal consumo di certe sostanze

disintossicarsi: eliminare dal proprio organismo sostanze tossiche (*s. f.* **disintossicazione**)

droga leggera: sostanza stupefacente incapace di nuocere alla salute (*contr.* **droga pesante**)

droga sintetica: sostanza stupefacente chimica, non ricavata da ingredienti naturali

drogarsi/"farsi": usare droghe, somministrarsi una sostanza stupefacente

eroina: droga derivata dalla lavorazione della morfina

eroinomane: dipendente da eroina, assuefatto

legalizzazare: rendere legale un prodotto precedentemente vietato, proibito (*s. f.* **legalizzazione**)

liberalizzazione: eliminazione delle limitazioni e del controllo (*v.* **liberalizzare**)

marijuana, cannabis, hashish: droghe leggere

metadone: sostanza usata per la disintossicazione degli eroinomani

narcotrafficante: chi compra e vende stupefacenti a livello internazionale

overdose: dose eccessiva di una droga

proibire: impedire, vietare (*es.* lo spaccio di droga)

siringa: strumento dotato di ago usato per iniettare una sostanza liquida

sniffare/tirare: aspirare con il naso una sostanza stupefacente in polvere

spacciare: vendere delle sostanze stupefacenti illegali

spaccio: traffico e vendita illegale di sostanze stupefacenti (*s. m.* **spacciatore**)

spinello/"canna": sigaretta fatta a mano con hashish o marijuana

stigmatizzare: disapprovare con fermezza e risolutezza (*s. m.* **stigma**, *agg.* **stigmatizzato**)

stupefacente: sostanza naturale o sintetica capace di produrre degli effetti psicofisici che nel tempo può provocare assuefazione

tossicodipendente: dipendente da droghe, drogato, tossicomane

27 GIUSTIZIA, CARCERI E PENE

accusa/pubblico ministero: ruolo svolto in tribunale da chi accusa qualcuno di qualche reato (*contr.* **difesa**)

assoluzione: dichiarazione di innocenza di un accusato (*agg.* **assolto**, *v.* **assolvere**)

carcere/galera/penitenziario/prigione: luogo in cui è tenuto chi è stato dichiarato colpevole

colpevole: reo, chi è responsabile di un'azione contro la legge (*contr.* **innocente**)

commettere un reato: compiere azioni contro la legge

condannato: persona a cui viene imposta una pena per il reato che ha commesso (*v.* **condannare**, *s. f.* **condanna**)

delinquente: malvivente, criminale (*v.* **delinquere:** compiere un crimine)

delitto colposo: reato commesso involontariamente

detenuto: carcerato, prigioniero

difesa: la persona che difende chi è accusato (*v.* **difendere**)

ergastolo: pena consistente nella carcerazione a vita (*s. m.* **ergastolano**)

essere in attesa di giudizio: attendere la sentenza del giudice

fare appello/appellarsi: chiedere a un giudice superiore di rivedere, riesaminare una sentenza

giudice: chi valuta i documenti, le prove e le testimonianze, conduce un'udienza ed emette la sentenza

giuria: commissione di persone chiamate a giudicare l'innocenza o la colpevolezza dell'accusato

gradi di giudizio (Corte d'assise, Corte d'appello, Corte di cassazione): le tre fasi di un processo a cui si fa ricorso prima di emettere una sentenza

infrangere/violare la legge: non rispettare la legge

libertà su cauzione: possibilità, per chi ha un processo contro di sé, di pagare per uscire di prigione nell'attesa della sentenza

libertà vigilata: misura cautelativa che impone a un imputato di rendere conto dei propri movimenti alla polizia

magistrato: può rivestire il ruolo di giudice oppure di pubblico ministero (PM) per richiedere ulteriori accertamenti e formulare nuove accuse

pena capitale/di morte: uccidere chi ha commesso gravissimi crimini (sanzione penale proibita in Italia)

processo: tutte le attività compiute da chi esercita il potere giurisdizionale in nome della legge

reato penale: crimine, delitto per cui è previsto il carcere come pena

scontare una pena: è il risultato della sentenza del giudice quando l'imputato è colpevole

sentenza/verdetto: giudizio espresso sulla colpevolezza o innocenza di un imputato

testimone oculare: chi ha assistito a un reato e racconta la sua testimonianza in tribunale

tribunale: luogo dove viene amministrata la giustizia e hanno luogo i processi

28 UOMO E AMBIENTE

ambientalista: ecologista, chi rispetta e difende l'ambiente (*s. m.* **ambientalismo**)

anidride carbonica: è un gas conosciuto come biossido di carbonio, CO_2

animale in via di estinzione: specie che rischia di scomparire dal pianeta

buco dell'ozono: progressivo assottigliamento dello strato di ozono presente nell'atmosfera

centrale nucleare: impianto dove si produce energia elettrica tramite energia nucleare

cibi adulterati: alimenti a cui sono state aggiunte delle sostanze per modificarne le qualità

contraffazione alimentare: sostituzione di un ingrediente con un altro più economico ma di qualità scadente

coscienza/mentalità ecologica: consapevolezza dell'importanza dell'ambiente, del rispetto e della sua tutela

degrado ambientale: deterioramento causato dall'impoverimento delle risorse naturali, la distruzione di ecosistemi e l'estinzione di flora e fauna selvatica

ecologia: scienza che fa molta attenzione al rapporto tra esseri viventi e ambiente (*agg.* **ecologista**)

ecosistema: l'insieme degli esseri viventi (animali, uomini e piante) in relazione all'ambiente in cui vivono in armonia ed equilibrio

ecosostenibilità: attività umana mirata al mantenimento dell'armonia ciclica e dell'equilibrio ambientale

effetto serra: aumento diffuso della temperatura, poiché il calore viene trattenuto da un'anomala concentrazione di anidride carbonica nell'atmosfera

energia alternativa: quella prodotta da risorse non tradizionali

energia eolica: quella che si ricava dal vento

energia pulita/rinnovabile: ottenuta da risorse naturali come l'energia solare, il vento, la pioggia, le maree, le onde e il calore geotermico

gas di scarico: i fumi prodotti dalla combustione dei carburanti che alimentano i motori

impianto fotovoltaico: struttura che sfrutta l'energia solare per produrre energia elettrica

inquinamento: la contaminazione di un ambiente (*v.* **inquinare**)

proteggere/salvaguardare/tutelare: applicare una serie di leggi per garantire la protezione dell'ambiente

rifiuti organici/compostabili/biodegradabili: scarti umidi, come alimenti e foglie, che si decompongono naturalmente

risorse idriche: risorse derivanti dalle acque dei fiumi, dei laghi e dalla pioggia

risorse naturali: fonti, sorgenti di energia che sono presenti sul pianeta

scorie nucleari/radioattive: residui del combustibile prodotto dalle centrali nucleari

sfruttamento del sottosuolo: utilizzo delle risorse presenti negli strati inferiori del terreno

smog: massa di nebbia, fumi e altre sostanze che inquinano l'atmosfera, tipica delle grandi città in situazioni climatiche particolari

surriscaldamento: fenomeno dell'aumento della temperatura terrestre causato dall'effetto serra

29 MATRIMONIO, SEPARAZIONE E DIVORZIO

chiedere il divorzio: chiedere al coniuge di sciogliere legalmente il matrimonio

compagno/partner: membro della coppia

comunione dei beni: entrambi i coniugi sono titolari dei beni di entrambi (*contr.* **separazione dei beni**)

coniuge: il marito o la moglie

contrarre matrimonio: sposarsi civilmente o in chiesa

convivente: chi ha una relazione, coabita ma senza essere sposato (*s. f.* **convivenza**, *v.* **convivere**)

coppia di fatto: coppia che convive senza essere sposata

crisi di coppia: periodo in cui i due partner sono in contrasto e non riescono più a comunicare in armonia

divorzio breve: quando la separazione dura un anno in caso di disaccordo fra coniugi o sei mesi in caso di separazione consensuale

doveri genitoriali/parentali: responsabilità morali ed economiche di un genitore separato o divorziato

incompatibilità di carattere: profonda diversità tra due persone che rende impossibile andare d'accordo

incomprensione: incapacità di capire il partner

incomunicabilità: incapacità di comunicare, di intendersi l'un l'altro

individualismo/egocentrismo: tendenza a sopravvalutare la propria personalità o la propria indipendenza

istituzione: struttura sociale

matrimonio civile: l'unione è sancita in municipio

matrimonio religioso: l'unione è sancita in chiesa

negozio/atto giuridico: dichiarazione di volontà a sposarsi e accettazione dei diritti e dei doveri stabiliti dalla legge

nucleo familiare: le persone appartenenti alla famiglia e che abitano insieme

pagare gli alimenti: dare una somma di denaro ad un ex coniuge quando questi non è economicamente indipendente

regime patrimoniale: l'insieme di norme e di criteri con i quali sono distribuiti i beni acquisiti durante il matrimonio (V. **comunione/separazione dei beni**)

relazione/rapporto conflittuale: situazione di contrasto e incomprensione che può determinare una crisi di coppia

relazione extraconiugale: il rapporto con un partner diverso dal coniuge

riconciliazione: superamento dei contrasti e risoluzione della crisi di coppia

ricucire un rapporto: tentare di superare gli ostacoli, le incomprensioni e i contrasti per ritrovare l'armonia di coppia

separarsi: lasciarsi, smettere di stare insieme o di convivere, interrompere il matrimonio, divorziare

separazione/divorzio consensuale: quando i coniugi sono di comune accordo

separazione/divorzio giudiziale: quando i coniugi sono in conflitto ed è richiesto l'intervento di un tribunale

sposarsi/mettere su famiglia: contrarre matrimonio civile o religioso

unione civile: atto giuridico, simile a quello del matrimonio, che sancisce diritti e doveri delle coppie dello stesso sesso

30 MINORI A RISCHIO

adozione: istituto giuridico che consente ad un bambino orfano o abbandonato di entrare a far parte di una nuova famiglia

assistente sociale: figura professionale che si prende cura di un minore

baby gang: piccoli gruppi di minorenni che compiono atti vandalici o violenti

casa-famiglia: struttura in cui vengono accolti i minorenni che non hanno famiglia e sono in attesa di essere adottati

centro rieducativo: struttura in cui si lavora per sottrarre i minori alla criminalità e per poi reinserirli nella società

comunità per minori: strutture protette che forniscono cura e assistenza a chi proviene da situazioni familiari conflittuali

età evolutiva: processo di crescita che va dalla nascita alla maturazione sessuale e all'integrazione sociale

infanzia, pubertà, adolescenza: fasi dell'età evolutiva

malavita: criminalità, delinquenza

maltrattamento fisico/psicologico: violenza, accanimento, oppressione, persecuzione che crea danni al corpo e alla psiche

mercato del sesso minorile: traffico e sfruttamento di minori a scopo sessuale

microcriminalità: il complesso dei reati di piccola delinquenza fatti spesso da giovani e minori

molestie/abusi sessuali: azioni o atteggiamenti che provocano fastidio, disturbo o danno fisico

ONLUS/fondazione: organizzazione di protezione e cura senza scopi di lucro

pedofilia: disturbo caratterizzato da attrazione erotica per i bambini (*s. m.* **pedofilo**)

perversione/devianza: comportamento difforme dalle norme sociali, morali e sessuali (*agg.* **perverso, deviato**)

piaga sociale: problema sociale grave e diffuso

prostituzione minorile: prestazioni sessuali a pagamento richieste ai minorenni

servizi di accoglienza: attività di protezione e cura

servizi sociali: serie di strumenti e azioni finalizzati all'assistenza di chi è in difficoltà

sfruttamento minorile: l'approfittare di minorenni per il proprio utile

sparizione/rapimento: sottrazione di minorenne per scopi criminosi o per questioni legate all'affidamento in caso di divorzio dei genitori

struttura protetta: luogo in cui ospitare e proteggere i minori a rischio

Telefono Azzurro: organizzazione italiana senza scopo di lucro nata per difendere i diritti dell'infanzia

traffico d'organi/di bambini: attività illegale di commercio di organi utilizzati per il trapianto o di minori stessi

31 STRESS E ANTISTRESS

aggressività verbale: prepotenza e ostilità manifestata con l'uso di parole offensive e volgari

ansia competitiva: preoccupazione o paura di confrontarsi con gli altri (colleghi di lavoro, compagni di scuola, membri della famiglia), paura di "non farcela"

ansia da prestazione: senso di frustrazione accompagnato da preoccupazione o paura di non riuscire a ottenere risultati positivi

attacco di panico: crisi ansiogena che può causare disturbi fisici come tremore, nausea o brividi

distress: stress negativo, quando le tensioni nervose recano disturbi psicofisici

disturbi compulsivi: disturbo d'ansia caratterizzato da comportamenti anomali e azioni ripetute in modo ossessivo

disturbi depressivi: patologia caratterizzata dall'alternanza di umore depresso (es. disistima, nervosismo, disturbi del sonno) e di un atteggiamento positivo (es. partecipazione, motivazione, entusiasmo, eccitazione)

essere in preda all'ansia: crisi improvvisa di angoscia, preoccupazione, nervosismo

eustress: stress attivo e motivante che stimola il miglioramento delle prestazioni

fattori ansiogeni: cause che possono scatenare gli attacchi e le crisi di ansia

gestire l'ansia: essere in grado di comprendere e affrontare i fattori ansiogeni

insonnia/disturbi del sonno: difficoltà ad addormentarsi, continui risvegli, dormire poche ore o non dormire affatto

nutrire delle aspettative: sperare che qualcosa si realizzi, aspettarsi che qualcuno faccia o sia come speriamo

paura/fobia: stato emotivo caratterizzato da angoscia e senso di pericolo

pensiero positivo: visione ottimista della vita

percezioni distorte: sensazioni e impressioni non corrispondenti alla realtà

presa di coscienza/consapevolezza: comprensione della realtà, delle situazioni, delle azioni

psicofarmaci: medicinali che attenuano gli stati d'ansia, sedativi, sonniferi

psicoterapia: l'insieme dei trattamenti contro i disturbi mentali, emotivi, comportamentali (*s. neutro* **psicoterapeuta**)

reazione/risposta allo stress: il modo, positivo o negativo, in cui si affrontano i problemi di natura ansiogena

resistenza allo stress: forza d'animo e spirito di reattività

rimedi/tecniche rilassanti e antistress: tutto ciò che si fa per affrontare e superare lo stress

ritmi serrati/frenetici: la velocità con cui si compiono le numerose azioni quotidiane senza concedersi una pausa

senso di appagamento: provare soddisfazione, compiacimento

senso di inferiorità: inadeguatezza,

sentirsi a disagio, incapace nei confronti di una situazione o di persone

senso di pericolo/minaccia: temere che stia per succedere qualcosa di spiacevole o di catastrofico

sintomi/disturbi psicosomatici: sensazioni, malesseri, dolori fisici che hanno cause di natura psicologica

staccare la spina: (*fig.*) interrompere un'attività per la fatica o lo stress, fare una pausa

32 SPORT, AFFARI E ADRENALINA

(essere) a caccia di: essere in cerca di emozioni, brividi

atleta professionista: chi pratica uno sport in modo esclusivo e continuo, regolato da contratto (*contr.* **dilettante**)

attività dilettantistica/amatoriale: sport praticato nel tempo libero

battere un record/primato: superare l'ultimo miglior risultato e stabilirne uno nuovo

bravata: atteggiamento di sfida di fronte a un rischio, a un pericolo

caduta libera: tecnica che permette di lanciarsi nel vuoto da una quota elevata, paracadutismo

campionato: prova o complesso di prove sportive sostenute per l'assegnazione di un titolo o un premio, come lo scudetto

direttore di gara: arbitro, giudice

dirigente/imprenditore: chi si occupa dei problemi organizzativi e logistici connessi all'attività di una società sportiva

diritti televisivi: facoltà di riprendere e trasmettere, in diretta o in differita e su qualunque piattaforma televisiva, una partita o una gara

doping: somministrazione illegale di sostanze che migliorano le prestazioni atletiche (*v.* **doparsi**)

esibizione: dimostrazione, esposizione, rassegna (*v.* **esibirsi**)

esibizionista: chi ostenta le proprie capacità spettacolarizzando la propria prestazione

far salire l'adrenalina: detto di uno sport che causa emozioni fortissime

fare uso di anabolizzanti: ricorrere a

sostanze chimiche per migliorare le prestazioni fisiche

patito/appassionato: chi ama molto uno sport

provare l'ebrezza: provare piacere, esaltazione, euforia, entusiasmo

rischiare/mettere in pericolo: compiere azioni che possono mettere a rischio la salute e la vita

scandalo/scalpore: risonanza clamorosa di un evento nell'opinione pubblica o in un determinato ambiente

scudetto: distintivo a forma di scudo che si appunta sulla divisa sportiva, premio del campionato di calcio italiano

sfidare: invitare qualcuno a misurarsi in una gara, in una competizione (*s. f.* **sfida**)

simpatizzante/tifoso: chi sostiene un/un'atleta o una squadra

speculazione economica: operazione intesa a ottenere il massimo guadagno

sponsor: persona o azienda che finanzia una squadra, un atleta o un'attività sportiva (*v.* **sponsorizzare**)

sponsorizzazione: finanziamento a scopi pubblicitari

sport agonistico: sport svolto con impegno, combattività e dedizione

sport estremi: sport ai limiti delle possibilità e del coraggio dell'uomo

squadra del cuore: la squadra che si ama e per la quale si tifa

33 RELIGIONE E CREDENZE

agnosticismo/scetticismo: approcci alla conoscenza dei fatti in cui prevale indifferenza o dubbio (*agg.* **agnostico, scettico**)

allontanare la iettatura/il malocchio: fare qualcosa per evitare o sconfiggere la sfortuna

amuleto: talismano, oggetto che ha proprietà benefiche, portafortuna

credenza popolare: fede in qualcuno o in qualcosa, superstizione

credo: fede religiosa, professione di fede (*contr.* **ateismo**)

culto: devozione, venerazione, rito, credo religioso

dialogo tra religioni: armonia, equilibrio, tolleranza religiosa (*contr.* **scon-**

tro tra religioni)

divinazione: previsione del futuro interpretando segni e simboli

divinità: ente supremo, ente superiore, dio

dogma: principio, verità fondamentale e indiscutibile

esorcismo: scongiuro, rituale mirato all'allontanamento di una forza occulta e malefica

fanatismo: sottomissione assoluta a una fede religiosa, intransigenza ideologica

fare gli scongiuri: rivolgere una supplica o una preghiera per allontanare la sfortuna

formula magica/propiziatoria: frase rituale che si pronuncia per allontanare la malasorte

guerra di religione: forma violenta dell'intolleranza verso una religione diversa dalla propria

monito: avvertimento, consiglio, ammonimento, minaccia, intimidazione

negromanzia: magia, evocazione dei defunti con lo scopo di conoscere il futuro

occulto/arcano: nascosto, ignoto, misterioso, segreto

paranormale/sovrannaturale: non spiegabile in modo scientifico

potere spirituale: potere spirituale esercitato da un leader religioso (*contr.* **potere temporale**)

pratica rituale/divinatoria: rito, cerimonia che si svolge per conoscere il futuro

praticante: chi partecipa alle attività di una comunità religiosa (*contr.* **non praticante**)

professare una religione: manifestare, credere, sostenere una religione

responso/profezia: la risposta di un oracolo, di una divinità o di un indovino, un mago

sacralità/santità/venerabilità: carattere sacro e religioso di qualcosa e della divinità stessa

scambio interculturale: incontro, dialogo e intercomunicazione fra culture diverse

scaramanzia: superstizione, gesto, scongiuro, amuleto o formula magica per allontanare la malasorte

stregoneria: insieme di pratiche magiche e rituali a scopo benefico o malefico compiute da streghe e stregoni

sventura/disgrazia: sorte avversa, avvenimento doloroso o luttuoso

venerazione/adorazione: manifestazione di profondo rispetto o di religiosa devozione

34 LA NUOVA FAMIGLIA IN ITALIA

affettività: le emozioni e i sentimenti di un individuo

relazione familiare: la famiglia è un nucleo sociale fondato su principi di affetto e rispetto, nonché su vincoli di sangue e tradizione

agevolazioni: contributi, aiuti anche economici dati alle famiglie disagiate

asili nido: strutture educative per i bambini da 1 a 3 anni

associazionismo/rete sociale: unione di movimenti finalizzati all'assistenza

buoni pasto: denaro da utilizzare per acquistare beni di prima necessità e per avere sconti per le famiglie disagiate

centro di ascolto/orientamento/ sostegno: struttura che ascolta e assiste le famiglie in difficoltà

congedo di paternità: assenza dal lavoro concessa al padre per prendersi cura di un figlio

consultorio familiare: struttura che fornisce la consulenza di esperti del settore sociale e familiare

cultura migrante: le abitudini, le tradizioni e le ideologie degli immigrati

cultura ospitante: le abitudini, le tradizioni e le ideologie dei Paesi che accolgono gli immigrati

detrazioni fiscali: importi da sottrarre nel calcolo delle tasse annuali da versare allo stato

doposcuola: attività degli studenti svolte in orario extra-scolastico, solitamente nel pomeriggio

doveri/responsabilità genitoriali: obblighi stabiliti dalla legge per i genitori

famiglia di fatto: coppia con o senza figli che coabita pur non essendo sposata (*contr.* **famiglia legittima**)

famiglia eterosessuale: costituita da

una coppia di sesso opposto (*contr.* **famiglia omosessuale**)

famiglia immigrata: costituita da una coppia con o senza figli che proviene da un Paese diverso

famiglia lunga: quando la coabitazione riguarda più generazioni di adulti (es. nonni, genitori, figli)

famiglia mista: quando i due partner sono di nazionalità diversa

famiglia monogenitoriale/monoparentale: composta da un solo genitore

famiglia nucleare: famiglia composta da padre, madre e figli

famiglia ricostituita/ricomposta/ allargata: nuclei familiari in cui sono presenti figli avuti da precedenti matrimoni o unioni di fatto

frammentazione/contaminazione culturale: fenomeno di trasformazione, integrazione, fusione di stili di vita diversi

gruppo di mutuo-aiuto: gruppi di persone accomunate da uno stesso problema che si incontrano soprattutto online per lo scambio di aiuto

mercato del lavoro minorile: sfruttamento dei minorenni per lavori sottopagati e non adeguati all'età

permesso per allattamento al padre: assenza temporanea o giorno di riposo concesso al padre per prendersi cura del figlio

politiche sociali: procedure e azioni mirate alla risoluzione di problemi sociali

ruoli familiari/domestici: compiti e responsabilità di ciascun membro della famiglia

scuola per genitori: corsi di formazione per genitori che desiderano comprendere la personalità e i comportamenti del proprio figlio

sussidi statali: aiuto in denaro concesso da un ente pubblico

35 EMANCIPAZIONE E LIBERTÀ SESSUALE

assoggettamento fisico e psicologico: costrizione imposta da altri, schiavitù

centri antiviolenza: luoghi dove recarsi per chiedere aiuto

diritto alla sessualità: libertà di manifestare la propria sessualità senza disuguaglianze, inibizioni o discriminazioni

discriminazione sessuale: distinzione fra generi

disuguaglianze di genere: quando alla donna non sono riconosciute le stesse risorse e possibilità dell'uomo (*contr.* **pari diritti**)

donna-oggetto: il corpo della donna è considerato come uno strumento di piacere sessuale (*es.* prostituzione) o estetico (*es.* messaggi pubblicitari)

fallocentrismo: maschilismo, tendenza ad attribuire all'uomo un ruolo predominante rispetto alla donna nella società

femminicidio: omicidio di una donna compiuto da un uomo

femminismo: movimento di rivendicazione dei diritti delle donne

gruppo di avversione: insieme di persone che dimostrano ostilità, antipatia, ripugnanza verso un altro gruppo

identità sessuale/di genere: distinzione tra maschio e femmina

indennizzo alle vittime: somma ricevuta a titolo di risarcimento del danno subito (*es.* in caso di stupro)

inibizione: timore, blocco psicologico (*contr.* **disinibizione**)

linguaggio del corpo: comunicazione non verbale costituita da gesti, movimenti, posture

machismo: comportamento ostentato che esalta la virilità maschile

maltrattamenti: azioni arroganti, umilianti, dolorose, violente

maschilismo: atteggiamento per cui l'uomo si considera superiore alla donna

mercificazione: sfruttamento, utilizzo del corpo della donna come merce di scambio, donna-oggetto (*v.* **mercificare**)

misoginia: avversione o repulsione verso la donna (*contr.* **misandria**)

molestia sessuale: atteggiamento o atto indecente di carattere erotico o sessuale che provoca fastidio (*s. m.* **molestatore**)

pornografia: rappresentazione grafica di atti sessuali espliciti o osceni (*agg.* **pornografico**)

sessista: chi è favorevole alla discriminazione sessuale (*s. m.* **sessismo**)

sostegno/supporto psicologico: aiuto prestato da psicoterapeuti in caso di molestie, maltrattamenti, atti violenti

stereotipizzazione del corpo: rigido processo per cui si tende a giudicare il corpo tramite luoghi comuni, senza esperienza diretta o valutazione dei singoli casi

violenza/abuso sessuale/stupro: atto di violenza sessuale ai danni di una donna contro la sua volontà

36 QUANDO IL GIOCO DIVENTA MALATTIA

agenzia di scommesse: luogo dove recarsi per giocare scommettendo denaro sui risultati di una partita, una gara, un atleta, ecc.

biglietti della lotteria: cartoncino stampato che si acquista per partecipare alle estrazioni di numeri fortunati che permettono di vincere premi in denaro

calcioscommesse: sistema di scommesse sui risultati delle partite di calcio

calcolo delle probabilità: sistema che valuta le possibilità che un numero esca o che una partita o una gara possa avere un risultato piuttosto che un altro

casinò: luogo riservato al gioco d'azzardo

combinazione/sistema: tecnica di gioco che analizza la mescolanza di più risultati per la quale si investe maggior denaro

dea bendata: la fortuna

favorito: vincitore probabile (*contr.* **sfavorito**)

giocare al Lotto e Superenalotto: tipi di gioco basati sull'estrazione di numeri

giocare la schedina (del Totocalcio): compilare un biglietto con i risultati probabili delle partite

giocata: somma di denaro che il giocatore d'azzardo scommette

giochi d'azzardo: quelli a scopo di lucro per i quali la vincita è improbabile

guadagno netto: differenza fra la vincita (somma ricevuta) e la puntata (somma versata)

la Smorfia: il libro dei sogni che si consulta per giocare i numeri al Lotto, in cui ogni immagine di un sogno è collegata a un numero da 1 a 90

lotteria istantanea/gratta e vinci: gioco consistente nel grattare una piccola scheda e scoprire l'eventuale premio

ludopatia: dipendenza patologica dal gioco d'azzardo

montepremi milionario: premio complessivo di grande valore da ripartire fra i vincitori

numeri ritardatari: quelli che, in un'estrazione, non escono da molto tempo

premio: ciò che viene consegnato a chi ha vinto

pronostico: previsione, supposizione

puntata: scommessa di una somma di denaro in un gioco d'azzardo (*v.* **puntata**)

quota: il valore numerico che, moltiplicato per la somma versata (puntata), stabilisce la vincita

ricevitoria: piccolo negozio dove si accettano le scommesse

sale VLT (= Video Lottery Terminal): luoghi dove recarsi per giocare d'azzardo facendo uso di macchinette da gioco

schedina: modulo che si compila con le previsioni dei risultati di gare sportive e giochi (totocalcio, lotto, ecc.)

scommesse sportive: gioco d'azzardo basato sul pronostico dei risultati di un avvenimento sportivo

superstizioso: chi ha credenze irrazionali basate sull'ignoranza o la paura

tentare la sorte: affidarsi alla fortuna per vincere

vincita: somma di denaro che si vince ad un gioco

virus del gioco: enorme diffusione del gioco d'azzardo con conseguente ludopatia

37 PAESI IN VIA DI SVILUPPO

adozione a distanza: mantenimento di un minorenne nel suo Paese d'origine garantito da somme di denaro versate a organizzazioni internazionali

associazioni di volontariato/non governative (ONG): gruppi di persone organizzate senza scopi di lucro

azioni/misure umanitarie: attività svolte a favore di persone bisognose

calamità/disastri naturali: eventi atmosferici catastrofici come uragani, tsunami, terremoti che provocano distruzione e morte

carestia: estrema mancanza o scarsità di cibo

commercio equo e solidale: alternativa al commercio convenzionale che promuove giustizia sociale ed economica, sviluppo sostenibile e rispetto delle persone e dell'ambiente

controllo delle nascite: regolamentazione del numero dei nuovi nati in un Paese in siano presenti povertà e carestia

debito del Terzo Mondo: denaro che i PVS devono restituire poiché preso in prestito nei decenni passati e sul quale sono maturati degli interessi bancari elevati

denuncia/accusa/rapporto: documento in cui sono presentate cause ed effetti di situazioni, azioni o comportamenti scorretti, ingiusti o illeciti

disparità economiche: divario fra ricchezza estrema e povertà gravissima

disuguaglianza sociale: differenze e disparità fra gruppi di persone (istruzione, salute, risorse economiche, ecc.)

donazioni/lasciti: atti con cui si trasmettono in vita (donazione) o dopo la morte (lascito, eredità) somme di denaro o beni a favore di qualcuno o di una causa

economia di mercato: sistema che regola gli scambi commerciali

indicatori statistici, sociali ed economici: valori che sintetizzano in numeri e percentuali alcuni dati (*es.* demografia, ricchezza/povertà)

indice di sviluppo umano: valore numerico da 0 a 1 utilizzato per classificare i Paesi del pianeta in base al loro sviluppo

malattie epidemiche/epidemie: malattie molto contagiose che si diffondono rapidamente

malnutrizione e denutrizione: alimentazione povera di nutrienti o quantitativamente scarsa o assente

modello sociale e culturale: l'insieme di comportamenti e stili di vita che diventano esempi da imitare

mutamenti climatici: variazioni dei valori medi dei parametri ambientali e climatici, come temperatura, nuvolosità, precipitazioni, distribuzione della vegetazione e degli animali

Paesi in via di sviluppo (PVS): paesi che stanno superando la povertà e il sottosviluppo

Save the Children, Unicef, Action Aid, Medici senza frontiere, Emergency: organizzazioni senza scopo di lucro che portano aiuti ai bisognosi

sfruttamento/depauperamento delle risorse naturali/minerarie: uso sproporzionato e non equo della ricchezza naturale dei PVS

siccità/aridità: secchezza del terreno che provoca sterilità e improduttività

sottosviluppo: situazione di arretratezza dovuta al mancato o scarso sviluppo culturale, sociale ed economico

sovrappopolazione: numero eccessivo di abitanti rispetto al territorio e alle risorse economiche

speranza di vita: indicatore statistico della durata media della vita

tasso di natalità/mortalità: rapporto percentuale riferito alle nascite e ai decessi

tensioni/conflitti sociali: disaccordi e incomprensioni che possono sfociare in rivolte, rivoluzioni, guerre

vivere di espedienti: arrangiarsi, organizzarsi alla meno peggio

38 GENITORI A TUTTI I COSTI

adozione internazionale: l'adottabilità è riconosciuta dalle autorità competenti di un Paese estero

adozione nazionale: l'adottabilità è riconosciuta dal tribunale per i minori dello stesso Paese dei genitori adottanti

adozioni illegali/racket delle adozioni: bambini sottratti ai genitori naturali con l'inganno e "venduti" all'estero per l'adozione

banca del seme: azienda che acquista e congela lo sperma di donatori che sarà utilizzato per la fecondazione assistita

bioetica: disciplina che si occupa dei problemi morali riguardanti il campo medico e biologico

biotecnologia: settore tecnologico che produce sostanze organiche

dichiarazione di adottabilità del minore: è formulata dal tribunale dei minori quando il bambino è stato abbandonato ed è privo di assistenza morale e materiale

diritto al parto anonimo: il neonato rifiutato dai genitori è preso in consegna dal personale medico dell'ospedale che si occupa delle pratiche amministrative relative alla dichiarazione di nascita senza fornire il nome della madre

embrione: organismo nei suoi primi stadi di sviluppo durante la gravidanza

eugenetica: teorie e pratiche con lo scopo di migliorare la qualità genetica di un certo gruppo d'individui

fecondazione assistita eterologa: l'inseminazione avviene in laboratorio ma il seme o l'ovulo appartengono a un donatore o a una donatrice

fecondazione assistita omologa in provetta/in vitro: l'inseminazione avviene in laboratorio, il seme e l'ovulo utilizzati appartengono ai due partners

fecondazione assistita/inseminazione artificiale "in vivo": introduzione del seme maschile nell'utero della donna; il seme e l'ovulo utilizzati appartengono alla coppia di partners

fertilità: capacità fisiologica di procreare (*contr.* **infertilità**)

figlio adottivo: chi è stato adottato e riconosciuto come figlio legittimo

genitore adottivo: chi si assume la responsabilità di accogliere un minore nella propria casa e provvede al suo mantenimento

madre biologica/naturale: donna che condivide il patrimonio genetico con un figlio

madre gestante/d'appoggio: colei che su commissione è fecondata artificialmente e porta avanti una gravidanza per conto di altri

maternità surrogata/utero in affitto/gestazione per altri: tecnica di procreazione assistita in cui una donna porta avanti una gravidanza per conto di single o coppie (detti ricevente-i) eterosessuali o omosessuali, incapaci di procreare, che saranno poi i genitori legalmente riconosciuti

ovulo: cellula femminile necessaria al processo di riproduzione

procreazione medicalmente assistita (PMA): tutte le tecniche utilizzate per ottenere il concepimento in coppie con problemi di fertilità

reclutamento donatori di seme: ricerca e selezione di uomini disposti a donare il proprio seme secondo determinate regole e requisiti

servizi socio-assistenziali: organizzazioni che forniscono consulenza, tutela e aiuto

sterile: non fertile, incapace di riprodursi (*s. f.* **sterilità**)

surrogazione tradizionale: fecondazione assistita omologa "in vitro" e inseminazione artificiale "in vivo"

tecnologie riproduttive: strumenti e tecniche impiegate per la procreazione

tribunale per i minori: tribunale composto da esperti (giudici, psicologi, pediatri) che si occupano delle questioni giuridiche e della tutela dei minori

39 PICCOLI DELINQUENTI

abuso sessuale/stupro: atto di violenza esercitato sul corpo di un'altra persona

affiliazione a cosche: appartenenza a un gruppo di persone unite per la difesa o la conquista di particolari privilegi con mezzi spesso illeciti

aggressività: prepotenza, violenza (*s. m.* **aggressore**, *agg.* **aggressivo**)

assalto: attacco violento e spesso con armi (*v.* **assaltare**)

atti vandalici: azioni che hanno lo scopo di distruggere, rovinare, devastare qualcosa o un luogo

banda di minori/baby gang: piccoli gruppi di minorenni che compiono atti di vandalismo, azioni violente o criminali

bullismo: arroganza, prepotenza, tendenza a imporsi agli altri con la forza (*s. m.* **bullo**)

carcere minorile: carcere in cui sono reclusi i minorenni dichiarati colpevoli di reato

classi sociali abbienti: strati della popolazione costituiti da persone ricche, benestanti, agiate, facoltose

comportamenti devianti: atteggiamenti di chi regolarmente o occasionalmente non rispetta le norme e le convenzioni della società

contesto urbano: insieme di fenomeni, eventi, funzioni, attività e relazioni che hanno luogo in uno spazio pubblico, dotato di edifici pubblici, palazzi, negozi, giardini, strade, ponti, ecc.

criminalità minorile: insieme di azioni illegali compiute da minorenni

danni a cose e persone: il risultato di azioni violente e distruttive

deprivazione culturale: insufficienza o mancanza di condizioni di sviluppo, di stimoli e scambi relazionali

disagio/disadattamento sociale: condizione di chi non riesce a inserirsi in un ambiente o in un contesto familiare o socio-culturale, emarginazione, asocialità

disgregazione familiare: conflittualità e disordine relazionale tra i componenti della famiglia

fattori scatenanti: motivi che causano la criminalità minorile (*es.* deprivazione culturale, disgregazione familiare, ecc.)

insulti ingiuriosi/diffamazione: offese verbali tese a rovinare la reputazione di una persona

microcriminalità organizzata: crimini poco gravi (*es.* scippi, piccoli furti, atti di vandalismo) compiuti da minorenni coordinati da un sistema gerarchico

minacciare: imporre la propria volontà a qualcuno sfruttando il timore di un danno o pericolo (*s. f.* **minaccia**)

orientamento socio-educativo: insieme di attività finalizzate alla prevenzione del disagio minorile e alla riduzione di attività illegali compiute dai minorenni

periferie degradate: zone e quartieri poveri e decadenti, localizzati intorno a una città

sicurezza urbana: condizione di assenza o riduzione di rischi e pericoli all'interno del contesto urbano, garantita dalle forze dell'ordine

sopruso/angheria/vessazione: atto di sopraffazione che provoca disturbo e malessere

terrorizzare: spaventare qualcuno con la forza e la violenza

violenza da abuso di alcol e droghe: atti violenti dopo aver assunto sostanze stupefacenti

violenza fisica/pestaggio: scontro fisico violento che provoca ferite di vario tipo o morte

violenza psicologica: azioni o atteggiamenti con lo scopo di spaventare o condizionare qualcuno

violenza verbale: violenza esercitata con un linguaggio offensivo

40 IN GUERRA CON LA NATURA

abusivismo edilizio: prassi non autorizzata, illegale, di costruzione o di modifica degli edifici (*s. m.* **abuso**)

alluvione: inondazione causata da una presenza eccessiva di acqua nei fiumi e nei torrenti

appiccare il fuoco: incendiare, dar fuoco a qualcosa

bomba d'acqua/nubifragio: fenomeno climatico dovuto a pioggia eccezionalmente intensa e di breve durata

bufera di neve: violenta tempesta di neve accompagnata da forte vento

calamità naturale: disastro ambientale, catastrofe che colpisce violentemente un territorio (*es.* terremoto, alluvione, frana)

cementificazione selvaggia: costruzione indiscriminata di edifici a uso abitativo o commerciale di cemento

ciclone: perturbazione atmosferica per cui si formano venti che ruotano intorno a un centro a elevatissima velocità (uragano, tifone, tornado, tromba d'aria)

condono: estinzione, sanatoria di una pena o di un debito

crollo: caduta violenta e improvvisa

degrado territoriale: decadenza, stato di abbondono di un'area edificata o del paesaggio

disboscamento: taglio di un bosco per rinnovare le piante, per utilizzarne il legno o per avere nuovi terreni su cui costruire

dissesto idrogeologico: processo di degradazione del suolo con azione fortemente distruttiva

ecomostro: edificio spesso abusivo costruito senza alcun rispetto dell'ambiente e senza qualità estetiche

epicentro: punto da cui nasce e si sviluppa un terremoto

eruzione vulcanica: fuoriuscita sulla superficie terrestre di magma (lava) e nuvole di gas cariche di ceneri da un vulcano

evacuazione: abbandono di un luogo per motivi di sicurezza, di emergenza (*v.* **evacuare**)

frana/valanga di fango: distacco di terra o di rocce da un terreno solido, crollo

incendio doloso: provocato da piromani con l'intenzione di nuocere e recare danno (*contr.* **incendio colposo:** causato da negligenza e imprudenza)

macerie: ciò che rimane degli edifici dopo un evento catastrofico

norme antisismiche: criteri per la costruzione di edifici resistenti ai terremoti

piromane: chi appicca volontariamente il fuoco

prendere delle misure/dei provvedimenti: prendere delle decisioni per salvaguardare la popolazione e il territorio da eventi catastrofici

prestare soccorso/soccorrere: aiutare la popolazione colpita da calamità naturali

primo/pronto intervento: le azioni compiute immediatamente dopo un evento catastrofico

Protezione civile: istituzione che coordina le attività di soccorso che si rendono necessarie in situazioni di emergenza come terremoti, incendi, alluvioni, tempeste di neve

sciame sismico: fenomeno naturale caratterizzato da una lunga sequenza di scosse di terremoto di lieve e media intensità

sfollati/senzatetto: coloro che a causa di un evento catastrofico hanno perso la casa e i loro beni

speculazione edilizia: operazione che vuole ottenere il massimo guadagno sfruttando la costruzione di edifici

stato di emergenza: situazione critica e di grave pericolo

terremoto: movimento o vibrazione improvvisa della terra, scossa sismica

valanga/slavina: grande massa di neve che si distacca da una montagna e precipita a valle

Vigili del fuoco: forze dell'ordine specializzate nelle emergenze causate da incendi, crolli, terremoti ecc.

vittima: chi muore o subisce grave danno a causa di un evento catastrofico

41 ECONOMIA E DENARO

alto rendimento: profitto, utile molto vantaggioso (*contr.* **basso rendimento**)

azionista: chi possiede delle quote di capitale di una società, le azioni (*s. f.* **azione**)

Borsa Valori: istituzione controllata dallo Stato dove si trattano titoli e monete, Piazza Affari

capitale: somma di denaro di cui si può disporre (*v.* **capitalizzare**)

competitività: capacità di un'azienda, di un ente pubblico o di un territorio di fornire beni o servizi concorrenziali (*s. f.* **competizione**)

concorrenza: competizione tra persone o aziende che intendono affermarsi in un determinato settore commerciale

credito: somma di denaro data come un prestito nella fornitura di merci (*s. m.* **creditore**, *contr.* **debito**, **debitore**)

crisi economica: situazione di arresto degli affari, di scarsi profitti e bassi salari (*contr.* **ripresa economica**)

delocalizzazione: trasferimento all'estero di processi produttivi o di fasi di lavorazione per essere più competitivi

ditta multinazionale: grande azienda che organizza e gestisce una o più attività commerciali in almeno due diversi Stati

evasione fiscale: l'azione illegale di non pagare le tasse allo Stato sul proprio reddito o sui propri guadagni

fisco: le finanze e l'amministrazione finanziaria dello Stato, tesoro pubblico

Fondo monetario: disponibilità di denaro o altri beni di cui si può disporre

fusione di imprese: creazione di un'unica struttura aziendale derivante dall'unione dei patrimoni di due o più società

globalizzazione: espansione, integrazione e unificazione dei mercati a livello globale, mercato globale

impresa collettiva: società di due o più persone che svolgono un'attività economica con lo scopo di dividere i guadagni prodotti

indebitamento: accumulo di debiti, situazione debitoria

inflazione: fenomeno dell'aumento dei prezzi e conseguentemente del costo della vita

investire: capitalizzare, impiegare denaro in beni o in attività economiche (*s. m.* **investitore**, *s. m.* **investimento**)

liberalizzazione: abolizione delle restrizioni economiche e commerciali, *es.* i dazi e i monopoli statali

moneta unica: Euro, unità monetaria dell'Unione Europea

Piazza Affari: v. Borsa Valori

pool di imprese: accordo tra aziende che operano nello stesso settore o in settori complementari con lo scopo di limitare la concorrenza

privatizzazione: rendere privato un servizio precedentemente gestito dallo Stato (*contr.* **statalizzazione/nazionalizzazione**)

quotazioni in Borsa: in finanza, il prezzo di un titolo finanziario dopo una contrattazione o il valore di una moneta estera o di un prodotto (*es.* l'oro)

scambio di titoli: negoziazioni di titoli quotati in Borsa

società: ente costituito da due o più persone, soci, che svolgono un'attività economica con lo scopo di dividerne i guadagni (*s. m.* **socio**)

tassa/imposta: prestazione in denaro dovuta dai cittadini allo Stato o agli enti pubblici, tributo, contributo

tasso di interesse: l'interesse (espresso in percentuale) prodotto da un capitale

tracollo/crac finanziario: crollo, dissesto, fallimento a livello economico, bancarotta

42 CRIMINALITÀ E VIOLENZA

arrestare: fermare, trattenere, catturare qualcuno che ha commesso un reato (*s. m.* **arresto**)

attentato terroristico/eccidio/strage: atto violento contro la vita di persone

atto criminoso: crimine, delitto, reato

boss mafioso: capo di una famiglia o di un gruppo di mafiosi

commando/pattuglia/squadra/reparto speciale: gruppo speciale delle forze dell'ordine che svolge la propria attività in prima linea e sul campo

commettere un reato: compiere un'azione contro la legge

criminalità organizzata: gruppi malavitosi organizzati

delinquenza: malvivenza, malavita, teppismo, criminalità (*s. m./f.* **delinquente**)

esplosione: scoppio, detonazione (*v.* **far esplodere**)

forze dell'ordine: polizia e militari dello Stato che si occupano di prevenzione, sicurezza e mantenimento dell'ordine pubblico

furto: rapina, scippo, borseggio, taccheggio

gambizzare: ferire sparando alle gambe

ladro: rapinatore, scassinatore, taccheggiatore, borseggiatore

malavita: delinquenza, criminalità (*s. m./f.* **malvivente**)

manette: dispositivo usato dalle forze dell'ordine per bloccare i polsi e le mani dell'arrestato (*v.* **ammanettare**)

omertà: regola del silenzio che protegge la malavita organizzata (*agg.* **omertoso**)

omicidio: assassinio, uccisione, delitto (*s. m./f.* **omicida**)

pentito: ex-membro di un gruppo terroristico o mafioso che collabora con la giustizia

poliziotto in divisa: membro delle forze dell'ordine che indossa un'uniforme (*contr.* **in borghese:** che indossa abiti comuni)

rapimento: sequestro di persona (*v.* **rapire**, *s. m.* **rapitore**)

rapina a mano armata: furto compiuto con l'uso di armi

scippatore: borseggiatore, ladro (*s. m.* **scippo**, *v.* **scippare**)

sequestro di persona: rapimento di una persona (*s. m.* **sequestratore**, *v.* sequestrare)

serial killer/assassino seriale: chi uccide in modo ripetuto e maniacale

sistema di antifurto/allarme: sistema che segnala, attraverso un forte suono, la violazione di una proprietà

sparatoria: scambio di spari, di colpi di arma da fuoco

svaligiare: rapinare, rubare, saccheggiare, svuotare, ripulire un negozio

terrorista: chi fa lotta politica in modo violento e con l'uso delle armi (*s. m.* **terrorismo**)

vittime/morti/cadaveri/salme: termini usati dai mezzi di informazione per indicare coloro che sono deceduti a causa di azioni criminali

43 BIOINGEGNERIA E MEDICINA

apparecchiature elettromedicali: dispositivi medici utilizzati in medicina per finalità diagnostiche e terapeutiche

banca degli organi e dei tessuti: struttura preposta alla conservazione di organi o di tessuti da utilizzare per il trapianto

bioetica: disciplina che si occupa di questioni etiche e morali nel campo biologico e medico

biotecnologia: settore tecnologico che produce sostanze e materiali organici

clonare: produrre una copia identica di un organismo (*s. f.* **clonazione**, *s. m.* **clone**)

commercio/traffico di organi: attività illegale di compravendita di organi destinati al trapianto

conservazione di materiale biologico: norme relative allo stoccaggio e alla distribuzione di organi o altro materiale biologico

diagnosi: giudizio medico con il quale si definisce lo stato di salute di qualcuno

distretti biomedicali: strutture presso cui si applicano i principi della biochimica alla medicina

donatore: chi dona uno o più organi (*contr.* **ricevente**)

donazione di organi: asportazione consensuale di organi destinati al trapianto

espiantare: asportare, prelevare chirurgicamente un organo da un corpo (*s. m.* **espianto**)

genetica: branca della scienza che studia la generazione degli organismi e la trasmissione dei caratteri ereditari

gene: parte del DNA che contiene l'informazione genetica di un organismo

ibernazione umana: conservazione del corpo di una persona appena deceduta mediante il veloce abbassamento della temperatura fino a raggiungere valori vicini allo zero assoluto, criopreservazione

informatica biomedica: gestione dei dati sanitari in forma elettronica (*es.* cartella clinica) e trasmissione delle immagini ottenute da dispositivi digitali (*es.* TAC, RMN, ecc.)

ingegneri biomedici: scienziati esperti di ingegneria applicati alla medicina e alla biologia

macchinari/dispositivi diagnostici/ apparecchiature elettromedicali: strumenti utilizzati per indagini e osservazioni mediche)

nanotecnologie: insieme delle conoscenze e delle tecniche finalizzate alla costruzione di oggetti piccolissimi

organi artificiali/protesi: dispositivo meccanico, elettrico, elettronico o biochimico progettato e realizzato per sostituire un organo

prestare il consenso/acconsentire: autorizzare a ricevere un qualunque trattamento sanitario dopo esserne stato informato

riabilitazione: fase di recupero post operatoria

ricerca e sperimentazione clinica: insieme di conoscenze e tecniche condotte su un paziente con lo scopo di identificare le reazioni di un nuovo farmaco o terapia

terapia: trattamento medico per curare un malessere, una patologia

trapiantare: sostituire un organo di un paziente ricevente con quello di un donatore (*s. m.* **trapianto**)

44 POLITICA

abuso di potere: esercitare un potere oltre i limiti concessi dal ruolo istituzionale o dalla legge

assemblea legislativa: organo istituzionale che ha il compito di fare leggi

astensionismo: atteggiamento di protesta o di disinteresse verso la vita politica, rinuncia al voto (*s. f.* **astensione**)

Camera dei Deputati: organo istituzionale dello Stato italiano

campagna elettorale: attività di propaganda svolta prima delle elezioni

candidato: chi si sottopone al giudizio degli elettori tramite il voto (*s. f.* **candidatura**)

coalizione di partiti: alleanza, accordo, unione fra due o più partiti politici

corruzione: condotta di chi agisce contro i propri doveri e obblighi in cambio di denaro o favori (*agg.* **corrotto**)

direttive europee: norme e disposizioni decise all'interno dell'Unione Europea

elezione: votazione, suffragio, ballottaggio (*v.* **eleggere**)

europarlamento: parlamento europeo (*s. m.* **europarlamentare**)

fondi europei: i finanziamenti conferiti ai Paesi della Comunità Europea

leader: il capo, la guida di un partito politico

legge elettorale: insieme di norme che regolano le modalità di voto

maggioranza: partito o coalizione di partiti che sono al governo (*contr.* **minoranza, partito di opposizione**)

nepotismo/favoritismo: agevolazioni ottenute a favore di parenti e amici

parlamento: assemblea dei rappresentanti eletti dal popolo avente potere legislativo e di controllo politico sul governo (*s. m.* **parlamentare**)

potere politico: autorità istituzionale esercitata dallo Stato

Presidente del Consiglio: il capo del governo

Presidente della Repubblica: capo dello Stato che rappresenta l'unità nazionale

referendum: voto con cui il popolo viene chiamato alle urne per esprimere una preferenza

Senato: uno dei due rami del Parlamento italiano (*s. m.* **senatore**)

sistema elettorale: modo in cui sono organizzate le elezioni e ripartiti i voti fra i candidati

sondaggio elettorale: ricerca e analisi pre-elettorale sulle preferenze di voto dei cittadini

tangente: denaro chiesto e pagato illecitamente in cambio di favori, bustarella, mazzetta

45 ALIMENTAZIONE, AMBIENTE E BIOTECNOLOGIE

abitudini alimentari: ciò che si mangia di solito

allergie alimentari: reazione avversa a una sostanza contenuta in un cibo

combinazioni alimentari: associazioni, assunzioni di più cibi nello stesso tempo

contaminazione alimentare: presenza di sostanze chimiche in un alimento

contraffazione alimentare: sostituzione di un ingrediente con un altro più economico ma di qualità scadente, falsificazione di un prodotto

doeta vegetariana/stile vegetariano: alimentazione che esclude la carne e il pesce ma fa uso di derivati animali (*agg.* **vegetariano**)

disturbi alimentari: patologie legate al cibo e alla sua assunzione

educazione alimentare: campagna di informazione e promozione di comportamenti alimentari corretti

etichetta alimentare: cartellino stampato sulla confezione di un prodotto in cui si forniscono le proprietà e i valori dei nutrienti (*s. f.* **etichettatura**)

filiera alimentare corta/a km 0/a km zero: i passaggi dal produttore al consumatore sono molto ridotti o del tutto assenti

industria alimentare: sistema produttivo riguardante tutto il settore dell'alimentazione, dalla produzione al consumo

intolleranze alimentari: incapacità dell'organismo di metabolizzare alcune sostanze presenti nel cibo

mangiare sano/alimentazione equilibrata: nutrirsi secondo criteri che tutelino la salute

nutrizione: alimentazione, il consumo di cibi e bevande per fornire all'organismo le sostanze nutritive

nutrizionista: professionista esperto dell'alimentazione

organismi geneticamente modificati (OGM): piante o animali modificati o creati in laboratorio attraverso tecniche di ingegneria genetica

prevenzione alimentare: seguire delle regole per evitare di ammalarsi

prodotti transgenici: cibi ottenuti da OGM

proprietà nutritive: qualità e caratteristiche di un alimento

rapporto con il cibo: legame con il cibo considerato nei suoi aspetti psicologici e sociali

settore agroalimentare: settore dell'industria alimentare che si occupa di coltivazione, produzione e trasformazione di prodotti agricoli

sicurezza alimentare/rintracciabilità: insieme di informazioni e norme che tutelano le caratteristiche dei cibi

standard igienico-sanitari: modelli di riferimento a cui ci si uniforma nel rispetto della salute e dell'ambiente

tutela/difesa del consumatore: norme e azioni tese a proteggere i cittadini da frodi

uso di erbicidi e pesticidi: impiego di sostanze chimiche contro erbe infestanti, parassiti e organismi animali nocivi

veganismo/veganesimo: stile di vita contrario allo sfruttamento di qualsiasi cosa derivata dagli animali, dal cibo al vestiario (*agg.* **vegano**)

Pag.9: chiaracanali.files.wordpress.com (*in basso a destra*), www.foodweb.it (*in basso a sinistra*), familywelcome.org (*in alto a destra*); **Pag.10:** www.repubblica.it (*vignetta*); **Pag.11:** www.sarazamperlin.it (*a sinistra*), www.gulliver.univpm.it (*a destra*); **Pag.13:** www.huffpost.com (*in alto*), www.garanteprivacy.it (*in basso*); **Pag.14:** www.blogandthecity.it (*in basso*); **Pag.15:** www.vita.it (*a sinistra*), www.solotablet.it (*a destra*); **Pag.16:** www.edscuola.eu (*in basso*); **Pag.17:** www.forzaroma.info (*in basso*); **Pag.19:** perfectioconversationis.files.wordpress.com (*in alto*), vanityvintageallure.files.wordpress.com (*in basso*); **Pag.21:** previews.123rf.com (*in alto*), www.altarimini.it (*in basso*); **Pag.23:** www.fisacasti.it (*in alto*), web.rifondazione.it (*in basso*); **Pag.24:** patrickaventurier.com (*in basso*); **Pag.25:** www.pinterest.it (*in alto*), www.beniculturali.it (*in basso*); **Pag.26:** gabiiproject.org (*archeologi*), www.romeing.it (*in basso a sinistra*); **Pag.27:** www.vita.it (*a sinistra*), www.dismappa.it (*a destra*); **Pag.28:** www.buonenotizie.it; **Pag.29:** www.outofbit.it (*in alto*), www.giornalettismo.com (*in basso*); **Pag.30:** amarinacademy.com (*in basso*); **Pag.31:** www.softrevolutionzine.org (*in alto*), www.ilfattoquotidiano.it (*in basso*); **Pag.32:** www.change.org (*petizione*); **Pag.33:** www.motori.corriere.it (*in alto*), www.different-car.com (*in basso*); **Pag.34:** www.thewalkman.it (*car2go*); **Pag.35:** www.capolavoroitaliano.com (*in alto*), news.cinecitta.com (*in basso*); **Pag.37:** www.ilariaborletti.it (*a sinistra*); **Pag.43:** www.meteoweb.eu (*in alto*), www.ilgiornale.it (*in basso*); **Pag.44:** open.spotify.com; **Pag.45:** www.consulenzalegaleitalia.it (*in alto*), www.psiche.org (*in basso*); **Pag.47:** centroalife.files.wordpress.com (*in alto*), www.barinedita.it (*in basso*); **Pag.49:** www.informazione.it (*in alto*), oanimalista.altervista.org (*in basso*); **Pag.51:** www.my-personaltrainer.it (*a sinistra*); **Pag.53:** www.vice.com (*in alto*), www.italnews.info (*in basso*); pag. 55: www.lagazzettadilucca.it (*in alto*), www.shiatsuperanziani.it (*in basso*); **Pag.56:** www.ilmessaggero.it (*in alto*), en.wheelsage.org (*in basso*); **Pag.57:** livesicilia.it (*in alto*), www.inventium.eu (*in basso*); **Pag.59:** www.castelbuono.org (*in alto*), www.ultimissime.eu (*in basso*); **Pag.60:** www.teatroaenigma.it (*in basso*); **Pag.61:** www.donnamoderna.com (*in alto*), www.archphoto.it (*in basso*); **Pag.65:** www.azzurro.it (*in alto*), www.leggo.it (*bambino*), www.pngitem.com (*bambini felici*); **Pag.67:** www.facciabuco.com (*a sinistra*), associazionealtrove.files.wordpress.com (*a destra*); **Pag.69:** www.it.motorsport.com (*in basso a sinistra*), www.biografieonline.it (*surf*), tuttoggi.info (*paracadutisti*); **Pag.70:** www.laroma24.it (*Totti*), www.coni.it (*pallavoliste*); **Pag.71:** www.lafedequotidiana.it (*Papa*), timedotcom.files.wordpress.com (*Dalai Lama*), www.frontierarieti.com (*rabbini*); **Pag.72:** www.halalint.org (*in alto a destra*); **Pag.73:** www.stateofmind.it (*vignetta*); **Pag.75:** www.radioromalibera.org (*in alto*), www.ilgazzettinodisicilia.it (*in basso*); **Pag.77:** www.chiesadimilano.it (*a destra*), cifonenews.it (*a sinistra*); **Pag.78:** www.mygdm.com (*vignetta*); **Pag.79:** fucicrema.files.wordpress.com (*vignetta*), www.ecodallecitta.it (*in basso*); **Pag.81:** www.bimbisaniebelli.it (*in alto*), www.voxdiritti.it (*in basso*); **Pag.82:** www.tgcom24.mediaset.it (*famiglia*); **Pag.83:** m.dagospia.com (*in alto*), walking-dead-videogame.com (*in basso*), www.comune.capannori.lu.it (*locandina*); **Pag.85:** www.gqitalia.it (*in basso a sinistra*), livesicilia.it (*in basso a destra*), www.corriere.it (*mappa*); **Pag.87:** www.avvenire.it (*in basso a sinistra*), en.wikisource.org (*Paolo Mantegazza*); **Pag.88:** www.ilgiornale.it (*in alto*); **Pag.89:** www.tempiespazi.it (*in alto*), www.lavocedibolzano.it (*in basso*); **Pag.90:** www.ilgiornale.it (*al centro*); **Pag.91:** www.corrierenazionale.it (*in alto*), www.repubblica.it (*in basso*); **Pag.93:** www.biografieonline.it (*a sinistra*), www.luciomalan.it (*a destra*); **Pag.94:** www.sipiapa.org (*in basso a sinistra*); **Pag.95:** www.lifegate.it (*in alto*), www.terrelab.it (*in basso*); **Pag.96:** www.parrocchialanghirano.it (*in basso*), corrierevinicolo.unioneitalianavini.it (*in alto*); **Pag.97:** www.trovacasa.net; **Pag.98:** www.airbnb.com.